Reinhard Pohanka
Der Amerikanische Bürgerkrieg

Reinhard Pohanka

Der Amerikanische Bürgerkrieg

marixverlag

Copyright © by Marix Verlag GmbH, Wiesbaden 2007
Covergestaltung: Thomas Jarzina, Köln
Bildnachweis: bridgeman art library, Berlin
Lektorat: Dr. Kay Peter Jankrift, Stadtbergen
Korrekturen: Ortrun Cramer, Wiesbaden
Satz und Bearbeitung: C&H Typo-Grafik, Miesbach
Gesamtherstellung: GGP Media GmbH, Pößneck
Printed in Germany

ISBN: 978-3-86539-925-0

www.marixwissen.de
www.marixverlag.de

Zum Gedenken an

Brian Caldwell Pohanka
(1955–2005)

Captain of the 5th New York Volonteer Infantry
(Duryee's Zouaves)
Reenactment Group

Historiker des amerikanischen Bürgerkrieges,
dessen Namen und Vorbild mir die Zuversicht gab,
dieses Buch zu schreiben

INHALT

VORWORT

Als am 19. November 1863 Abraham Lincoln, der 16. Präsident einer USA, die zu diesem Zeitpunkt in zwei Staaten gespalten waren, die erbittert Krieg gegeneinander führten, auf einem neuen Soldatenfriedhof im kleinen Ort Gettysburg in Pennsylvania eine zweiminütige Rede hielt, ahnte er nicht, dass bis heute alle Schulkinder der USA diese Rede auswendig zu lernen haben. Lincoln sprach von der ersten Verfassung der USA, die dem Grundsatz geweiht war, dass »alle Menschen gleich geschaffen sind« und dass in diesem Staat, den USA, die »*Regierung des Volkes durch das Volk und für das Volk*« nicht untergehen dürfe.

Zwar hatten die Unabhängigkeitserklärung von 1776 und die Verfassung von 1787 nur die Rechte der weißen Bürger im Sinn gehabt, aber Lincoln gab ihnen einen neuen Sinn, indem er, ohne sie namentlich zu erwähnen aber für alle zu verstehen, auch die Schwarzen, ob bereits befreit oder noch Sklaven, mit einschloss. Für ihn bestand das Volk der USA nicht nur aus den weißen Bürgern. Er meinte auch die von ihm zwar durch die Sklavenemanzipation von 1862 befreiten schwarzen Sklaven des Südens, die aber in den konföderierten Staaten noch immer in Ketten lagen. Für ihn war dieser Krieg eine moralische Angelegenheit und damit rechtens zu führen. Und er führte ihn um den Erhalt der Union, weil er voraussehen konnte, dass sich nur aus einer geeinten Nation eine weltweite Großmacht entwickeln würde.

Der amerikanische Bürgerkrieg war das identitätsstiftende Ereignis der amerikanischen Geschichte. Vor 1860 verstanden sich die USA als eine Interessengemeinschaft verschiedenster freier Staaten, die eigene Rechte und Pflichten hatten. Ähnlich wie in der heutigen EU sahen sich viele Bürger der USA zuerst ihrem Staat und dann den USA verpflichtet. Um diese Rechte durchzusetzen, spalteten sich 1861 11 Staaten der USA ab, um einen eigenen Bundesstaat, die »Konföderierten Staaten von Amerika« (CSA) zu gründen. Dieses Recht leiteten sie aus der

amerikanischen Verfassung ab. Ob dies rechtens war, ist bis
heute umstritten.

Neben den Staatenrechten ging es auch um die Sklaverei.
Der Süden und der Norden waren sozial und wirtschaftlich
stark unterschiedlich geprägt: ein von Industriellen, Arbeitern
und kleinen Farmern dominierter Norden stand einer Sklaven haltenden reichen Pflanzeraristokratie und armen weißen
Kleinfarmern mit oft keinen oder nur wenigen Sklaven im
Süden gegenüber. Der Süden sah die Sklaverei als Teil seines
Lebensstils. Der Norden, der seit 1804 sklavenfrei war, sah ihre
Abschaffung als moralische Frage. Zudem stand die Sklaverei auch einer wirtschaftlichen Erschließung des Südens durch
den industriellen Norden im Wege, konnte man die Sklaverei
und die darauf beruhende Herrschaft der Pflanzeraristokratie
beseitigen, so stand den Industrien des Nordens der Weg nach
dem Süden offen. Damit war der amerikanische Bürgerkrieg
nicht allein ein Krieg um eine Frage der Moral und der Menschenrechte, sondern auch eine Auseinandersetzung um wirtschaftliche Interessen.

Diese Auseinandersetzung kostete von 1861 bis 1865
630.000 Amerikanern das Leben; mehr als in allen anderen
Kriegen der USA zusammengezählt. Der Großteil davon starb
nicht im Kampf, sondern an Krankheiten auf einem Kriegsschauplatz, der die Ausdehnung von Europa hatte. War man
zunächst noch mit den romantischen Vorstellungen eines sau-
beren kleinen Krieges von bunt uniformierten Armeen angetreten, so änderte sich das Bild bis 1865 zu einem Vorläufer des
technisierten, totalen Krieges, in dem man auch die feindliche
Bevölkerung angriff und als Produzenten für den Nachschub
der Armeen ausschaltete. Am Ende des Krieges konnte man
Armeen in kurzer Zeit über den halben Kontinent transportieren, man setzte Maschinengewehre, Beobachtungsballone, ei-
serne Kriegsschiffe mit drehbaren Geschütztürmen und sogar
ein Unterseeboot ein.

Stand auf der Seite der Konföderation der meisterhafte Taktiker Robert E. Lee, von seine Soldaten verehrt wie kaum ein
anderen Feldherr und bestrebt, mit dem Leben seiner immer
weniger werdenden Soldaten sorgsam umzugehen, so befeh-
ligten auf der Seite der Union höchst effiziente Generäle wie
Sherman, Grant und Sheridan, die oft mit brutaler Wirksam-

keit den Vorteil ihrer überlegenen Soldatenmassen nutzen konnten.

Der amerikanische Bürgerkrieg war der erste Abnutzungskrieg der modernen Geschichte. Die Moral und Tapferkeit der Soldaten der Süd- und Nordstaaten spielten eine geringere Rolle gegen die überlegenen Ressourcen des Nordens. Der Krieg wurde mit Butter und Kanonen entschieden. Der Süden verlor, weil seine Wirtschaft der des Nordens weit unterlegen war.

Der amerikanische Bürgerkrieg hat das 19. Jahrhundert in Amerika geprägt. Er fand seinen Niederschlag in Literatur, Musik und Kunst. Drei berühmte Generäle des Nordens wurden später zu Präsidenten gewählt. Die Erschließung des Westens ist ohne die Veteranen und die wirtschaftlichen Erfahrungen des amerikanischen Bürgerkrieges nicht erklärbar.

Am Ende des Kriegs lag die Hälfte der USA in Trümmern. Daraus entstand eine Nation, die mehr war als die Summe ihrer Teile. Die rekonstruierten Staaten verstanden sich nun als integraler Teil der USA und reduzierten ihre Eigenstaatlichkeit gegenüber den Bundesbehörden. Ohne die Erfahrung des amerikanischen Bürgerkrieges hätten die USA nicht jene dominierende Großmacht des 20. Jahrhunderts werden können, die sie bis heute im Zeitalter des Unilateralismus sind.

Bis heute verknüpfen die USA wirtschaftliche mit moralischen Interessen, wenn es darum geht, Kriege zu führen. Das ist ein Erbe des Bürgerkriegs, genauso wie der Mythos des glücklichen Südens vor dem Krieg oder wie die höhere Rate an Brutalität und Kriminalität, die damals entstand und bis heute nachwirkt. Auch der Glaube, man könne jeden Krieg durch den Einsatz überlegener Mittel gewinnen, stammt aus dieser Zeit – eine Lehre, die sich in der zweiten Hälfte des 20. Jahrhunderts und am Beginn des 21. Jahrhunderts zumindest in Vietnam und im Irak nicht bewahrheitet hat.

Was bleibt, ist das Vorbild des amerikanischen Präsidenten Abraham Lincoln, der sein Leben und seine Präsidentschaft dem Krieg untergeordnet und am Ende sich selbst dafür geopfert hat, dass die beiden Kriegsziele – Befreiung der Sklaven und Erhalt der Union – erreicht wurden. Er war die treibende Kraft hinter den Anstrengungen des Nordens und gilt trotz menschlicher Schwächen als einer der größten Präsidenten der USA.

Mit seiner Rede in Gettysburg hat er klar gemacht, dass es um eine Sache ging, die es vielen jungen Männern wert war, ihr Leben zu opfern. Es ging um die eigene Freiheit und die von Anderen, den unterdrückten schwarzen Sklaven des Südens. Der amerikanische Bürgerkrieg war der Krieg, der die Weltkriege des 20. Jahrhundert in Strategie, Material und Grausamkeit bereits vorwegnahm. Er wurde politischer Gründe, aber auch um einer moralischen Frage wegen, der Sklaverei, geführt. Es ist aber der Kampf um die Abschaffung der Sklaverei, der den Menschen im Gedächtnis geblieben ist, nicht die wirtschaftlichen Gründe. Im Grunde war es ein Krieg der Ideen, unterbrochen von Artillerie und Musketenfeuer. Der Norden hatte mehr Divisionen und Fabriken, entscheidend war aber das stärkere Argument, mit dem man in den Krieg zog. Gewonnen hat die Menschlichkeit oder wie U.S. Grant in seinen Memoiren nach dem Kriege sagte: *Für den Moment und so lange es einen lebenden Zeugen des Bürgerkrieges gibt, wird es Menschen geben, die die Niederlage der »Sache« bedauern werden, die sie für heilig gehalten haben.*

Aber wenn die Zeit vergeht, werden selbst die Menschen im Süden sich zu wundern beginnen, wie es wohl möglich war, dass ihre Vorfahren einer Institution dienten oder sogar dafür kämpften, welche das Besitzrecht an einem anderen Menschen anerkannte.

A. DIE VORGESCHICHTE

1. DIE GESCHICHTE DER USA VON DER REVOLUTION BIS 1849

Die Geschichte der USA von der amerikanischen Revolution bis zum Ausbruch des Bürgerkrieges lässt sich in drei Perioden teilen: Der Revolutionskrieg und die Formierung des Staates bis 1812, die Expansion in den Westen bis 1849 und die Sklavenfrage bis zur Sezession.

Der Vater der Revolution, George Washington, wurde 1789 zum ersten Präsidenten der USA gewählt. Die Sklavenfrage spielte zu dieser Zeit in der Politik der USA keine Rolle. Washington selbst besaß bis zu 317 Sklaven auf seinem Anwesen Mount Vernon in Virginia, und einer seiner engsten Gefährten, Thomas Jefferson, hatte mit seiner schwarzen Geliebten Sally Hemmings mehrere Kinder.

Die junge Republik konzentrierte sich zunächst auf den Aufbau der internen Strukturen, man führte einen Zensus durch, um die Anzahl der Kongressabgeordneten zu bestimmen, schuf ein Rechtssystem mit einem Obersten Gerichtshof und hatte im Whisky-Krieg von 1794 erstmals mit der Frage der Rechte der einzelnen Staaten (State Rights) zu kämpfen. Bereits in Washingtons Regierungszeit bis 1797 entwickelten sich die Anfänge des Parteienwesens, wobei diese Parteien als Federalists und als Demokratisch-Republikanische Partei bezeichnet wurden.

Unter seinem Nachfolger John Adams (1797–1801) kam es zu einer Änderung in der Einwandererpolitik. Er schob die Frist zur Nationalisierung von Immigranten von fünf auf 14 Jahre hinaus, was auf den Widerstand der Demokraten-Republikaner stieß. Diese wehrten sich dagegen mit einer Passage in der »Kentucky und Virginia Resolution«, in der sich die beiden Staaten das Recht einräumten, auch gegen die Beschlüsse der

Union aufzutreten und solche als nichtig zu erklären. Diese Doktrin der »Nullification« sollten die Südstaaten 60 Jahre später als Begründung ihrer Zollpolitik gegenüber dem Norden und in der Frage der Sklaverei als Argument einsetzen.

Mit Präsident Thomas Jefferson (1801–1809) kamen erstmals die Demokraten-Republikaner mit der Politik einer weitgehenden Nichteinmischungspolitik des Staates in die Angelegenheiten der Bürger an die Macht. Jefferson förderte die Ausdehnung der USA nach Westen, indem er Frankreich in der »Louisiana-Purchase« ein Gebiet abkaufte, das etwa so groß war wie die USA selbst. Er setzte die Zeit für die Naturalisierung von Einwanderern wieder auf fünf Jahre fest und förderte damit eine neue Welle der Immigration.

Die Zeit von 1805 bis 1815 war gekennzeichnet von den Auswirkungen der napoleonischen Kriege in Europa auf die USA. Nachdem England eine Seeblockade gegen Frankreich, die Kontinentalsperre, verkündete hatte, setzte es diese auch gegen amerikanische Schiffe mit einer Blockade der amerikanischen Küste durch, was den Export von amerikanischen Gütern nach Europa größtenteils zum Erliegen brachte. 1812 wollten die USA diese Einschränkungen ihres Handels nicht mehr hinnehmen und erklärten England den Krieg, der an der Nordgrenze zu Kanada, auf See und, schon nachdem man einen Frieden in Gent geschlossen hatte, in der Schlacht von New Orleans 1815 stattfand und den die USA siegreich beendeten. Dieser Krieg gab den USA einen starken moralischen Aufschwung und machte den Sieger von New Orleans, Andrew Jackson, zur populären Figur. Mit der Beendigung des Krieges war die Phase der Revolution und der Konsolidierung der USA abgeschlossen. Das Augenmerk der amerikanischen Bürger richtete sich auf die weiten, unerschlossenen Gebiete des Westens und auf den Ausbau der Industrie im Norden, während der Süden seine Landwirtschaft immer stärker auf den Anbau von Baumwolle konzentrierte und glaubte, ohne Sklavenarbeit nicht auskommen zu können.

Die Zeit von 1817 bis 1825 wird in der amerikanischen Geschichte die »Zeit der guten Gefühle« genannt. In dieser Zeit, der Präsidentschaft von James Monroe, entwickelten die USA die Monroe Doktrin, welche eine strikte Nichteinmischung der USA in die europäische Politik vorsah, aber auch keine

Einmischung europäischer Staaten in den beiden Amerikas zuließ. Gleichzeitig kollabierte die Federalisten-Partei, die unter Präsident Andrew Jackson (1829–1837) durch die Partei der nationalen Republikaner, später »Whigs« genannt, ersetzt wurde, denen eine neugegründete Demokratische Partei gegenüberstand. Jackson konzentrierte sich auf die Expansion nach Westen, den Ausbau der Industrie und die Schaffung eines staatlichen Bankenwesens. Um neues Land für Siedler zu finden, ließ er die noch östlich des Mississippi verbliebenen Indianerstämme vertreiben und siedelte diese in Indianerterritorien westlich davon an.

Unter seiner Regierung kam es zur »Nullification-Krise«, in welcher erstmals ein einzelner Staat, South Carolina, den Bundesstaat herausforderte. Anlass des Streites war die Höhe von Importzöllen, sodass South Carolina die Vorgaben der Bundesregierung als nullifiziert betrachtete. Zwar konnte bald ein Kompromiss ausgearbeitet werden und kein anderer Staat im Süden stellte sich auf die Seite South Carolinas, worauf dieser bald einlenkte. Dennoch hatte sich gezeigt, dass es einem Staat möglich war, sich auf gesetzlicher Basis gegen die Bundesregierung in Washington aufzulehnen, eine Lektion, die man im Süden nicht vergessen sollte.

Gleichzeitig strömten vermehrt Siedler in den Westen. Die USA sahen es als ihr Recht, den Westen zu erschließen. Man nannte dies die Ideologie des »manifest destiny«. Die Vorgangsweise war stets die gleiche: zunächst kamen Trapper und Fallensteller wie Daniel Boone oder John C. Frémont, etablierten Handelsposten mit den Indianern und zogen weitere Siedler nach, die dann von der Armee beschützt werden mussten, welche die Indianer weiter zurücktrieb.

Viele Siedler aus dem Osten strömten in die Republik Texas, die sich 1836 gewaltsam von Mexiko abgespalten und für selbstständig erklärt hatte und nun als Bundesstaat den Anschluss an die USA suchte. Da neben der Republik Texas auch die Territorien von Kalifornien und New Mexiko zwischen den USA und Mexiko umstritten waren, versuchte Präsident James Polk (1845–1849), diese zunächst Mexiko abzukaufen. Als Mexiko einen Verkauf ablehnte, sah er dies als Kriegsgrund und verkündete am 1. März 1845 die Annexion von Texas. Am 13. Mai 1846 erklärte er Mexiko den Krieg und entsandte Truppen unter General Winfield Scott nach Mexiko, welche Vera Cruz, Monterey und Mexiko City eroberten und das Staatsgebiet von Mexiko um zwei Drittel zu Gunsten der USA reduzierten. In diesem Krieg kämpften als junge Soldaten und Offiziere jene Männer, welche zwanzig Jahre später die Truppen der Union und der Konföderation befehligen sollten.

Als 1849 der Goldrausch in Kalifornien ausbrach, waren Teile der Indianerterritorien bereits von Pfaden durchzogen, welche Siedler in den Westen brachten. Hatte Thomas Jefferson noch geglaubt, es würde in der Union am ehesten zu Spannungen zwischen den großen und kleinen Staaten kommen, so wurde es ab 1850 klar, dass der eigentliche Konflikt zwischen Nord und Süd entstehen und die Frage der Sklaverei die Union spalten sollte.

2. Die Geschichte der Sklaverei in Nordamerika

Von 1619 bis 1865 wurden Schwarzafrikaner innerhalb der Grenzen der englischen Kolonien in Nordamerika und innerhalb der USA als Sklaven gehalten, gehandelt und verkauft. Daneben gab es noch im 17. Jahrhundert das Problem der indianischen Sklaven.

Besonders die frühe Entwicklung der amerikanischen Kolonien beruhte auf billiger Sklavenarbeit. Es wird angenommen, dass etwa eine halbe Million Schwarzafrikaner bis 1808 nach Amerika gebracht wurden. Danach wurde zwar die Einfuhr von Sklaven verboten, die schwarze Sklavenbevölkerung stieg aber bis zum Ausbruch des Bürgerkrieges auf etwa vier Millionen Menschen.

Die Geschichte der Sklaverei in Nordamerika beginnt mit der Ankunft eines holländischen Schiffes in der Kolonie von Jamestown in Virginia im Jahre 1619, als der Kapitän des Schiffes 20 Schwarzafrikaner als Vertragssklaven zum Kauf anbot, die ihren Kaufpreis in einer vereinbarten Zeit abarbeiten sollten.

Da in Virginia keine Gesetze über das Wesen der Sklaverei

bestanden, scheint sich der Übergang von Vertragssklaverei zu dauerhafter Sklaverei langsam vollzogen zu haben. Auch Vertragssklaverei von Weißen war üblich, die damit Schulden abarbeiten konnten. Als allerdings 1640 drei Vertragssklaven in Maryland entflohen und wieder gefasst wurden, verurteilte man die Weißen nur zu vier Jahren weiterer Sklaverei, der einzige Schwarzafrikaner wurde hingegen dazu verurteilt, seinem Herrn bis zu seinem Lebensende zu dienen.

Ab 1661 wurde in Virginia die Sklaverei gesetzlich geregelt, bezog sich aber vorläufig nur auf weiße Sklaven. Im folgenden Jahr wurde allerdings festgestellt, dass Kinder stets dem Status der Mutter zu folgen hatten und somit als Sklaven geboren wurden, wenn auch die Mutter Sklavin war.

Bis 1705 sollte der Status der Sklaven in Amerika unklar bleiben, bis er in einem Sklavenkodex geregelt wurde.

Von 1600 bis 1800 bestand der Großteil der Sklavenbevölkerung aus Weißen und aus gefangenen Indianern. Bereits zu dieser Zeit begann sich die geographische Aufteilung der Sklaven in Nordamerika abzuzeichnen. In den nördlichen Staaten waren es vor allem weiße Schuldner, Kleinkriminelle, Kriegsgefangene und Indianer, die als Zeitsklaven gehalten wurden: In den Südstaaten importierte man Schwarzafrikaner, die auf den immer größer werdenden Indigo-, Reis und Tabakplantagen eingesetzt wurden. Baumwolle spielte zu dieser Zeit noch keine Rolle in der Agrarproduktion.

Nach 1776 fasste die Antisklavereibewegung, ausgehend von Pennsylvania, dem Quäkerstaat, immer stärker Fuß in den Vereinigten Staaten. In der amerikanischen Revolution bestand weitgehende Einigung darüber, die Sklaverei als Übel anzusehen, das abgeschafft werden sollte. In der Massachusetts-Verfassung von 1780 wurde festgestellt, dass alle Menschen frei und gleich geboren sind, worauf der Sklave Quork Walker gegen seinen Herrn auf Freilassung klagte und mit dieser Argumentation seine Freiheit gewann.

Die nördlichen Staaten verboten ab 1787 die Sklaverei. Die letzten Staaten, die sie abschafften, waren New York 1799 und New Jersey 1804.

Hatte die Revolution noch das Ende der Sklaverei vorgesehen, so änderte sich 1793 die Lage durch die Erfindung der »Cotton Gin« von Eli Whitney, die es ermöglichte, schnell und einfach die Baumwolle von den Samen zu trennen. Dies machte große Anbauflächen von Baumwolle im Süden möglich, zu deren Bestellung man Sklaven zu brauchen glaubte.

Während der ersten Hälfte des 19. Jahrhunderts wurde die Sklavenfrage zwar langsam, aber immer drängender zur wichtigsten politischen Frage in den Vereinigten Staaten. Eine Ablehnungsbewegung, der »Abolitionismus«, fasste aus England kommend Fuß und erreichte, dass ab 1808 der Import von Sklaven eingestellt wurde. Gegen diese Strömung wandten sich immer mehr Landeigner in den Südstaaten, welche die Sklaverei in einer defensiven Umschreibung als »besondere Institution« betrachteten, um sie von anderen Arten der Zwangsarbeit zu unterscheiden.

Ab 1816 formierte sich die »American Colonization Society« mit dem Ziel, schwarzafrikanische Sklaven nach Westafrika zu repatriieren. 1822 konnte ein erster Transport von ehemaligen Sklaven in die neu gegründete Kolonie Liberia gebracht werden.

1831 erschien erstmals eine der wirksamsten Zeitungen gegen die Sklaverei, der von William Lloyd Garrison herausgegebene »Liberator«, der bis zur Sklavenemanzipation das Kampfblatt der »American Anti-Slavery Society« werden sollte, die aktiv und ohne politische Bindung die Sklavenbefreiung vertrat.

Nachdem es in der amerikanischen Verfassung einen »Drei-Fünftel Kompromiss« betreffend der Zählung von Sklaven gab, welche es den Südstaaten ermöglichten, über ihre tatsächliche Einwohnerzahl im Kongress vertreten zu sein, konnten sie danach weitreichende Gesetze betreffend flüchtiger Sklaven durchsetzen. Dagegen wandten sich einzelne Nordstaaten, die aktiv versuchten, geflohene Sklaven aus dem Süden nach dem Norden zu schmuggeln, wenngleich die erhöhte Zahl von ehemaligen Sklaven in einigen Städten des Nordens zu sozialen Unruhen führte.

Weitere Differenzen traten 1845 auf, als sich die »Südliche Baptisten-Convention« gründete, die als Beleg für die Rechtmäßigkeit der Sklaverei die Bibel heranzog und damit bestätigte, dass Christen Sklaven halten durften. Darauf spalteten sich die nördlichen Baptisten ab, gleiches erfolgte auch in der Methodistenkirche und bei den Presbyterianern. 1844 wurde der Konflikt durch die »Home Mission Society« verschärft, die feststellte, dass niemand Prediger oder Missionar sein durfte, der Sklaven besaß.

Die Ausweitung der Vereinigten Staaten nach Westen schuf weitere Probleme, da sich immer wieder die Frage stellte, ob ein neu in die Union aufzunehmender Staat ein Sklavenhalterstaat sein sollte oder nicht. Die Mehrzahl der Staaten des Mittelwestens beschloss 1820 im »Missouri Kompromiss«, die Sklaverei zu verbieten und schloss sich damit den sklavenfreien Nordstaaten an. Als Grenzlinie wurden der Ohio und die sogenannte Mason-Dixon-Linie festgelegt, die zwischen dem Sklavenstaat Maryland und dem sklavenfreien Staat Pennsylvania verlief.

1854 kam es zur Verabschiedung des Kansas-Nebraska-Aktes, der für weitere Entzweiung der Parteien sorgte. Das Nebraska-Territorium sollte als Staat in die Union aufgenommen werden und wurde, um beide Parteien zu befriedigen, in zwei Staaten geteilt, wovon Nebraska nördlich, Kansas südlich der Mason-Dixon-Linie lag. Dennoch wurde auf Betreiben des Politikers Stephen A. Douglas festgelegt, dass sich die Bevölkerung beider Staaten in einer Abstimmung frei für oder gegen die Sklaverei entscheiden sollten. Besonders in Kansas kam es darauf zu bürgerkriegsähnlichen Kämpfen, die als »blutendes Kansas« (bleeding Kansas) bezeichnet wurden. Weder Kansas noch Nebraska wurden, da ihr Status nicht geklärt werden konnte, als Staaten aufgenommen, was den Senator John Hammond aus South Carolina zum Ausspruch brachte: *Wenn Kansas nicht als Sklavenstaat in die Union zugelassen wird, kann es dann für die Südstaaten ehrenhaft sein, in ihr zu verbleiben?* Kansas war ein weiterer Schritt auf dem Weg zum Bürgerkrieg, da er die Kompromisse von 1820 und 1850 aufhob. Im Süden mehrten sich die Stimmen, die daran dachten, die Union zu verlassen.

Die Frage der Sklaverei veränderte auch die politische Landschaft der USA radikal. 1854 fand sich eine Koalition aus der alten Whigpartei und den Demokraten des Nordens zu einer neu gegründeten Republikanischen Partei zusammen, um den immer größer werdenden Einfluss der Demokraten des Südens, die mehrheitlich die Sklaverei verteidigten, in Washington zu bekämpfen.

1857 stieß der oberste Gerichtshof der USA mit der »Dred-Scott-Entscheidung«, dass Sklavenhalter, auch wenn sie mit ihren Sklaven von einem Sklavenstaat in einen Nicht-Sklavenstaat wechselten, noch immer Eigentümer der mitgeführten Sklaven waren, bei den Nordstaaten und den Republikanern auf breite Ablehnung. Diese Entscheidung brachte den kleinen Rechtsanwalt und Republikaner Abraham Lincoln aus Springfield, Illinois, dazu, in die Politik zu gehen und das Amt des Präsidenten zu suchen.

3. Der Norden und der Süden

Bis um 1850 hatten sich der Norden und der Süden auseinandergelebt. Einer der Gründe dafür war die starke Industrialisierung des Nordens, der mit dem Bau des Erie-Kanals und der Eisenbahnen neue Ost-West-Achsen im Verkehr geschaffen hatte, welche die traditionellen Nord-Süd-Achsen ablösten. Zahlreiche Industriebetriebe waren entstanden, die, stark kapitalistisch geführt, die Entstehung eines Industrieproletariats begünstigten, welche die kleinen Gewerbetreibenden und Handwerker in den Städten als Hauptbewohner ablösten. Die politisch bestimmenden Gesellschaftsschichten waren Investoren und Industrielle, die einen ungezügelten Kapitalismus betrieben und stets auf der Suche nach lukrativen Neuerungen und Investitionen waren.

Der ländliche Raum im Norden blieb von kleinen Farmern und von Kleinstädten geprägt, in denen sich eine stark unternehmerisch ausgerichtete und wertkonservative Bevölkerung niederließ. Fast alle Staaten des Nordens hatten bis 1850 das allgemeine Wahlrecht für Männer eingeführt.

Ebenso kam der Großteil der Einwanderer in den Nordstaaten an und konnte hier besonders in den Staaten westlich der Appalachen angesiedelt und integriert werden.

Die Gesellschaft im Süden war zwar ebenfalls demokratisch legitimiert, allerdings standen an der Spitze der Staaten reiche Pflanzeraristokraten, die ihren Profit aus Plantagen und Farmen bezogen. Diese lebten wie die Aristokraten Europas, verachteten Handel, Industrie und Geschäfte, die man

den »Yankees« aus dem Norden überließ. Man schickte seine
Söhne in die Militärakademie West Point zur Erziehung und
beschäftigte sich mit Politik, Juristerei, der Kirche und der Ver-
waltung der Plantagen. Es ist dies das Bild des »Antebellum-
South« wie er verkitscht in Margret Mitchells Roman »Vom
Winde verweht« tradiert wurde.

Eine gut ausgebildete Mittelschicht war nur gering vorhan-
den. Darunter kamen die armen Kleinfarmer und die Sklaven.
Zwar besaßen die Staaten des Südens über die Demokratische
Partei die Mehrheit im Süden wie auch in Washington, die-
se hatten aber keine ausreichende wirtschaftliche und soziale
Basis. Wollten sie ihre Macht behalten, mussten sie auf dem
Status Quo beharren und keine Veränderungen zulassen.

In den Jahren vor dem Krieg gab es im Süden wenige Investitionen in die Industrie, die nur etwa 10 % des Volumens
des Nordens erreichten, das Eisenbahnnetz betrug 30 % des
gesamten Eisenbahnnetzes der Union. Zwar waren die Erträge
aus dem Anbau von Baumwolle, Zuckerrohr, Reis und Tabak
beträchtlich, die intensiven Anbauformen und Monokulturen
erschöpften aber den Boden schnell, sodass der Großteil des
Profits investiert werden musste, um neue Gebiete landwirtschaftlich zu erschließen und in Sklaven zu investieren.

Auch der Süden hatte seine Immigranten, die aber aus Mangel an geeignetem freien Land, das in immer größerem Maße
von Plantagen beansprucht wurde, weiter nach Westen zogen.
Die erste Welle von Einwanderern zur Eroberung der Gebiete
westlich des Mississippi kam aus dem Süden und führte dazu,
dass sich Staaten wie Texas später zur Konföderation beken-
nen sollten.

Allerdings schufen die besonderen Verhältnisse im Süden
vor 1860 ein eigenen Typ von Menschen, der sich den »Yankees« im Norden als überlegen ansah und selbst die »armen
Weißen« waren noch im Elend stolz. Dieses Klima sollte mit
Beginn des Krieges zur Fehleinschätzung führen, dass ein
Konföderierter am Schlachtfeld sechs »Yankees« aufwog, und
übersehen, dass man Kriege nicht mit Vorurteilen und Stolz,
sondern mit Menschen und Kanonen gewinnt.

Das Hauptproblem, das eine soziale und wirtschaftliche
Weiterentwicklung des Südens verhinderte, war die Sklaverei
als die »besondere Institution«, ohne die man glaubte, wirt-

schaftlich nicht konkurrenzfähig zu sein und die man als zum Lebensstil des Südens gehörig ansah.

1860 gab es auf der Welt nur mehr drei Staaten, in denen Sklaven gehalten wurden: Brasilien, Kuba und der Süden der USA. Sklaverei war dabei keineswegs so weit verbreitet wie angenommen. Von den 6.184.477 Einwohnern, die 1850 den Süden bewohnten, besaßen nur 347.525 Sklaven. Nur einem kleinen Teil von ihnen gehörten mehr als 10 Sklaven, nur 11 Personen besaßen mehr als 500. Man zählte 8000 Plantagenbesitzer, die 50 oder mehr Sklaven hatten.

Plantagensklaven gab es vor allem im tiefen Süden. Die Mehrzahl der Sklaven arbeitete mit der Familie des Eigners gemeinsam auf den Feldern.

Moderne Untersuchungen haben ergeben, dass die Sklaverei im Süden unwirtschaftlich war, selbst wenn ein Sklave nur 24 Dollar an Unterhalt, Nahrung und Kleidung im Jahr kostete. Auch auf großen Plantagen war nur ein Drittel der Sklaven direkt an der Produktion beteiligt. Der Rest waren Alte und Kinder. Die Arbeitsproduktivität lag bei einem Drittel eines freien Arbeiters in den Nordstaaten, da der Verbrauch von agrarischen Gütern und Geräten durch absichtliche schlechte Behandlung weit höher war als im Norden. Sabotage und passiver Widerstand auf den Farmen waren allgemein und führten dazu, dass viele kleine Sklavenhalter zwar einen beträchtlichen Wert an Sklaven besaßen, diesen aber nicht entsprechend in Profit umsetzen konnten.

Sklaven wurden in Haussklaven, welche die Haushaltspflichten erledigten, und Feldsklaven unterteilt; Sklaven konnten als Ammen und Diener im Haus des Masters leben, die Feldsklaven waren in eigenen Sklavensiedlungen untergebracht. Die eigene Klasse der »Fancy Girls«, Sklavinnen, die durch Weiße sexuell ausgebeutet wurden, sorgten für die halbe Million an Mulatten unter der Sklavenbevölkerung, die selbst wieder zu Sklaven wurden. Die Behandlung der Sklaven oblag dem Eigner und die Verhältnisse waren dabei durchaus unterschiedlich. Grausamkeiten wie Auspeitschungen und zwangsweisen Verkauf gab es ebenso wie vernünftige Behandlung ohne Körperstrafen, um den Wert des Sklaven zu erhalten. Dennoch wurde die Peitsche als das geeignete Mittel zur Disziplinierung angesehen. Grausamkeiten waren die gezielte

»Aufzucht« von Sklaven, um die Kinder dann günstig zu verkaufen, wie auch das Zerreißen von Familien durch Verkauf. Obwohl es sich ab der Mitte des 19. Jahrhunderts auch in den Südsaaten abzeichnete, dass schon aus wirtschaftlichen Gründen Sklavenarbeit aufgegeben werden konnte, ohne die Produktion wesentlich zu beeinträchtigen, hielt die aristokratische Gesellschaft des Südens aus prinzipiellen und politischen Erwägungen weiter daran fest. Dies brachte die Verlagerung der Sklavenproblematik von einer ökonomischen zu einer moralischen Frage mit sich, die dazu führte, dass der Süden trotz aller wirtschaftlichen Argumente auf seinem Recht bestand, Sklaven zu halten, selbst wenn darüber die Union zerbrechen sollte.

Zusammenfassend lässt sich sagen, dass man drei Gründe für den amerikanischen Bürgerkrieg aus der Unterschiedlichkeit der Nord- und Südstaaten festmachen kann: Das Problem der eingeforderten Staatenrechte der Südstaaten gegen den Washingtoner Zentralismus, der Konflikt der industriell dominierten Nordstaaten gegen den landwirtschaftlichen Süden und der Gegensatz Sklaverei gegen Abolitionismus.

Beide Seiten glaubten aber, dass jeweils die Gegenseite rechtzeitig noch vor einem Kriege einlenken würde. Im Süden sah man die Bewohner des Nordens als geldgierige Händler und Krämer, die nur schlechte und feige Soldaten abgeben würden. Im Norden betrachtete man die Bewohner des Südens als degenerierte Sklavenhalter, die schon aufgeben würden, wenn sie merkten, dass es dem Norden ernst war. Diese Fehleinschätzung und das Errichten von Klischees sollten dazu führen, dass der Krieg immer wahrscheinlicher wurde.

4. Der Weg zur Sezession

1857 kam mit Präsident James Buchanan ein Mann an die Macht, der in keiner Art und Weise die Befähigung hatte, die immer weiter auseinanderbrechende Union zusammenzuhalten. Zwar hätte nicht viel gefehlt und die neu gegründete Republikanische Partei hätte die Wahlen gewonnen. Das Resultat war aber, dass die Republikaner nun den Süden aufgaben, der allein den Demokraten verblieb, während sie sich auf den Norden konzentrierten. Die nächsten Wahlen von 1860 würden, soviel war klar, die endgültige Auseinandersetzung des Nordens mit dem Süden bringen.

Im Norden betrat eine neue politische Figur die Bühne – Abraham Lincoln. Er war 1809 geboren, entstammte einer armen Familie aus Virginia und war in Kentucky und Illinois aufgewachsen. Seine eigentliche Erziehung erhielt er erst als Jugendlicher. Er studierte Recht und führte eine kleine Anwaltspraxis in Springfield, Illinois. Militärische Erfahrungen machte er als Captain der Miliz im Black-Hawk-Krieg und saß acht Jahre in der Legislatur von Illinois.

Was Lincoln in die große Politik brachte, war die »Dred-Scott-Entscheidung« des Obersten Gerichtshofes der USA, in der es um die Freiheit eines Sklaven ging, die ihm vom obersten Bundesgericht, das mit Demokraten des Südens besetzt war, verweigert wurden. Dies stärkte die gegen die Sklaverei gerichtete Bewegung des Nordens und brachte die Staaten Minnesota und Ohio dazu, die Sklaverei und den Besitz von Sklaven auf ihrem Staatsgebiet zu verbieten.

1858 bewarb sich Lincoln für den Senatssitz von Illinois und führte gegen seinen Gegner, den berühmten Redner und Politiker Stephen Douglas, eine Reihe von Rededuellen. Im Wesentlichen ging es darum, dass Douglas der Meinung war, jeder neue Staat in der Union solle selbst entschieden, ob er die Sklaverei wolle (popular souvereignty), während Lincoln dies bundesstaatlich regeln wollte. Lincoln meinte, dass »*ein geteiltes Haus nicht bestehen könne*«; entweder akzeptierten alle Staaten die Sklaverei oder keiner: Eine Koexistenz war nicht möglich. Lincoln verlor die Wahl knapp, hatte aber durch seine Reden im ganzen Land Aufmerksamkeit erlangt.

Mit Reden allein war es aber nicht mehr getan. Manche Abolitionisten des Nordens gingen daran, die Auseinandersetzung auf eine gewalttätige Ebene zu stellen. Darunter war John Brown aus Connecticut, der Guerillakrieg und Terror gegen Sklavenbefürworter predigte. Brown hatte eine gewalttätige Vergangenheit. Er war an den Unruhen im »bleeding Kansas« und am »Pottawatomie-Massaker« von 1856 beteiligt gewesen. 1859 ging er mit der Unterstützung reicher Bürger aus Massachusetts nach Virginia, um Sklaven zu befreien. Am

17. Oktober 1859 stürmte er mit 18 Männern das Unions-Arsenal von Harpers Ferry mit dem Plan, die Sklaven in Virginia zu bewaffnen und zum Aufstand anzustacheln. Sein Plan schlug fehl und wenige Tage danach wurde er von einer Abteilung Marines unter dem Befehl von Robert E. Lee und Jeb Stuart überwältigt. Er wurde in Virginia zum Tode verurteilt und am 2. Dezember 1859 hingerichtet. Auf dem Weg zum Galgen sprach er die prophetischen Worte, »...*dass sich die Sünde der Sklaverei nur mit Blut von der Union abwaschen lassen würde*«.

Gespannt wartete man auf die Präsidentenwahlen im November 1860. Kurz davor spaltete sich die Demokratische Partei: der Norden nominierte Stephan A. Douglas, der Süden den Vizepräsidenten John Breckinridge. Die Republikanische Partei entschied sich für den als moderaten Sklavengegner bekannten Abraham Lincoln, dessen mögliche Wahl dem Süden aber bereits so unerträglich schien, dass er in diesem Falle laut über die Sezession nachdachte. Lincoln gewann zwar nicht mit der Majorität der Stimmen, aber mit der Mehrzahl der Wahlmänner. South Carolina machte daraufhin seine Drohung wahr und erklärte am 20. Dezember 1860 den Austritt aus der Union.

Lincoln, der erst Anfang März 1861 in sein Amt eingeführt werden konnte, war in der Zwischenzeit machtlos. Er versuchte zwar zu vermitteln, konnte aber nicht gegen sein Gewissen agieren und verhinderte den einzig möglichen Ausweg aus der Krise, den der Süden akzeptiert hätte: die Ausdehnung des Missouri-Kompromisses von 1820 auf alle Territorien westlich des Mississippi.

Der Süden nutzte die Zeit der Amtsübergabe vom schwachen Präsidenten Buchanan, der in diesem Konflikt völlig unbeteiligt blieb, an Lincoln, der am 4. März 1861 in sein Amt eingeführt wurde. An diesem Tag fand er vollendete Tatsachen vor. Sechs weitere Staaten waren bis dahin von der Union abgefallen, Mississippi am 9. Januar, Florida am 10. Januar, Alabama am 11. Januar, Georgia am 19. Januar, Louisiana am 26. Januar und Texas am 1. Februar. Anfang Februar trafen sich die Vertreter dieser Staaten in Montgomery, Alabama, und gründeten die »Konföderierten Staaten von Amerika« (CSA). Der erste Kongress wurde am 4. Februar abgehalten und verabschiedete eine provisorische Verfassung. Am 8. Februar wurde Jefferson Davis zum ersten Präsidenten der CSA bestellt.

Davis war Berufsoffizier gewesen, war Mexiko-Veteran, Gentlemanfarmer und hatte lange Jahre Sitze im Repräsentantenhaus sowie im Senat inne. Unter Präsident Buchanan war er Kriegsminister der USA gewesen. Zunächst gegen die Sezession eingestellt, hatte er als Senator Mississippi aus der Union geführt.

Davis war ein großgewachsener, schlanker Mann, der seine Gegenüber oft irritierte, weil er sie anzustarren schien, da sein linkes Auge fast erblindet war. Am liebsten wäre er General in der Armee der CSA gewesen, wo er sich wahrscheinlich auch bewährt hätte. Als Politiker war er steif und unflexibel und lag ständig im Streit mit seinen Kollegen in der Regierung wie auch den Gouverneuren der Konföderation. Dennoch meinte man im Süden, dass sich in ihm »... *der Mann und die Stunde gefunden hatten*«.

Nachdem Fort Sumter am 14. April 1861 von den Konföderierten erobert worden war, schlossen sich vier weitere Staaten der Rebellion an: Virginia am 17. April, Arkansas am 6. Mai, Tennessee am 7. Mai und North Carolina am 20. Mai. Die verbliebenen vier Sklavenstaaten, Maryland, Delaware, Missouri und Kentucky, waren unentschlossen, konnten aber unter heftigem Druck aus Washington in der Union gehalten werden.

Mit welchen Chancen gingen die beiden amerikanischen Nationen in den Krieg? Der Norden hatte den Vorteil von 23 Staaten gegen 11 Südstaaten, seiner Industrie und Eisenbahnen und der höheren Bevölkerungszahl. Der Süden hatte ein starke militärische Tradition und war besser auf den Krieg vorbereitet: Bereits vor der Amtseinführung Lincolns hatte er eine Freiwilligenarmee von 100.000 Mann aufgerufen. Der Süden beabsichtigte einen defensiven Krieg zu führen. Wollte der Norden siegen, so musste er in die Südstaaten eindringen und (»*verdammt viel Geographie*«) diese besetzten. Der Süden hatte zu Beginn die besseren Generäle und die grauuniformierten Soldaten des Südens fühlten sich den Blauen des Nordens moralisch und kämpferisch überlegen. Der Süden wollte aushalten, bis sich die öffentliche Meinung im Norden gegen den Krieg wandte. Der Norden hatte den Vorteil, in Abraham Lincoln den besseren und kompromissloseren Präsidenten zu besitzen. Dieser sah es als seine Aufgabe, die Einheit der Union zu retten und er sprach davon, dass er es auch tun würde, wenn er damit keinen einzigen Sklaven befreien könne. Dabei war von der Sklaverei in den ersten Kriegsmonaten nicht mehr die Rede, Jefferson Davis hatte sie in seiner Inaugurationsrede nicht einmal erwähnt.

Aber dennoch war es allen klar, dass der Kriegsgrund auf der Philosophie des Südens beruhte, die nach den Worten von Vizepräsidenten Alexander Hamilton Stephens besagte, dass »... *es die ganze Wahrheit ist, dass der Neger dem weißen Mann nicht ebenbürtig ist und dass seine Sklaverei – die Unterordnung unter eine überlegene Rasse – sein natürlicher Zustand und sein normales Leben sein muss.*«

Lincoln nannte die Sklaverei zunächst nur einen Disput und nicht als Kriegsgrund; er verteidigte die Union, die Südstaaten verteidigten ihre Existenz, die auf der Trennung von der Union beruhte und damit die Sklaverei. Es ging um den Stolz der Südstaaten, deren Pflanzeraristokratie sich nichts mehr von den vulgären Yankees vorschreiben lassen wollte. Im Norden hofften die Industriellen, dass eine Niederlage des Südens diese Staaten einer weitgehenden Industrialisierung öffnen würden.

In seiner Inaugurationsrede beschwor Lincoln nochmals die Einheit der Union, weil es den Staaten nicht möglich sei, sich auf Grund selbst zugestandener Rechte abzuspalten. Er wolle kein Blutvergießen, sollten aber die Südstaaten Besitzungen der Bundesregierung angreifen oder besetzen, wäre dies ein Kriegsgrund. Wörtlich sagte er: »*In euren Händen, meine unzufriedenen Landsleute, nicht in den meinen, liegt die folgenschwere Entscheidung über einen Bürgerkrieg. Die Regierung wird euch nicht angreifen. Ihr könnt keinen Konflikt haben, ohne selbst die Angreifer zu sein. Ihr habt einen heiligen Eid geschworen, die Union zu stürzen, ich aber den heiligsten, sie zu erhalten.*«

Auch in der Konföderation gab es besonnene Politiker, die vor einem Krieg zwischen den Staaten warnten, darunter der Gouverneur von Texas, Sam Houston, der der Union treu blieb und abgesetzt wurde: »*Ihr werdet vielleicht, nachdem ihr Millionen von Dollars und Tausende von Leben vergeudet habt, für den Süden die Unabhängigkeit gewinnen .... aber ich bezweifle das. Ich glaube zwar auch an den Grundsatz der Staatenrechte, aber der Norden ist entschlossen, die Union zu erhalten. Die sind nicht so heißblütig und impulsiv wie ihr, aber wenn sie einmal beginnen, sich in eine Richtung zu bewegen, dann tun sie es mit der Dauerhaftigkeit und der Wucht einer Lawine.«*

Aber nachdem es beiden Seiten klar war, dass es einen Krieg geben würde, hatte man den gemeinsamen casus belli schon ausgemacht – Fort Sumter im Hafen von Charleston.

B. DAS JAHR 1861

1. FORT SUMTER

Kurz nach seiner Inauguration am 4. März 1861 stand Lincoln vor der schwersten Entscheidung seiner jungen Präsidentschaft: Wie beginnt man einen Krieg, ohne den ersten Schuss abzufeuern? Dasselbe Problem hatte auch Jefferson Davis und deshalb war es ihm ein Anliegen, seinen kommandierenden General in Charleston, P.T. Beauregard, vorläufig zurückzuhalten. Diese vorsichtige Haltung kam nicht von ungefähr, war es doch bisher Sitte in der amerikanischen Politik gewesen, dass stets der »Feind« den ersten Schuss abzufeuern hatte, damit sich die USA sicher sein konnten, dass sie »nur zu Zwecken der Verteidigung« gehandelt hatten. Lincoln hätte leicht eine bewaffnete Flotte nach Charleston senden können, doch scheute er diesen Akt der Aggression. Er setzte auf eine fortlaufende Eskalation und Steigerung des Druckes auf Jefferson Davis. Lincoln hatte die Wahl – entweder bewaffneter Einsatz von Fort Sumter, steigender Druck auf die konföderierte Regierung in Montgomery, oder das Fort aufzugeben.

Außenminister William Henry Seward versuchte Lincoln dazu zu bringen, Fort Sumter aufzugeben und statt dessen Krieg mit Spanien und Frankreich über Gebiete in der Karibik zu suchen, um so die Nation wieder zu vereinen. Hinter dem Rücken Lincolns setzte Seward auf eine konziliante Politik gegenüber der Konföderation und versprach ihr, dass die Union in kurzer Zeit Fort Sumter räumen würde. Das brachte Davis dazu, drei Emissäre nach Washington zu senden, um die Bedingungen für die Übergabe von Fort Sumter und von Forts in Florida auszuhandeln. Die Gesandten waren völlig überrascht, als Lincoln sich weigerte, sie zu empfangen, da er sie damit als gleichberechtigte Partner anerkannt hätte. Seward versprach ihnen weiter die friedliche Räumung von Fort Sumter, obwohl er wusste, dass Lincoln bereits Captain Gustavus Fox dorthin geschickt hatte, um zu erkunden, ob sich das Fort über den Seeweg versorgen ließ. Fox stimmte dem zu und am 6. April 1861 gab Lincoln ihm den Befehl Fort Sumter mit einer kleinen Flotte zu versorgen.

Am 8. April erreichte den Gouverneur von South Carolina ein Gesandter der Union, der ihm mitteilte: »*Ich bin vom Präsidenten der Vereinigten Staaten aufgefordert worden, ihnen mitzuteilen, dass sie einen Versuch Fort Sumter zu versorgen zu erwarten haben. Diese Versorgung umfasst nur Lebensmittel, und wenn dieser Versuch nicht verhindert wird, so wird kein weiterer gemacht werden, um Männer oder Waffen nach Sumter zu bringen, ohne dass sie benachrichtigt werden, es sei denn, das Fort wird angegriffen.*«

Gouverneur Pickens sandte die Nachricht nach Montgomery und hier hatte die konföderierte Regierung zu entscheiden: Entweder ihre Forderung nach Übergabe aufzugeben oder den ersten Schuss abzufeuern, selbst wenn es nur darum ging zu verhindern, dass hungrige Männer versorgt wurden. Ließ sie feuern, bedeutete das Krieg; ließ sie Fox' Flotte durch, wäre das ein Gesichtsverlust für die Konföderation. Lincoln hatte Davis damit die Entscheidung aufgezwungen. Der sonst so bestimmend gegen den Norden auftretende Senator Robert Toombs riet Davis dringend davon ab, das Fort anzugreifen: »*Wenn wir auf das Fort feuern, werden wir einen gewaltigen Bürgerkrieg auslösen, größer als jeden anderen, den die Welt bis daher gesehen hat. Ein Angriff zu dieser Zeit bedeutet für uns Selbstmord, wir werden jeden Freund verlieren, den wir noch im Norden haben. Wir treten damit in ein Hornissennest, das vom Meer bis zu den Bergen im Westen reicht. Ganze Legionen werden ausschwärmen und uns zu Tode bringen. Sumter zu erobern ist unnötig, es bringt uns ins Unrecht. Und genau das ist fatal für uns*«.

Davis sah es anders und meinte, dass die Welt Verständnis haben würde, wenn er diesen Versuch, Fort Sumter zu versorgen, vereiteln würde. Er wies Beauregard an, nochmals die Kapitulation von Fort Sumter zu verlangen und falls diese nicht erfolgte »*... alle Maßnahmen zu ergreifen, um es zur Kapitulation zu zwingen, die ihnen nötig erscheinen*«.

Beauregard war glücklich darüber. Er saß an der Stelle, an der dieser Krieg, den er und viele der Sezessionisten für nötig erachteten, beginnen sollte. Beauregard sandte umgehend zwei Männer in einem Ruderboot nach Fort Sumter, verlangte

die umgehende Kapitulation und versprach dessen Unions-
kommandanten, Robert Anderson, eine ehrenhafte Übergabe
zu inszenieren. Anderson war 56 Jahre alt, Major, ein treuer
Unions-Soldat und Beauregards Lehrer in West Point gewesen.
Anderson würde nicht kapitulieren. Er bedauerte in einer Note
an seinen ehemaligen Schüler, dass es ihm seine Ehre verbiete,
auf den Vorschlag einzugehen, fügte aber hinzu: »*In einigen
Tagen werden wir wegen Hungers aufgeben müssen*«.

Beauregard sah eine Gelegenheit, das Fort ohne einen
Schuss in die Hand zu bekommen und kabelte dies nach
Montgomery, wo man aber ein Datum für die Übergabe verlangte. Ansonsten sei das Fort mit Gewalt zu nehmen. Beauregard versuchte im Morgengrauen des 12. April, Anderson
nochmals umzustimmen und ein Datum für die Kapitulation
zu erhalten. Die Zeit drängte, Fox' Schiffe wurden bereits außerhalb des Hafens gesichtet. Anderson teilte mit, dass er mindestens bis zum Mittag des 15. April aushalten müsse. Beauregard, der fürchten musste, dass in der Zwischenzeit die Schiffe
der Union Fort Sumter versorgen könnten und auch bei seiner
Verteidigung helfen würden, ließ ein letztes Mal zwei Männer
dorthin. Dieses Mal war seine Nachricht kurz und klar. Um
3.20 Morgens wurde Anderson mitgeteilt, dass er noch eine
Stunde habe, um zu kapitulieren, dann würde Fort Sumter unter Feuer genommen.

Es war klar, dass Anderson nicht kapitulieren würde. Also
ruderten die Gesandten Beauregards direkt zur Hauptbatterie
im Hafen von Charleston nach Cummings Point auf Morris Island, warteten bis 4.20 Uhr und gaben den Befehl zu feuern.
Man bot die Ehre des ersten Schusses Senator Roger Pryor an,
der zwei Tage zuvor noch zur Belagerung aufgerufen hatte,
aber dieser wollte nicht der Mann in den Geschichtsbüchern
sein, der den ersten Schuss in einem Krieg zwischen den Staaten abgab. Der Legende nach war es Edmund Ruffin, weißhaa-
riger Veteran der Sezession, der geschworen hatte, sich eher
umzubringen, als jemals wieder unter der Union zu leben, der
den ersten Schuss abgab. Vermutlich war es der einfache Soldat ohne Rang Henry S. Farley, der den ersten Schuss des amerikanischen Bürgerkriegs auslöste, indem er einen der großen
Mörser, Kolumbiaden genannt, abfeuerte. Wenn in vier Jahren
der letzte Schuss fiel, würden 630.000 Amerikaner in diesem

Krieg getötet worden sein. Aber an diesem Morgen jubelten die zahlreichen Zuschauer, die trotz der frühen Stunde gekommen waren, als ein Leuchtgeschoss über Fort Sumter zerplatzte und es in rotes Licht tauchte. Unmittelbar darauf eröffneten die Kanoniere der Konföderation aus den Forts um den Hafen von Charleston das Feuer.

Anderson hatte zur Verteidigung 75 Soldaten, acht Musiker, 43 Handwerker und 40 Kanonen, die aber in den Kasematten blieben und nur durch die Schießscharten feuern konnten. Nach kurzer Zeit hatte die Konföderation bis auf sechs Geschütze alle zum Schweigen gebracht. Im Fort brachen Brände aus. Anderson hoffte, dass ihm die Schiffe aus Fox' Geschwader zu Hilfe kommen würden, aber diese vermieden es, in den Hafen einzulaufen und sich dem Feuer der Landbatterien auszusetzen. Anderson schoss zurück, ohne Schaden anzurichten. Um höher zielen zu können, ließ er in der Mitte des Forts Gruben ausheben und darin Kanonen als Mörser positionieren. Allmählich begann ihm aber die Munition auszugehen. Am Mittag des 13. April wurde er abermals aufgefordert zu kapitulieren und diesmal hisste er die weiße Flagge. In den Straßen von Charleston kam es zu unbeschreiblichen Szenen. Menschen umarmten sich, Musikkapellen spielten »Dixie« und es waren Hochrufe auf Jefferson Davis, Beauregard und die Konföderation zu hören.

Obwohl die Konföderation rund 4000 Schuss auf das Fort abgefeuert hatte, gab es nur wenige leicht Verwundete unter den Männern Andersons. Erst als er seine Flagge einholte und 50 Schuss Salut abgab, fiel ein Funke auf ein Pulverfass, das explodierte und die einfachen Soldaten Daniel Hough und Edward Galloway tötete – die ersten Gefallenen des Krieges.

Anderson nahm die durchlöcherten Stars and Stripes mit sich und schwor, dass er sie aufbewahren und als sein Leichentuch verwenden würde. Unter dem Jubel der Konföderierten ging er an Bord eines Dampfers, den ihm Fox geschickt hatte. Fort Sumter gehörte der Konföderation, der Krieg hatte begonnen.

2. Vorbereitungen zum Krieg

Wie Lincoln vorausgesehen hatte, einte der Fall von Fort Sumter die Nordstaaten. Selbst die Demokraten des Nordens unter Stephen Douglas, der zwei Monate nach dem Ereignis sterben sollte, versicherten Lincoln ihrer Unterstützung und Loyalität.

Die Nordstaaten vibrierten vor Energie, die Menschen versammelten sich auf den Commons und in den Kirchen. Die Ungewissheit war vorbei. Krieg war etwas, das man sich glaubte vorstellen zu können, eine Lösung des Problems.

Lincoln handelte schnell. Am 15. April erließ er in der ersten Kabinettssitzung eine Proklamation. Darin wurden die unionstreuen Staaten aufgefordert, 75.000 Freiwillige für die Dauer von drei Monaten einzuberufen, die genutzt werden sollten, »gegen Kräfte, die zu mächtig sind, als dass man sie mit juridischen Mitteln unterdrücken könnte,« vorzugehen. Es war dies keine Kriegserklärung, denn nur der Kongress konnte Kriege erklären. Dieser war aber nicht in Sitzung und würde sich in diese Frage nicht mehr einmischen. Die Gouverneure der unionstreuen Staaten reagierten sofort und schickten Telegramme mit Unterstützungserklärungen an Lincoln.

Bis zum Ausbruch des Krieges hatte die reguläre Armee der USA 14.000 Soldaten aller Waffengattungen umfasst. Die Armee der Union sollte nun rasch anwachsen. Nach dem 15. April meldeten sich 91.816 Männer, am 3. Mai fragte Lincoln nach 500.000 weiteren, am 1. Juli 1861 hatten sich davon bereits 186.751 gemeldet, bis Ende 1861 sollten die Unionsarmeen 575.917 Soldaten gegen 326.768 Konföderierte umfassen.

Innerhalb kürzester Zeit war die Quote an Freiwilligen erfüllt, viele mussten weggeschickt werden. Allein in Iowa hätte es 20-mal mehr Freiwillige gegeben als gebraucht wurden. Jeder junge Mann, der seinem Mädchen imponieren wollte, unterschrieb die Anwerbung. Väter, die den Krieg von 1812 noch erlebt hatten, übergaben feierlich die alten Säbel an ihre Söhne. Mädchen schmückten die jungen Rekruten mit bunten Schärpen.

Die neuen Freiwilligen-Regimenter brachen Richtung Washington auf, wo sie sich um die Hauptstadt in Camps versammeln sollten. Als Freiwillige waren sie es gewohnt, ihre Offiziere selbst zu wählen, mit Vornamen anzusprechen und Befehle zu diskutieren. Die Mehrzahl waren einfache Farmersburschen, welche zwar kampfeslustig waren, aber noch nicht den Wert von Drill und Disziplin verstanden hatten. Es war ihnen nicht bewusst, dass sie für die Zeit ihres Militärdienstes auf ihre demokratischen Rechte verzichten würden müssen, um im Kampf als Einheit zu funktionieren. Sie fanden bald heraus, dass ihr Patriotismus sie zwar in die Uniform gebracht hatte, aber nur Disziplin ihnen das Überleben in der Schlacht sichern würde.

Der Süden kannte diese Probleme kaum. Als aristokratische Gesellschaft war es hier klar, dass sich der Unterschied in der Gesellschaft auch in der Armee reflektieren würde. Wer reich war, Land und Sklaven besaß, war berechtigt, ein Offizierspatent zu bekommen, während die Farmer, die kleinen Arbeiter und die »armen Weißen« die Ränge der Gemeinen zu füllen hatten. Dazu kam, dass im Süden ein weit höherer Prozentsatz von gebildeten Söhnen Militärschulen und West Point besucht hatte und in der regulären Armee der Union diente, diese verließ und nach Süden eilte und dort sofort in die neu entstandenen konföderierten Armeen eingereiht wurde.

Unter ihnen war auch Colonel Robert Edward Lee. Der Stabschef der Union, Winfield Scott, hatte ihm am 18. April in Washington das Oberkommando über die Streitkräfte der Union angeboten, das Lee aber abgelehnt hatte, weil noch nicht klar war, ob sich sein Heimatstaat Virginia der Sezession anschließen würde. *»Ich werde niemals die Waffen gegen die Union ergreifen, aber wenn es notwendig ist, für die Verteidigung von Virginia«*, schrieb Lee an Scott.

Lincolns Ruf nach Freiwilligen hatte noch einen anderen Sinn. Er machte deutlich, welche der bisher unentschiedenen Staaten sich für die Union und welche sich für die Konföderation entscheiden würden. Lincoln erhielt Schreiben der Gouverneure von Virginia, North Carolina, Tennessee und Arkansas, dass diese nicht daran dachten »*... Teil zu sein in dieser bösartigen Verletzung der Gesetze dieses Landes und dieses Krieges gegen die Freiheiten des Volkes«*.

Auch Robert E. Lee traf seine Entscheidung. Nachdem Virginia am 19. April aus der Union ausgetreten war, trat er am 20. April von seinem Posten in der Armee der Union zurück und wurde am 23. April in Richmond als General der Miliz von Virginia eingesetzt.

Der Abfall vier weiterer Staaten brachte die Zahl der Sezessionsstaaten auf elf. Allerdings beschlossen die Farmer von West Virginia, die keine Sklaven besaßen, die Sezession von Virginia nicht hinzunehmen und spalteten sich als »West-Virginia« von Virginia als Territorium ab, das schließlich 1863 als eigener Staat von der Union anerkannt wurde. Auch die elf Staaten der Sezession mobilisierten ihre Männer in einem Krieg, der »*gegen die Invasion aus dem Norden*« geführt werden sollte.

Jefferson Davis rief nach 100.000 Freiwilligen und diese kamen, getrieben vom Wunsch ihre Mütter und Mädchen, dass sich der Sohn oder Verehrer an der »*noblen Sache des Südens*« beteiligen möge.

In all dem Kriegsgeschrei blieb zunächst die Frage der Sklaverei ausgeklammert und wurde kaum erwähnt, obwohl sie der eigentliche Auslöser des Krieges gewesen war. Dem Süden ging es lautstark um »seine Rechte«. Der Norden rief nach der Erhaltung der Union. Der Süden fand es einfacher zu sagen, dass er für »*unsere Sache, unser Recht*« kämpfte als für eine Institution, die nur wenigen nutzte. Im Norden waren die Männer eher bereit, ihr Leben für den Erhalt der Union einzusetzen, als für weit entfernte schwarze Sklaven, die auch in der Gesellschaft des Nordens keinen hohen sozialen Stellenwert hatten.

Das Schicksal von vier Staaten, Delaware, Maryland, Kentucky und Missouri, war weiterhin unentschieden. Die ersten beiden antworteten vorsichtig auf Lincolns Ruf nach Soldaten. In Delaware war zwar die Sklaverei erlaubt, es gab aber dort so wenige Sklaven, dass man Delaware nicht als Sklavenhalterstaat bezeichnen konnte. Da er keine eigene Miliz hatte, antwortete der Gouverneur, dass er keine Soldaten ausheben und der Union schicken könne. Maryland war nur bereit, Soldaten zu senden, um Washington gegen einen Angriff des Südens zu verteidigen. Anders hingegen Kentucky und Missouri, die sich beide offen auf die Seite des Südens stellten und die Einberufung von Soldaten durch Lincoln als »*illegal, verfassungswidrig, revolutionär, unmenschlich und teuflisch*« erachteten.

Lincoln war alarmiert. Delaware würde nicht zum Süden übergehen, dessen war er sich sicher, aber die anderen drei Staaten waren lebenswichtig für die Union. Am wichtigsten war sein Heimatstaat Kentucky, da er nicht nur über reiche Bodenschätze und eine gut entwickelte Landwirtschaft verfügte, sondern auch strategisch den Mittelwesten beherrschte. Sollte die Union Kentucky und Maryland verlieren, dann war sie als Ganzes in Gefahr, und »...*dann können wir dem Süden gleich Washington als Hauptstadt übergeben*«, meinte der Präsident.

Washington war tatsächlich in Gefahr. Gleich auf der Südseite des Potomac beherrschten die Arlington Heights als Teil Virginias mit dem Anwesen Robert E. Lees die Hauptstadt. Ost-Maryland und Baltimore waren auf Seiten der Sezession und als ersten Schritt hatten die Konföderierten die Werften von Norfolk und den wichtigen Eisenbahnknotenpunkt Harpers Ferry besetzt. Lincoln konnte von den Stufen des Weißen Hauses über den Potomac hinweg die neue konföderierte Flagge mit ihren »Bars and Stars« sehen, die in Alexandria auf der »Marshals Tavern« wehte.

Obwohl es 1861 nur wenige fertige Regierungsgebäude in Washington gab und auch das Kapitol noch nicht von seiner markanten Kuppel gekrönt war, wusste Lincoln sehr genau, dass dieses Gewirr aus schlammigen Straßen, zwei Hotels sowie Holz- und Backsteinhäusern ein wichtiges Symbol für die Union war. Sie lag aber in Schlagdistanz der Konföderation und er wunderte sich jeden Tag von Neuem, warum diese noch nicht versucht hatte, die unverteidigte Stadt einzunehmen.

Erst am 18. April erreichten die ersten 500 Soldaten Washington, am nächsten Tag sollten nochmals 1000 Soldaten des 6th Massachusetts-Regiments folgen. Beim Wechseln der Bahnhöfe in Baltimore kam es zu Angriffen der Bevölkerung gegen die Soldaten, es wurden Schüsse abgegeben und es gab Tote und Verwundete. Maryland protestierte gegen »*die Verletzung seines Bodens*«, aber Lincoln antwortete, dass die Soldaten, die er zur Verteidigung der Hauptstadt der Union brauchte, keine Maulwürfe seien, die sich Tunnel darunter graben könnten und keine Vögel, um darüber hinwegzufliegen. Verärgert unterbrachen darauf die Bürger von Baltimore die Eisenbahnlinien und kappten die Telegrafenleitungen. Washington war vom Rest der Union abgeschnitten.

Dazu kamen Gerüchte, P.T. Beauregard sei mit 18.000 Männern im Anmarsch auf Alexandria, während General Thomas J. Jackson Harpers Ferry mit 8000 Mann besetzt hatte. Ein Angriff auf Washington stehe unmittelbar bevor. Diese Nachrichten genügten, um eine Massenflucht der Zivilbevölkerung aus Washington einzuleiten. Nach wenigen Tagen waren die Straßen leer, nur mehr Militär patrouillierte durch die mit Barrikaden und Sandsäcken befestigte Stadt.

Der Retter Washingtons in dieser Krise wurde General Ben Butler. 1818 geboren, war er von West Point zurückgewiesen worden und hatte den Beruf eines Rechtsanwalts ergriffen. Er hatte sich in der Miliz von Massachusetts einen Namen gemacht, war für das Amt des Gouverneurs von Massachusetts angetreten, hatte aber verloren und war nun kommandierender General des 8th Massachusetts Milizregiments.

Als er von der Blockade Baltimores erfuhr, besetzte er mit seinem Regiment die Stadt, öffnete wieder die Bahnlinie nach Washington und unterdrückte die Proteste der Sezessionisten in Baltimore so effektiv, dass die Stadt der Union künftig keine Probleme mehr bereiten würde. Innerhalb kürzester Zeit war er so populär im Norden, dass selbst Lincoln und sein Stabschef Winfield Scott ihn fürchteten und ihm deshalb einen zweiten Stern sowie ein eigenes Kommando in Fort Monroe an der südlichen Spitze der York-Halbinsel gaben, um ihn von Washington fernzuhalten.

Hier traf der Jurist Ben Butler eine für die Union zukunftsweisende Entscheidung betreffend entlaufener Sklaven. Als sich drei Sklaven nach Fort Monroe flüchteten, weigerte sich Butler, diese dem Eigentümer zurückzugeben und betrachtete sie als »Konterbande«, also als beschlagnahmtes Eigentum des Feindes und gab ihnen die Freiheit. Dies veranlasste bis zum Ende des Jahres 15.000 Sklaven, aus der Konföderation in die Union zu fliehen.

Ende April 1861 kampierten in und um Washington 10.000 Soldaten. Robert Anderson, der aus dem Süden zurückgekehrt war, wurde wie ein Held empfangen und nach Kentucky zur Unterstützung von Major General John Charles Frémont gesandt, um Kentucky für die Union zu sichern. Lincoln konnte

nun in die Offensive gehen. Harpers Ferry wurde zurückero-
bert, die Arlington Heights besetzt und Fort Monroe verstärkt.
Die erste Krise der Union war bewältigt, und man hörte in
einem vor dem Feind sicheren Washington immer öfter den
Ruf »*Auf nach Richmond*«, der neuen Hauptstadt der Konföderation.

3. King Cotton Diplomatie

Nachdem sich Virginia von der Union abgespalten hatte,
verlegte die Regierung der Konföderation ihren Regierungssitz nach Richmond, Virginia. Die erste Hauptstadt, Montgomery in Alabama, hatte sich als zu klein, zu schmutzig und
inadäquat für einen Regierungssitz erwiesen. Es gab nur ein
einziges Hotel, und die Luft wurde im Sommer von Tausenden Moskitos belebt. Richmond dagegen war mit 37.910
Einwohnern die Hauptstadt des bevölkerungsreichsten und
bedeutendsten Staates in der Konföderation. Sie war Sitz der
Tredegar Eisenwerke, der größten Fabrik dieser Art in Dixie,
der Hauptquelle für Waffen und Eisenprodukte in der Konföderation und ein Eisenbahn- und Straßenknotenpunkt.
Mit dem Meer war Richmond über den James-River und den
Kanawah-Kanal verbunden, über den die Produkte seiner
Plantagen, Tabakfabriken und Mühlen zum Meer und nach
Europa verschifft wurden. Die Straßen waren gepflastert. Das
Statehouse war das zweitälteste in den Vereinigten Staaten
und architektonisches Vorbild für das Kapitol in Washington.
Jefferson Davis war zunächst gegen die Verlegung des Re-
gierungssitzes, da er die Nähe zur Union – Washington war
nur 100 Meilen entfernt – als strategischen Nachteil ansah.
Eine einzige verlorene Schlacht konnte der Konföderation
die Hauptstadt und das nationale Symbol rauben. Dazu
kam, dass mit Richmond die Hauptstadt der Konföderation
nicht mehr im Zentrum der Erhebung, sondern am äußersten Rand lag. Davis hatte mit seinen Befürchtungen recht,
die exponierte Lage Richmonds würde im Krieg dazu führen,
dass sich der Krieg weitgehend nach Virginia verlagerte und
hier starke Kräfte der Konföderation band; Kräfte, die west-

lich der Appalachen fehlten, wo der Krieg entschieden werden sollte.

Davis gab nach, und seine zweitägige Reise von Montgomery nach Richmond wurde zum Triumphzug durch den Süden. Obwohl er als einfacher Passagier in einem Passagierwaggon reiste – einen Extrawagen hatte er abgelehnt – wurde er in allen Stationen bejubelt und gefeiert. Bei seiner Ankunft in Richmond wurde er von Gouverneur John Letcher empfangen und im Triumph ins Spotswood Hotel, seinem vorläufigen Quartier, gefahren. In seiner Begrüßungsrede erwähnte er die Konföderation als »die letzte und beste Hoffnung der Freiheit« und paraphrasierte damit Lincolns Inaugurationsrede, wo dieser die USA als »die letzte und beste Hoffnung auf Erden« bezeichnet hatte.

Davis stürzte sich sofort in die Arbeit. Er ritt oft aus und besuchte die Trainingslager seiner Armee, weil er wusste, dass diese Männer alles waren, was zwischen der Konföderation und einer Niederlage durch die Union stand.

Der Süden begann, sich in einer Opferrolle zu sehen und verglich sich mit den amerikanischen Kolonisten, die im Unabhängigkeitskrieg von 1776 bis 1783 gegen England gekämpft hatten. Die Konföderation glaubte auch, dass ihre traditionelle Haltung gegen hohe Zölle ihrer Stellung unter den europäischen Mächten helfen würde und dass Europa von einer Verlagerung des Handels vom Norden in den Süden profitieren könnte. Außerdem verglich man im Süden den Kampf gegen den Norden mit den in Europa immer populärer werdenden Strebungen des Nationalismus und glaubte, dass sich die Briten die Gelegenheit nicht entgehen lassen würden, auf diese Weise der immer größer werdenden wirtschaftlichen Konkurrenz durch die »Yankees« entgegenzutreten. Bevorzugt setzte der Süden auf sein Monopol auf hochwertige Baumwolle, weil »König Baumwolle« rund drei Viertel der benötigten Rohstoffe für die englische Textilindustrie lieferte. Man vertraute darauf, dass Britannien aus diesem Grunde die Konföderation anerkennen und mit eigenen Schiffen die Seeblockade des Nordens, die Lincoln am 19. April 1861 verhängt hatte, brechen würde. Man schlug Davis sogar vor, ein Baumwollembargo gegen jene Länder zu errichten, die den Süden nicht anerkennen wollten.

Was Davis und seine Beratern aber nicht bedachten, war,

dass die Baumwollernten der letzten Jahre außerordentlich gut gewesen und die Lagerhäuser in England noch voll mit unverarbeiteter Baumwolle waren. Die Händler in England konnten diese nun mit gutem Profit verkaufen und waren nicht an Nachschub interessiert. England hatte genug Baumwolle, um bis 1862 damit auszukommen. Außerdem hatte es durch schlechtes Wetter seit 1859 Missernten von Weizen in England gegeben, sodass England 1861 und 1862 dieses Getreide verstärkt aus den Nordstaaten importieren musste und sich daher nicht mit der Union überwerfen konnte.

Die Außenpolitik der Konföderation gegenüber England und Frankreich lag zur Gänze in der Hand von Jefferson Davis, der aber nicht das Geschick von Lincoln besaß. Die Diplomaten, die er nach England schickte, waren Neulinge und nicht für diese heikle Mission ausgebildet. Zwar gelang es ihnen durchzusetzen, dass England der Konföderation aus Verärgerung über die Seeblockade den Status einer kriegführenden Nation zugestand, danach weigerte man sich aber, mit den Gesandten des Südens weiter zu verhandeln. Der Norden hatte nachdrücklich die Briten an die hohen Verluste englischer Schiffe aus dem Kaperkrieg von 1812 erinnert und ein solches Vorgehen der Union für den Fall der Anerkennung des Südens in Aussicht gestellt.

Ähnliche Erfahrungen mussten die konföderierten Diplomaten auch in Spanien und Frankreich machen, sodass sie nach einigen Monaten desillusioniert über die Außenpolitik von Davis zurückkehrten. »*Die Konföderation hat keine Freunde in Europa*«, schrieb William Yancey, der Verhandlungsführer des Südens in Britannien, »*Europa ist gegen die Sklaverei und die öffentliche Meinung ist auf Seiten der Abolitionisten. Man wird den Süden niemals anerkennen, außer man stellt fest, dass unser bluttriefendes Schwert über den unterworfenen Häuptern des Nordens hängt….es ist ein großer Irrtum von uns zu glauben, dass die Baumwolle König ist, sie ist es nicht. Sie ist ein großer und einflussreicher Faktor in Handel und Wirtschaft, aber sie ist kein Diktator. Die europäischen Nationen werden nicht gegen die Blockade auftreten, außer wenn es in ihrem Interesse liegt.*« Die erste Offensive des Südens im Kampf der Diplomaten war zurückgeschlagen worden.

4. Die erste Schlacht von Bull Run (Manassas)

Anfang Juni 1861 hatten sich um Washington 60.000 Unionssoldaten versammelt, denen etwa 40.000 Konföderierte in Virginia gegenüberstanden. Erste Kämpfe waren am 10. Juni nördlich von Fort Monroe auf der York-Halbinsel ausgebrochen, wo Ben Butler mit seinen 7.000 Mann nach Norden vorstieß, um Richmond zu bedrohen. Ihm trat bei Big Bethel eine kleine Streitmacht von 1.400 Konföderierten unter J.B. Magruder gegenüber, der sich in einer strategisch guten Stellung hinter dem Marsh Creek verschanzt hatte. Die Unionssoldaten griffen nur zögerlich an, ihre Reihen kamen schnell in Unordnung und nach nur einer Stunde war das Gefecht – die erste größere Kriegshandlung des amerikanischen Bürgerkrieges – vorbei. Butler hatte 76 Mann verloren, Magruder nur acht und das schien zu bewahrheiten, was die Konföderation von Anfang an geglaubt und die »Southern Gentlemen« ihren Damen stolz erzählt hatten, dass ein Konföderierter zehn Nordstaatler aufwiegte.

In Washington hatte in der Zwischenzeit der Stabschef der Union, der bereits 75-jährige Sieger von Mexiko, Winfield Scott, seine Strategie vorgestellt, wie die Union den Süden in die Knie zu zwingen gedachte. Scott selbst war nicht mehr fähig, eine Truppe zu kommandieren, wie er es in Mexiko gemacht hatte. Er hatte sich dem guten, genussreichen Leben ergeben und wog 150 Kilo, aber er hatte einen klaren Plan, den er seinem Protegé George B. McClellan anvertraute. Er sah vor, das Mississippital zu besetzten, mit Forts zu sichern und so den Süden von seiner Lebensader abzuschneiden, über die er Fleisch und Lebensmittel bezog und über die er seine Baumwolle exportieren konnte. Auf der Atlantikseite und im Golf von Mexiko würde man eine Seeblockade errichten und so die Konföderation von allen Seiten isolieren. McClellan nannte diese Strategie den »Boa-Constrictor-Plan« nach der Riesenschlange, die ihre Opfer langsam erdrosselte, während die

Presse den Namen in den mehr plakativen »Anaconda-Plan« abänderte. Zunächst aber hieß es »Auf nach Richmond«. Als Erfinder dieses Slogans galten der Zeitungsherausgeber Horace Greely und seine New York Tribune und er sprach der Bevölkerung des Nordens aus der Seele.

Auch Lincoln trieb seine Generäle zu schnellem Handeln, weil er befürchten musste, dass seine Freiwilligen, die sich für drei Monate verpflichtet hatten, sonst wieder nach Hause gehen würden, ehe sie einen Schuss auf die Konföderation abgefeuert hätten. Lincoln wandelte sich in diesen ersten Kriegsmonaten vom konzilianten Demokraten zum Kriegspräsidenten, der sich selbst Befugnisse verlieh, wie sie noch kein Präsident der USA vor ihm gehabt oder verlangt hatte. Ende April 1861 ließ er alle Kopien von Telegrammen der Jahre 1860 und 1861 in jedem Post Office im Norden beschlagnahmen und auswerten. Alle Personen, die man danach im Norden als Informanten des Südens ansah, wurden unter Aufhebung der Habeas-Corpus-Rechte ohne Anklage ins Gefängnis geworfen. Er ließ ohne Beschluss des Kongresses Millionen von Dollars direkt an Waffenhändler und Munitionsfabriken auszahlen, ehe der Kongress am 4. Juli zusammentrat und seine Maßnahmen absegnete.

Die ersten Kriegszüge in Virginia verliefen für die Union vielversprechend. In Westvirginia, das von der Konföderation abgefallen war, sollte der konföderierte Brigadegeneral Robert S. Garnett mit 4.000 Mann dafür sorgen, dass dieses Gebiet wieder zur Konföderation zurückkehrte. Ihm trat McClellan mit 8.000 Mann entgegen, dem es gemeinsam mit William S. Rosecrans gelang, die Konföderierten auszumanövrieren und bei Rich Mountain zu schlagen, wobei Garnett, als er mit seiner Nachhut den Rückzug deckte, bei Carricks Ford fiel. Er war der erste Stabsoffizier, der in diesem Krieg, der mehr Generäle das Leben kosten würde als jeder andere, den Tod fand. McClellan sandte ein Telegramm an Lincoln und an die Presse, in dem er schrieb, dass er zwei Armeen, die von erfahrenen Generälen geführt wurden, vernichtet hätte, obwohl ihm 3.500 Konföderierte entkommen waren. Dem Norden gefiel seine napoleonhafte Art, welche sie die erste Niederlage Butlers vergessen ließ. McClellan wurde zum »kleinen Napoleon« oder für seine Soldaten zu »Little Mac«. Lincoln verlangte nun von

General Irvin McDowell und seiner Potomac-Armee ebenfalls Erfolge.

McDowell hatte 1838 in West Point graduiert und war sein Leben lang Offizier gewesen, hatte allerdings nie selbst größere Truppeneinheiten im Feld kommandiert. Nach der Offiziersschule war er für ein Jahr nach Frankreich gegangen, um dort europäische Taktik zu studieren, dann hatte er in West Point unterrichtet. Im mexikanischen Krieg war er im Stab von Scott gewesen. Er galt als dogmatischer und didaktischer Offizier, der ein befähigter Organisator war. Zunächst musste er seine Truppen organisieren. Er teilte das Heer in Regimenter, Brigaden und Divisionen. Eine Brigade umfasste zwei Regimenter, eine Division zwei Brigaden. Diese neuen Einheiten waren im Feld schwer zu kommandieren und es erforderte spezielle Taktiken, sie einzusetzen, die den Männern eingeübt werden mussten, wozu aber McDowell die Zeit fehlte. Zu sehr saßen ihm Lincoln und die 90-Tage-Frist im Nacken. Jedes Mal, wenn ihn Lincoln aufforderte, endlich gegen den Süden vorzugehen, gab er Bescheid, dass er noch nicht bereit sei, weil er die perfekt ausgebildete Armee haben wollte. Er übersah dabei aber, dass seine Kontrahenten im Süden ebenfalls noch weit von der Perfektion späterer Jahre entfernt waren.

Im späten Juni konnte McDowell seinen Plan für den Angriff auf die Konföderation vorstellen. Er sah vor, Robert Patterson mit 18.000 Mann in das Shenandoah-Tal zu senden, um dort Joseph E. Johnston mit dessen 10.000 Rebellen zu binden. Gleichzeitig würde McDowell mit 35.000 Mann den Potomac queren und gegen den Eisenbahnknotenpunkt Manassas-Junction, etwa 30 Meilen südlich von Washington, marschieren. 10.000 Mann sollten die Reserve bilden und Washington verteidigen.

Am Dienstag den 14. Juli, brach die Armee auf. McDowell hatte vorgesehen, die Distanz in zwei Tagesmärschen zu überwinden und überraschend schnell in Manassas einzutreffen. Das sollte es der geteilten Armee der Konföderation unmöglich machen, sich rechtzeitig zu vereinen. Tatsächlich brauchten seine unerfahrenen und untrainierten Soldaten fünf Tage für den Marsch. Zwei zusätzliche Tage wurden für eine Ruhepause sowie zum Erkunden und Kartenstudium verloren. P.T. Beauregard auf Seiten der Konföderation mit seinen 20.000 Soldaten ging es nicht viel besser. Obwohl gut verschanzt, drängte er in Richmond auf den Befehl zum Rückzug und rief nach Verstärkungen. Davis befahl Johnston, sich von Patterson zu lösen, was diesem auch leicht gelang, da sich Patterson aus Angst, auf einen überlegenen Gegner zu treffen, zurückgezogen hatte.

Die ersten Soldaten aus Johnstons Truppen, die nach einem dreitägigen Gewaltmarsch in Manassas-Junction eintrafen, waren die Regimenter von Thomas Jackson. Am nächsten Tag kamen noch 5.000 Mann von Theophilus Holmes dazu. Damit hatte Beauregards Truppe dieselbe Stärke erreicht wie die McDowells. Als beide Armeen in Stellung gingen, wurden sie von zahlreichen Beobachtern begleitet. Freunde und Angehörige von Soldaten, Zeitungsleute und interessierte Bürger mit Picknickkörben waren aus Washington gekommen, um die Schlacht mitzuerleben, von der man annahm, dass sie den Krieg beenden würde. Auf der anderen Seite kam Jefferson Davis mit dem Zug aus Richmond, wo er es nicht ausgehalten hatte, vor dem Telegrafen zu sitzen und auf Nachrichten zu warten.

Die konföderierten Truppen standen hinter dem Nord-Süd laufenden kleinen Flüsschen Bull Run, der über mehrere Furten und Brücken verfügte, die von den Einheiten geschützt wurden. McDowell stand nordwestlich davon im kleinen Ort Centreville. Sein Schlachtplan sah vor, eine kleine Truppe nach Süden zur Blackburn Ford zu schicken und dort einen Angriff zu inszenieren, um so die Konföderierten glauben zu machen, dass hier der Hauptangriff erfolgen würde. In der Zwischenzeit sollte die Hauptmacht nach Westen vorstoßen, den Bull Run überschreiten, nach Südens schwenken und den Konföderierten in die Flanke fallen. Was er nicht wusste, war, dass Joe Johnstons Truppen inzwischen vollständig das Feld erreicht hatten. Auch Beauregard konnte seine Truppen teilen. Der Angriff der Union verlief zunächst nach Plan. Der Vormarsch im Süden traf auf General James Longstreet, der keine Mühe hatte, hier standzuhalten. Der Angriff im Norden verspätete sich aber und als Johnston erfuhr, dass McDowells Truppen den Bull Run bei Stony Bridge überschreiten wollten, sandte er eine Brigade zur Verteidigung der Brücke. Diese konnte die Brücke eine Zeit lang halten, als sie aber merkten, dass sie noch weiter im Norden umgangen wurden, zogen sie sich zurück und postierten sich auf Henrys Hill. Von Norden griffen nun die vereinigten Unionstruppen an, während Beauregard und Johnston immer mehr Truppen von Süden heranführten. Beide Armeen trafen auf den Abhängen von Henrys Hill aufeinander. Die Schlacht ging für Stunden hin und her, jede Seite griff an, wurde zurückgetrieben und immer mehr Regimenter wurden ins Feld geworfen.

Am frühen Nachmittag sah es so aus, als ob die Union endgültig den Hügel stürmen würde. Sie traf jedoch auf eine letzte Verteidigungslinie der Rebellen, die Truppen von Jackson. Obwohl an der Hand verwundet, saß er ruhig im Hagel der Geschosse auf seinem Pferd und diente weichenden Truppen als Beispiel, weil er hier stand »wie ein Steinwall«, auf diese Weise seinen späteren Beinamen »Stonewall« gewinnend. Als die bereits erschöpften Truppen der Union nochmals gegen Jacksons Linien vorgingen, wurden sie von einer Salve ins Wanken gebracht. Dann befahl Jackson einen Bajonettangriff, der die Blauen endgültig in die Flucht trieb.

Die Flucht der Union wurde zur Panik und erfasste auch die Zuschauer aus dem Norden. McDowell hatte aber das Glück, über ein Regiment Soldaten der regulären Armee zu verfügen, das seinen Rückzug nach Washington deckte. Im Chaos verlor die Unionsarmee den Großteil ihrer Pferde, Wagen und Artillerie. Als die geschlagenen Soldaten in Washington ankamen, existierte die Potomac-Armee der Union nicht mehr. Jackson machte den Vorschlag, sie zu verfolgen. Allerdings war die siegreiche konföderierte Armee ebenfalls derart in Unordnung geraten, dass an einen geregelten Vormarsch nicht zu denken war. Als die nächsten Tage Regen hereinbrach und die Straßen in Rinnsale verwandelte, war an eine Verfolgung nicht mehr zu denken.

Die Toten beider Seiten wurden des Nachts am Schlachtfeld ausgeplündert, die Verwundeten mit den medizinischen Mitteln der Zeit behandelt und dies bedeutete in der Mehrzahl der Fälle eine Amputation von Armen oder Beinen. Schuld daran war die neue Infanteriewaffe des Bürgerkrieges, das Gewehr mit gezogenem Lauf und einem Minié-Geschoss von Kaliber 0,58, das eine so große kinetische Energie besaß, dass es tiefe Wunden riss und Knochen zerschmetterte.

Es sollte bis zum Ende des Krieges, bis nach den Schlachten

von Fredericksburg, Gettysburg, Cold Harbour und Franklin dauern, bis die Generäle einsahen, dass man gegen diese Waffe keine Frontalangriffe führen konnte. Der konföderierte General James Longstreet wusste es vom Beginn des Krieges an, konnte seine Erkenntnisse aber nicht durchsetzen.

Die Union hatte in dieser Schlacht 481 Tote, 1011 Verwundete und 1216 Vermisste, zumeist Gefangene, zu beklagen, dagegen standen auf konföderierter Seite 387 Tote, 1582 Verwundete und nur 8 Vermisste.

In Washington hatte Lincoln auf Nachrichten vom Schlachtfeld gewartet, am nächsten Tag konnte er mit eigenen Augen sehen, wie seine geschlagene Armee in die Hauptstadt wankte. Zahlreiche Bürger öffneten ihre Häuser, um Verwundete aufzunehmen, während sich die noch fähigen Soldaten auf einen Angriff der Konföderation einrichteten, der nicht kam. Lincoln sah ein, dass es nicht die einzelne, glorreiche Schlacht einer begeisterten Freiwilligenarmee sein würde, die den Krieg entschied. Nur eine gut ausgebildete und ausgerüstete Armee konnte die Rebellion des Südens unterdrücken. So rief er am nächsten Tag nach einem Mann, der sich bereits als Organisator einen Namen gemacht hatte und in den er alle Hoffnung der Union setzte, George Brinton McClellan.

McClellan galt als die größte Hoffnung der Union. 1826 in einer angesehenen Familie in Pennsylvania geboren, absolvierte er mit Bravour West Point, diente im mexikanischen Krieg unter Winfield Scott, unterrichtete in West Point und arbeitete als Militäringenieur. Während er in Russland den Krimkrieg beobachtete, wandte sich seine Verlobte Ellen seinem Kollegen A.P. Hill zu, überlegte es sich dann aber anders und heiratete doch McClellan. Pikanterweise sollte Hill später konföderierte Truppen kommandieren und jedes Mal, wenn er die Unionslinien bombardierte, riefen die Soldaten: »*Ach Nellie, warum hast du ihn nicht geheiratet.*«

McClellan verließ 1857 die Armee und wurde Präsident verschiedener Eisenbahngesellschaften. Nach Fort Sumter kommandierte er die Ohio-Freiwilligen, gewann kleinere Gefechte bei Rich Mountain und Carricks Ford und machte sich in den Zeitungen selbst populär, sodass ihn Lincoln nach Bull Run nach Washington rief.

Bull Run oder Manasssas war eine entscheidende Schlacht,

obwohl sie nur die erste einer ganzen Reihe blutiger Auseinandersetzungen sein sollte. Sie zeigte dem Norden, was Krieg wirklich bedeutet und dass man ihn ernsthaft und mit aller wirtschaftlicher und militärischer Macht angehen musste. Dagegen glaubte der Süden nun seiner eigenen Propaganda und an die Überlegenheit seiner Soldaten und dachte noch für lange Zeit, den Krieg in ähnlicher Art und Weise weiterführen zu können. Der Norden sollte aus der Niederlage seine Lehren ziehen, auch wenn es noch Jahre dauern würde, sie umzusetzen. Dem Süden genügte der Sieg als Zeichen seiner Überlegenheit und er glaubte, dass Moral und Willenskraft die Unterlegenheit an Soldaten und Material ausgleichen würden – ein Irrtum, der den Krieg weit über das vernünftige Maß hinaus verlängern würde.

Viele Soldaten hatten nach dieser ersten Schlacht schon genug vom Krieg; wie Thomas Taylor, der an seine Frau schrieb: *»Diese vielen so am Felde liegen zu sehen, manche tot, andere verwundet, die Schreie der Verwundeten zu hören ... manche ohne Arm, andere ohne Beine, Nasen und die Kiefer weggeschossen ... oh Gott, könnte dieser grausame Konflikt kein Ende haben?«*

Horace Greely, der Erfinder des Slogans »Auf nach Richmond«, ging von seiner Meinung ab und riet Lincoln, einen ehrenhaften Frieden mit der Konföderation zu suchen.

5. McClellans Reformen

McClellan kam in Washington am 27. Juli 1861 an und übernahm das Kommando über die Truppen, die von Bull Run zurückgekommen waren. Er war ein sicherer Stratege und sah sofort, dass Washington im Moment mit einem einfachen Kavallerieregiment zu erobern war. Er ließ daher die Höhen um die Stadt befestigen und Camps einrichten, in welche nun 100.000 der 300.000 Freiwilligen strömten, die Lincoln für drei Jahre Dienst angeworben hatte.

Was McDowell nicht gehabt hatte, nahm sich nun McClellan: die Zeit um die Rekruten gründlich auszubilden. Während seine Soldaten lernten, sich auf Kommando zu bewegen, zu essen und zu schlafen, führte er inzwischen in Washington

ein großes Haus, zu seinem Stab gehörten zwei französische
Prinzen und ein Mitglied der Astor-Familie. Dennoch war
»Little Mac« oder der »kleine Napoleon« unter den Soldaten
enorm populär, auch wenn sie ihn nur bei den immer wieder
durchgeführten Paraden zu Gesicht bekamen. McClellan besaß aber das Charisma des geborenen Anführers, und er verstand es, der Union und ihren Soldaten nach der Schlacht von
Bull Run ihren Stolz und ihre Ehre wiederzugeben.

Allerdings hatte McClellan zwei grundsätzliche Fehler als
Kommandeur. Der eine war, dass er niemals mit seinen Vor-
bereitungen fertig wurde. Er versuchte, ein Heer von 100.000
Mann bis ins letzte Detail zu organisieren und alles messbar
und abwägbar zu machen. Erst wenn er das bewerkstelligt hatte, würde er die Armee für geeignet erklären, den Potomac zu
überschreiten und den Süden anzugreifen.

Der zweite Fehler war, dass er sich bei seiner Aufklärung
auf den Gründer der Pinkerton-Detektivagentur, Allan Pinkerton verließ. Dieser hatte Spione in den Süden gesandt und
von dort trafen Berichte ein, die besagten, dass die Armeen des
Südens zwei- oder dreimal so stark waren wie die des Nordens. Pinkerton erklärte im Oktober 1861, dass die Rebellen
in Manassas 150.000 Mann in Feldbefestigungen verschanzt
hatten, tatsächlich dürfte die Zahl kaum ein Drittel davon be-
tragen haben. McClellan hätte sich dessen bewusst sein können, mehrmals sandte er Erkundungstruppen aus, die stets auf
geringen Widerstand stießen und mehr als einmal feststellen
mussten, dass sie von »Quaker-Guns«, schwarz gestrichenen
Baumstämmen, die wie Kanonen aufgeprotzt waren, bedroht
wurden.

McClellans Furcht vor der Überlegenheit der konföderierten Armee wurde durch erste Kampfhandlungen unter seinem Kommando noch verstärkt, so durch die Niederlage bei
Balls Bluff am 21. Oktober. McClellan hatte eine Division unter
Edward D. Baker, einem der engsten Freunde Lincolns, und
unter Charles P. Stone ausgesandt, um zu erkunden, ob sich
die Konföderierten unter Johnston aus Leesburg bei Harpers
Ferry zurückzogen. Baker gelang es, sich mit seiner Division
in Balls Bluff in eine militärisch aussichtslose Lage angesichts
vier konföderierter Regimenter zu begeben, sodass er am Ende
einen von diesen besetzten Hügel vor sich und einen Abhang

von 100 Metern zum Potomac hinter sich hatte. Seine Truppen wurden abgeschlachtet und er selbst fiel im Kampf.

Die Schuld an dieser Niederlage fiel auf Charles Stone, der als erster General der Union vor eine neue Untersuchungskommission des Kongresses geladen wurde, welche die Fortschritte der Kriegsführung untersuchte und die Macht hatte, selbst Generäle ins Gefängnis zu werfen. Stone, obwohl unschuldig, verließ erst nach Wochen das Gefängnis ohne Anklage, war aber als Soldat gebrochen.

McClellan konnte seinem General nicht zu Hilfe kommen. Er war in eine Kampagne gegen seinen ehemaligen Mentor Winfield Scott verstrickt. Scott, der mit den strategischen Plänen McClellans nicht einverstanden war, aber bald merkte, dass sich die öffentliche Meinung auf Seiten des jungen McClellan befand, trat am 1. November 1861 als Stabschef zurück, legte sein Amt nieder und wurde mit allen militärischen Ehren verabschiedet. Er sollte noch bis 1866 leben und die Niederlage der Konföderation sehen. McClellan folgte ihm als Oberkommandierender aller Unionsarmeen nach.

Im Süden konnte Jefferson Davis im November 1861 mit den ersten Wahlen als einziger Kandidat im Süden seine Regierung legitimieren. Obwohl er sich immer gegen die »Tyrannei Lincolns« im Norden ausgesprochen hatte, musste auch er erfahren, dass in einem Krieg andere Gesetze gelten als im Frieden. Wie Lincoln sah er sich gezwungen, Bürgerrechte wie den Habeas-Corpus-Akt teilweise zu sistieren und Männer, die sich gegen die Konföderation aufgelehnt hatten, standrechtlich exekutieren zu lassen. So in Ost-Tennessee, als dort Bürger, die vom Nahen einer Unionsarmee gehört hatten, gegen die Konföderation die Waffen ergriffen hatten. Darunter war der Methodistenprediger William G. Brownlow, ein glühender Hasser der Konföderation, der geschworen hatte: »...die Konföderation zu bekämpfen, bis die Hölle zufriert und dann noch auf dem Eis weiterzukämpfen«. Gleich wie Lincoln ging es Davis in der Presse, die von ihm forderte, in die Offensive zu gehen und eine Invasion des Nordens zu unternehmen, was aber von Davis, der den Krieg zu diesem Zeitpunkt als reinen Verteidigungskrieg sah, abgelehnt wurde.

Im August erneuerte Jefferson Davis seine diplomatischen Bemühungen um Anerkennung des Südens durch Frankreich und England. Zu diesem Zweck sandte er die Diplomaten John Slidell und James M. Mason nach England. Wegen der Blockade nahmen diese einen Blockadebrecher von Charleston nach Nassau und dort die »Trent«, ein britisches Schiff, nach England. Dieses wurde, der Geheimdienst der Union hatte gut gearbeitet, von einem Kriegsschiff der Union aufgebracht und die beiden Diplomaten des Südens gefangen genommen. Erst nach Drohungen und nachdem die Briten begonnen hatten, 11.000 Mann nach Kanada zu verlegen, kamen sie auf Anordnung Lincolns frei und konnten ihre Reise fortsetzen.

In London, Frankreich und Spanien wurden Mason und Slidell zwar freundlich empfangen, erreichten aber nichts. Zwar hatte der Süden die King-Cotton-Diplomatie aufgegeben und verkaufte sich als Staat, der um seine Unabhängigkeit kämpfte, dennoch stand die Frage der Sklaverei immer im Raum. Die europäischen Mächte konnten es sich nicht leisten, Sklavenhalter zu unterstützen, so sehr auch die aristokratischen Oberschichten in diesen Ländern ihre Sympathien auf der Seite des Südens hatten. Dazu kam das schlechte Benehmen von Mason, der durch seine bunte Kleidung und seine Tabakskauerei und Spuckerei, auch in geschlossenen Räumen, Missfallen erregte. Alles was Slidell und Mason tun konnten, war, die europäischen Mächte davon zu überzeugen, dass der Norden den Süden niemals würde erobern können; ansonsten mussten sie Davis mitteilen, dass er sich nur mehr auf das Schwert verlassen konnte.

6. Kentucky und Missouri

Nachdem Lincoln Maryland mit militärischem Druck für die Union gesichert hatte, stellte sich die Frage nach dem Verbleib von Kentucky und Missouri in der Union. Kentucky war der Schlüsselstaat zum oberen Mississippi. Wollte Lincoln den Anaconda-Plan durchsetzen, dann musste die Union Kentucky auf ihrer Seite haben. Lincoln sah dies, als er sagte: »*Ich hoffe, wir haben Gott auf unserer Seite, aber wir müssen Kentucky auf unserer Seite haben*«.

Der Heimatstaat von Lincoln und Davis war bemüht, zu Beginn des Krieges strikte Neutralität zu halten, was aber weder der Süden noch der Norden akzeptieren konnten, auch wenn Gouverneur Beriah Magoffin verkündete, dass sich Kentucky sowohl gegen den Süden wie den Norden verteidigen würde. Dennoch bildeten sich in kurzer Zeit zwei Fraktionen, die Milizen anwarben und bewaffneten. Auf der Seite des Südens war es Simon Bolivar Buckner, reicher Südstaatenaristokrat mit West-Point-Ausbildung, der eine Miliz von 10.000 Mann aufstellte. Auf der Seite des Nordens William Nelson, der sich 10.000 Gewehre aus dem Osten geholt hatte und eine Miliz aus den holländischen und deutschen Einwanderern rekrutierte. Dazu kam noch Robert Anderson, der Verteidiger von Fort Sumter, der sein Quartier in Cincinnati, Ohio, aufschlug und abwartete, was in Kentucky geschehen würde.

In Kentucky schienen die unionstreuen Kräfte die Oberhand zu gewinnen, Buckner musste seine Miliz entlassen und als gesuchter Verräter in den Süden fliehen.

Dies wollte und konnte ein Mann nicht mit ansehen, dem man nicht zugetraut hätte, dass er als Militär-Kommandant des Mississippitales fest auf Seiten der Konföderation stand: Bischof Leonidas Polk, nun Major General. Als man ihm vorwarf, dass er als Bischof der Episkopalischen Kirche das Handwerk des Krieges ausübte, meinte er nur, er sei wie ein Mann, dessen Haus in Flammen stehe, man lässt dann alles hinter sich, löscht das Feuer und kehrt danach wieder in seine alte Profession zurück. Polk rückte mit einer Truppe von Mississippi aus nach Norden durch Tennesee vor und bezog ein Lager an der Grenze gegenüber der Stadt Columbus, Kentucky, um dort auf einen ersten Akt der Aggression des Nordens zu warten. Anderson vermied peinlichst, dies zu tun. Wer handelte, war John Charles Frémont, kommandierender General im Westen für die Union, der Brigadegeneral Ulysses Simpson Grant aufforderte, Columbus in Kentucky zu besetzten. Polk erfuhr dies und machte den Fehler, dass er versuchte Grant zuvorzukommen. Er überschritt die Grenze und setzte damit den ersten Akt der Aggression für den Süden in Kentucky, auf den Anderson nur gewartet hatte. Grant marschierte nach Polk ein und gab sich mit der Besetzung von Paducah zufrieden, Anderson aber brachte den Kongress von Kentucky dazu, die Aggression des Südens zu verurteilen und auf die Seite des

Nordens zu treten. Grant wurde beauftragt, die Konföderierten aus Kentucky zu vertreiben.

Ulysses Simpson Grant war 40 Jahre alt und konnte die Linie seiner Vorfahren in Amerika bis 1630 zurückverfolgen. In Ohio geboren, arbeitete er als Junge in der Gerberei seines Vaters und als Wagenführer. 1838 sandte man ihn zur Erziehung nach West Point, wo besonders seine Reitkunst Anerkennung fand.

Als junger Offizier nahm er am Mexiko-Krieg teil, heiratete 1848 in St. Louis und wurde 1852 nach Kalifornien versetzt. Grant erreichte den Rang eines Captains, schied aber 1853 nach Problemen wegen seiner angeblichen Trunksucht aus der Armee aus.

Die nächsten Jahre arbeitet er erfolglos als Farmer, Geschäftsmann und Händler und nutzte die erste Gelegenheit nach dem Fall von Fort Sumter, um wieder als Colonel in die Armee der Union zurückzukehren. Zunächst bildet er Freiwillige in St. Louis aus, im August 1861 wurde er zum Brigadegeneral befördert und dem Kommando von Frémont zugeteilt.

Grant galt als verschlossen, arbeitete hart, hatte aber auch manchmal eine verhängnisvolle Zuneigung zu Alkohol und dicken Zigarren. Seine zahlreichen Schwüre zur Enthaltsamkeit pflegte er meist nur in Gegenwart seiner Frau Julia einzuhalten, die daher oft von seinen Vorgesetzten zu ihm gesandt wurde, wenn er zuviel trank.

Grant hatte aber eine Eigenschaft, die ihn vor allen anderen Generälen der Union auszeichnete. Er war bereit, aus seinen Fehlern zu lernen und studierte intensiv Taktik und Strategie und die Psychologie seiner Soldaten und wurde mit der Zeit zu einem sicheren Kommandeur. Er wurde nie von seinen Soldaten in dem selben Maße geliebt, wie es Robert E. Lee bei den Konföderierten gelang, aber er gab ihnen Zuversicht, Stolz und Siege, jene Dinge, die seine Vorgänger die Truppe vermissen ließen und die sein Mittel zum Erfolg wurden.

In Missouri war die Regierung geteilt, Gouverneur Claiborne Jackson stand auf Seiten der Konföderation, die Staatsversammlung auf Seiten der Union. Jackson, der die Stimmung seiner Abgeordneten nicht zu ändern vermochte, plante, das Militärdepot der Bundesregierung in St. Louis mit 60.000 Gewehren und einer Million Schuss Munition in seine Hände zu bekommen und dem Süden zu übergeben. Dem entgegen stand der Unionscaptain Nathaniel Lyon, der von Winfield Scott in Washington den Auftrag bekommen hatte, Missouri für die Union zu gewinnen.

Lyon erfuhr, dass Jackson ein Camp für 700 Milizsoldaten außerhalb von St. Louis errichtet hatte, wo er die Soldaten für einen Angriff auf das Arsenal ausbilden ließ. Lyon, der das Camp in Verkleidung einer Farmersfrau ausspioniert hatte, sammelte unter den deutschen Immigranten Freiwillige, schwor sie auf die Union ein, stürmte das Camp und entwaffnete die Miliz.

Als einige Tage später sein Kommandant General W. Harney zurückkam, der starke Sympathien für den Süden hatte, wollte dieser die Unionsmilizen auflösen, was von Lyon verhindert wurde. Lyon, den man inzwischen zum General befördert hatte, vertrieb Gouverneur Jackson und auch General Sterling Price, den Kommandanten der Staatsmiliz, die mehrheitlich dem Süden anhing, aus St. Louis und verfolgte sie nach Süden. Mitte Juni 1861 war Missouri in der Hand der Union. Dann allerdings erschien der von Lincoln ausgesandte neue Befehlshaber des Westens für die Union, John Charles Frémont, in Missouri und sollte den Besitz des Staates für die Union wieder in Gefahr bringen.

Frémont war eine legendäre Figur in den Vereinigten Staaten. Er war einer der Pfadfinder, die mit Kit Carson die Rocky Mountains bis zum Pazifik erforscht hatten, er war 48 Jahre alt und Millionär, hatte Kalifornien für die Vereinigten Staaten gewonnen und war enorm populär in der Presse. Frémont hatte die Vision, mit einer Armee den Mississippi hinabzustürmen und New Orleans zu erobern. Dazu befestigte er als Ausgangsbasis eine Reihe von Städten am Oberlauf des Mississippi, die in keiner Weise bedroht waren und führte das Leben eines europäischen Operettengenerals. Er hatte 300 handverlesene Wachen und umgab sich mit einer Entourage von europäischen Kriegsbeobachtern. Er konzentrierte sich so sehr auf seinen großen Plan, dass er übersah, dass seine Truppen in Missouri dabei waren, den Krieg hier zu verlieren.

Der erste, der für Frémonts Nachlässigkeit bezahlte, war Nathaniel Lyon. Er brach mit 6.000 Mann auf, um die Südwestecke von Missouri zu sichern, wollte in den Süden nach Arkansas vordringen und Little Rock besetzten. Frémont gelang es nicht, ihm die nötigen Verstärkungen und Versorgungsgüter zu schicken, sodass sich Lyon vor einer sich nähernden konföderierten Armee zurückziehen musste, die unter dem Befehl von Sterling Price stand. Lyon zog sich bis Springfield zurück, wo er bei Wilsons Creek des Nachts die dreifach überlegene Rebellenarmee angriff. Obwohl er einen gut ausgedachten Schlachtplan hatte – er wollte von Norden angreifen, sein Colonel Franz Sigel von Süden –, endete die Schlacht in einer blutigen Niederlage für die Union, als Lyon, schon dreimal verwundet, von einer Kugel ins Herz getroffen wurde.

Diese Niederlage hatte für die Union keine Auswirkungen auf Missouri, weil auch die Truppen von Price schwer angeschlagen waren und nach Arkansas zurückkehrten. Frémont glaubte nun, mit Drohungen sein Ziel zu erreichen und beging einen politischen Fehler. Er bedrohte Konföderierte in Kentucky und Missouri mit dem Tode, wollte das Eigentum verdächtiger Personen konfiszieren und erließ eine Proklamation, in der er die Sklaven in seinem Wirkungsbereich befreite.

Lincoln hatte daraufhin alle Hände voll zu tun, die loyalen, aber darüber aufgebrachten Bürger von Kentucky und Missouri zu beruhigen und Frémont zu zwingen, die Drohungen gegen die Konföderierten mit dem Hinweis zurückzunehmen, dass dann auch die Konföderierten jedes Mal einen Unionstreuen erschießen würden. Nachdem er auch noch erfahren hatte, dass Frémont 12 Millionen Dollar ausgegeben hatte und man nicht genau nachvollziehen konnte wofür, entließ Lincoln Frémont und setzte David Hunter in St. Louis an seine Stelle. Frémont, der darüber informiert war, dachte nicht daran, so schnell aufzugeben und versuchte der Absetzung durch den Gewinn militärischen Ruhmes und der Entsendung seiner Frau zu Lincoln entgegenzutreten, die mit diesem verhandeln sollte. Er brach vor der Ankunft Hunters mit 38.000 Mann auf, um Sterling Price in Arkansas entgegenzutreten, wurde aber von Hunter eingeholt und am 2. November abgesetzt, bevor er Price erreichen konnte, der schon begonnen hatte, sich nach Süden zurückzuziehen. Missouri gehörte wieder der Union.

7. Die Blockade des Südens

Winfield Scotts Anaconda-Plan sah vor, die Häfen des Südens zu blockieren und so die Konföderation am Export ihrer Baumwolle und am Import von Waren, Waffen und Munition zu hindern. Daher verkündete Abraham Lincoln nur fünf Tage nach dem Fall von Fort Sumter die Blockade.

Zunächst machte sich der Süden kaum Gedanken deswegen. Die Flotte des Nordens bestand zu diesem Zeitpunkt aus nur 42 Schiffen mit 555 Kanonen und 7.600 Seeleuten. Damit die 3.500 Seemeilen lange Küste mit ihren zwei Dutzend Häfen und zahlreichen vorgelagerten Inseln und Buchten zu kontrollieren, schien kaum möglich.

In kurzer Zeit aber gelang es, die US-Navy, die sich seit den vierziger Jahren in einer Phase der Umstellung von Segelschiffen auf Dampfschiffe befand, ihre Schiffe von allen Teilen der Welt zurückzurufen. Man setzte ausgediente Schiffe wieder instand, borgte und charterte Handelschiffe, die bewaffnet wurden und schuf bis Ende des Jahres 1861 eine Flotte von 264 Schiffen mit 2.557 Kanonen und 22.000 Matrosen. Dennoch war am Beginn die Blockade noch so durchlässig, dass nur eines von zehn konföderierten Schiffen, welche versuchten, die Blockade zu durchbrechen, aufgebracht werden konnte.

Der Süden verfügte weder über eine nennenswerte Flotte noch über fähige Kapitäne und Seeoffiziere. West Point war für die Aristokratie des Südens immer interessanter gewesen als die Marineakademie in Annapolis. Daher beschloss Jefferson Davis, sich bis zum Aufbau einer regulären Flotte, eine irreguläre zu schaffen. Kaperbriefe waren zwar seit dem Pariser Vertrag von 1856 als Piraterie verboten, allerdings hatten die USA diesen Vertrag niemals unterzeichnet und diese Taktik hatte sich im Krieg von 1812 gegen die Engländer als äußerst wirkungsvoll erwiesen. Daher gab der konföderierte Kongress die Einwilligung, Kaperbriefe auszustellen und damit auch privaten Personen die Erlaubnis, das Eigentum des Feindes anzugreifen und zu kapern.

Lincoln brandmarkte dies als Piraterie und gab die Anordnung, jeden gefassten Freibeuter sofort zu hängen, was Jefferson Davis damit beantwortete, dass er versprach, für jeden gehängten konföderierten Freibeuter einen der Unionssoldaten, die in großer Zahl bei Bull Run gefangen genommen worden waren, ebenfalls zu hängen.

Die Probe für die Präsidenten kam im Juni 1861, als der konföderierte Kaperer »Savannah« aufgebracht wurde und sich im Norden der Ruf nach der Hinrichtung der Mannschaft erhob. Dagegen ließ Davis unter seinen Gefangenen jene auslosen, die dann gehängt werden sollten. Lincoln war der erste, der zurückzog, obwohl ihm diese humanitäre Haltung im Norden wie im Süden als Weichheit und Feigheit angekreidet wurde.

Kurz nach der Abspaltung der Konföderation hatte diese die Weitsicht besessen, sich die Werften von Norfolk zu sichern und hob dort die »USS Merrimack«, die bei der Besetzung Norfolks versenkt worden war. Man befestigte Rumpf und Aufbauten mit 102 Millimeter dicken Eisenplatten, stattete sie mit elf Kanonen und einem Rammsporn aus und benannte sie in »CSS Virginia« um. Mit diesem Schiff, dem ersten »Ironclad«, das zu dieser Zeit keine Entsprechung im Norden hatte, beherrschte die Konföderation den James-River und damit den Zugang von See nach Richmond.

In der Zwischenzeit hatte die Union drei Angriffe auf Küstenverteidigungen und Forts der Konföderation geplant,. die sowohl die Marine wie Infanterie umfassen sollten.

Die erste Unternehmung richtete sich gegen die Forts Hatteras und Clarke zu beiden Seiten des Hatteras Inlet, welcher in den Pamlico und Albemarle Sound führte, der den Freibeutern der Konföderation als Aufmarschgebiet diente. Am 26. August 1861 erschienen hier Ben Butler mit 860 Mann und Silas Stringham mit 26 Schiffen und nahmen die Forts unter Feuer. Stringham hatte eine neue Taktik entwickelt, um den schwer befestigten Forts beizukommen. Er ließ seine Schiffe mit ihren weittragenden Geschützen außerhalb der Reichweite der Forts kreuzen, immer das den Forts nächste Schiff eine Breitseite abfeuern und so die Befestigungen zerstören. Als Ben Butler seine Männer landete und zu den Forts marschierte, konnte er nur mehr deren Kapitulation entgegennehmen.

Ebenso verfuhren Butler und Stringham mit Ship Island

vor der Mündung des Mississippi. Damit ging der Zugang zu New Orleans in die Hände der Union über und ermöglichte ihr den Angriff auf New Orleans.

Der nächste Schlag erfolgte gegen Fort Beauregard und Fort Walker südlich von Charleston in South Carolina zu beiden Seiten des Port Royal Sound, die von einer Flotte von 74 Schiffen und 12.000 Soldaten eingenommen wurden.

Als sich das Jahr 1861 dem Ende neigte, hatte die Union eine Reihe von Stützpunkten entlang der Küste gewonnen, die entscheidend im Kampf gegen die konföderierten Freibeuter und als Versorgungsstützpunkte für die Blockadeflotte der Union waren.

8. Texas und New Mexiko

Texas, das 1845 in die Union aufgenommen worden war, und Teile des heutigen Texas, Colorado, New Mexico, Kansas, Oklahoma und Wyoming umfasste, hatte sich am 1. Februar 1861 mit 171 zu 6 Stimmen von der Union abgespalten.

Texas war ein Versorgungsstaat für die Konföderation, die von hier gut ausgebildete Truppen, oft Veteranen des mexikanischen Krieges, Pferde und Schlachtvieh bezog.

Die Union kümmerte sich nicht viel um Texas, umgab aber den Staat mit einer Anzahl von Forts, um eventuelle Übergriffe gegen New Mexico und Kalifornien zu verhindern.

Im Juli 1861 fiel eine kleine Truppe von Texanern in das Territorium von New Mexico ein und besetzte Fort Bliss und Fort Filmore am Rio Grande nördlich von El Paso; später folgte ein Angriff auf San Augustine Springs, wo es ihnen gelang, die Unionstruppen zu vertreiben. Texas richtete darauf ein neues Territorium Arizona ein, welches Delegierte in den Kongress in Richmond entsandte.

In der Konföderation entstand nun der Plan, eine weitere Front gegen die Union zu errichten, die östlich der Rocky Mountains eine Nord-Süd-Linie bilden, Kansas von Westen her bedrohen und damit die Union zwingen würde, Truppen vom Mississippi abzuziehen.

Dazu stellte der konföderierte Brigadegeneral Henry H.

Sibley eine Brigade von 3.500 Mann auf und griff damit am 16. Februar 1862 3.800 Unionssoldaten unter Edward R.S. Canby in Fort Craig bei Valverde am Rio Grande an. Trotz seiner Unterlegenheit gelang es Sibley, den in Fort Craig verschanzten Canby am 21. Februar bei Valverde zu schlagen, während die Konföderierten weiter nach Norden in Richtung Santa Fe zogen und warteten, dass sich das Fort von selbst ergeben würde.

Sibley nahm ohne Gegenwehr Albuquerque und Santa Fe ein, hatte dann aber sein Überraschungsmoment aufgebraucht und stieß am Glorietta-Pass westlich von Las Vegas auf eine Unionstruppe unter John Slough, die den Pass sperrte. Gleichzeitig umging eine Kavallerieeinheit unter John Chivington die Konföderierten südlich davon und erbeutete nach einem siegreichen Gefecht am 25. März 1862 im Apache Canyon Sibleys Nachschubzug mit 80 Wagen, was die Konföderierten zum Rückzug nach dem 700 Meilen entfernten San Antonio veranlasste.

Texas sollte bis zum Ende des Krieges die Rocky Mountain Gebiete nicht mehr bedrohen. Alle Truppen wurden im Osten der Konföderation gebraucht, wo John Bell Hoods Texas-Brigade in allen bedeutenden Schlachten des Bürgerkrieges zum Einsatz kam.

C. DAS JAHR 1862

1. GRANTS WEG NACH SHILOH: BELMONT, FORT HENRY UND FORT DONELSON

Nachdem Frémont als Unionskommandeur im Westen abgelöst worden war, wurde dessen Kommando geteilt zwischen Henry W. Halleck, der Frémonts altes Kommando und West-Kentucky übernahm, und Don Carlos Buell, der das Departement von Ohio mit Ost-Kentucky und Tennessee übernahm. Beide waren sich spinnefeind und es war ihnen klar, dass es über kurz oder lang nur einen Kommandanten im Westen geben konnte.

Ihr Auftrag von Lincoln war klar: Das festhalten, was bisher für die Union im Westen gewonnen worden war und den Einwohnern klarzumachen, die teilweise selbst über Sklaven verfügten, dass der Krieg um den Erhalt der Union und nicht um die Frage der Sklavenbefreiung geführt wurde. Halleck war dazu ausersehen, den Mississippi für die Union zu erobern. Buell sollte eine Invasion in Ost-Tennessee vorbereiten, das zur Union neigte, aber von der Konföderation beherrscht wurde.

Als sie in ihren Hauptquartieren eintrafen, mussten sie schnell erkennen, dass ihnen Frémont ein Chaos hinterlassen hatte. An militärische Operationen gegen Knoxville und Nashville in Tennessee, wie sie Lincoln gewünscht hatte, war zunächst nicht zu denken. Beide begannen aufzuräumen und zu organisieren. Halleck schrieb dazu an Lincoln: »*Die Angelegenheiten sind derzeit ein komplettes Chaos, die Truppen sind unbezahlt und ohne Waffen, manche wurden niemals richtig gemustert und viele sind zutiefst demoralisiert, die Spitäler sind voll mit Kranken*«.

Dazu kam noch, dass Halleck Probleme mit zweien seiner

Untergebenen hatte, die ihn später weit überstrahlen sollten, im Moment aber nur Brigadegeneräle waren – William Tecumseh Sherman und Ulysses S. Grant.

Sherman war Anderson, dem Helden von Fort Sumter, nachgefolgt, als dieser krankheitshalber aus der Armee ausscheiden musste, scheint aber in der Folge die Nerven verloren zu haben. Er faselte von 200.000 Mann, die er brauchte und sah sich ständig von konföderierten Armeen bedroht. Halleck schickte ihn deshalb für unbestimmte Zeit auf Urlaub und Erholung. Anders war es mit Grant, der kampfeslustig war, was zur Strategie von Halleck, der sich an die Theorien des französischen Barons Antoine Henri de Jomini hielt, nicht passte. Jomini hatte gelehrt, dass eine moderne Armee nicht zu kämpfen brauchte. Allein durch Märsche und Flankenmanöver könne man einen Feind in die Lage bringen, sich zurückzuziehen. Halleck, der nach seinem Studium in West Point für ein Jahr in Frankreich gewesen war, hatte sich diese Theorien angeeignet. Ein Kämpfer wie Grant passte nicht in seine Truppe.

Grant hingegen sollte bald Gelegenheit haben, seine neu ausgebildeten Truppen einzusetzen. Frémont hatte ihm den Militärdistrikt von Südost-Missouri mit einer Süd-Grenze zu Tennessee übertragen. Die Konföderierten hatten am 3. September durch Leonidas Polk die Stadt Columbus besetzt, worauf Grant von Norden her in Tennessee einmarschierte und sich die Stadt Paducah sicherte. Grant drängte darauf, Columbus anzugreifen, wurde aber von Frémont zwei Monate lang zurückgehalten, bis bekannt wurde, dass die Konföderierten planten, ihre Positionen in Arkansas zu verstärken.

Frémont schickte Grant nun gegen Columbus vor und dieser griff das konföderierte Lager bei Belmont mit 3.000 Mann an, gegen die Gideon J. Pillows 5.000 Soldaten standen. Grant landete seine Truppen drei Meilen vom Ort entfernt und stürmte das konföderierte Camp, wobei sein Pferd unter ihm weggeschossen wurde. Die siegreichen Unionssoldaten begannen das Camp zu plündern und zu verwüsten. Als konföderierte Verstärkung eintraf, musste Grant seine Truppen auf die Transportschiffe zurückziehen.

Grant hatte die Schlacht zwar nicht eindeutig gewonnen, aber er hatte erste Erfahrungen im Kommando größerer Truppenteile gesammelt; an der Zahl der Gefangenen und Toten

gemessen, ging die Schlacht unentschieden aus. Was aber zählte, war, dass die Union erstmals im Krieg wieder die Initiative
ergriffen hatte. Nachden bitteren Niederlagen von Bull Run
und Balls Bluff konnte Lincoln noch vor dem Winter der Öffentlichkeit einen General präsentieren, der auch daran dachte
anzugreifen.

Grants kleine Truppe war nach Frémonts Abgang Teil von
zwei großen Armeen, die den Generälen Halleck mit 91.000
Mann und Buell mit 45.000 Mann unterstanden. Ihnen gegenüber stand Albert Sidney Johnston, der Offizier mit dem höchsten militärischen Rang in der Armee der Konföderation.

Johnston war schon zu Lebzeiten eine Legende. 1803 in
Kentucky geboren, kam er 1826 aus West Point, kämpfte in
den Black-Hawk-Kriegen und in Texas und war Sam Houstons
erster Kriegsminister. Er war Gentlemanfarmer wie Jefferson
Davis, Colonel im mexikanischen Krieg, Zahlmeister der gesamten US-Armee und Kommandant des berühmten 2. Kaval-
lerieregiments. 1861 stand er im Rang eines Brevet Brigadier-
generals und kommandierte die Truppen an der Pazifikküste.
Als sich Texas von der Union abspaltete, verließ er mit 30 Offizieren Kalifornien, schlug sich bis Galveston durch, wurde
im Triumphzug nach Richmond gebracht und erhielt dort von
Jefferson Davis das Kommando über die westlichen Staaten.
Johnson hatte mit 50.000 Mann eine fast 500 Meilen lange Linie von Kentucky bis Arkansas und das Indianerterritorium
zu verteidigen. Dabei hatte er den strategischen Nachteil, dass
seine Linien durch die Nord-Süd laufenden Flüsse Mississippi,
Tennessee und Cumberland durchbrochen wurden, auf denen
die Kanonenboote der Union ungehindert passieren konnten.
Um dies zu unterbinden, hatte er kurz nach Kriegsbeginn die
in Bau befindlichen Festungen Fort Henry am Tennessee und
Fort Donelson am Cumberland fertigstellen lassen, um jeden
Nord-Süd-Verkehr auf diesen Flüssen zu unterbinden.

Der erste Schlag der Union gegen Johnston erfolgte am
Cumberland, wo es am 10. Januar 1862 Buell bei Middle Creek
und am 19. Januar 1862 George Thomas bei Mills Springs gelang, die Konföderierten zu schlagen und von Westen her nach
Kentucky einzumarschieren. Grant sollte der Nächste sein. Er
schlug Halleck vor, mit zwei Ironclads Fort Henry anzugreifen und so den Tennessee zu öffnen. Er bekam vier brandneue

Schiffe, armiert mit acht Zentimeter dicken Eisenplatten vom Bug bis zum Heck und bewaffnet mit dreizehn schweren Geschützen.

Grant machte sich mit 20.000 Mann auf den Weg, am 4. und 5. Februar landete er seine Truppen drei Meilen von Fort Henry entfernt und griff am nächsten Tag an. Gleichzeitig beschossen die Ironclads das Fort, dessen Verteidiger Lloyd Tilghman seine 3.500 Mann nach Fort Donelson evakuiert hatte und Fort Henry mit 54 Mann verteidigte. Am Nachmittag strich das Fort die Flagge. Grant verlor keine Zeit, er schickte seinen Flottenkommandeur Andrew Hull Foote zu einem Streifzug über den Tennessee und marschierte weiter nach Fort Donelson.

Johnston sah die Gefahr. Da seine rechte Flanke bei Mills Springs und Middle Creek durchbrochen und hier Buell auf dem Vormarsch war, stand die Union nun mit Grant auch in seinem Zentrum. Fiel auch Fort Donelson, dann musste sich die konföderierte Armee nach Süden zurückziehen und Nashville, ihren Hauptversorgungspunkt in Tennessee, aufgeben. Johnston überlegte lange, ob er sich Grant in Fort Donelson stellen sollte, zog sich aber dann weiter in den Süden zurück, da er den gleichzeitigen Kampf gegen Grant und Buell nicht wagte.

Grant schloss das Fort am 12. Februar mit 27.500 Mann ein und testete dessen Verteidigung, während es die Ironclads unter hohen Verlusten vom Fluss aus beschossen. Der Kommandant des Forts, John Buchanan Floyd, versuchte am 15. Februar den Ausbruch und kämpfte sich bei einem Schneesturm durch die rechte Flanke von Grants Armee, verlor aber die Nerven und zog seine Truppen ins Fort zurück, das am 16. Februar kapitulierte, nachdem Grants Truppe um weitere 10.000 Mann verstärkt wurde. Als Floyd Grant nach den Kapitulationsbedingungen fragte, erhielt er zur Antwort, dass es nur die »bedingungslose Übergabe« (engl.: »unconditional surrender«) geben könne, was die Zeitungen der Union die Initialen von U.S. Grant als »unconditional surrender Grant« neu deuten ließen.

Grant wurde zum Major General befördert und war der Liebling der Union; er hatte eine kleine Schlacht geschlagen und zwei Forts genommen, Johnston musste sich aus Nashville, der Hauptstadt von Tennessee, die von Buell am 24.

Februar besetzt wurde, nach Murfreesboro zurückziehen. Tennessee war damit der erste Staat der Konföderation, der von der Union erobert worden war und die Union hielt ihn den gesamten Krieg über besetzt. Mit der Eroberung von Tennessee wurde es den Unionsarmeen möglich, weiter nach Westen bis zum Mississippi vorzustoßen.

2. Der Kampf um Arkansas: Die Schlacht von Pea Ridge (Elkhorn Tavern)

Auch westlich des Mississippi flammten die Kämpfe zu Beginn des Jahres 1862 wieder auf. Nachdem die Union in den späten Monaten des Jahres 1861 und zu Beginn 1862 die konföderierten Truppen aus Missouri vertrieben hatte, wurde der Plan gefasst, die Offensive weiter in den Süden nach Arkansas vorzutragen.

Kommandierender Offizier dieser Südwestarmee der Union war Samuel R. Curtis, der Anfang März mit 10.250 Mann und 50 Kanonen nach Bentonville, Arkansas, vorstieß. Seine Soldaten kamen aus dem Westen und aus den an Arkansas angrenzenden Staaten, die Hälfte seiner Soldaten waren deutsche Immigranten unter dem Kommando des ehemaligen deutschen Schulmeisters Franz Sigel.

Sigel hatte eine erstaunliche militärische Karriere hinter sich. 1824 im badischen Sinsheim in Deutschland geboren, besuchte er die Militärakademie in Karlsruhe, kommandierte während der Revolutionsjahre von 1847 und 1848 das Miliz- und Freiwilligenheer von Baden und belagerte mit 4.000 Mann die Stadt Freiburg, wurde aber von preußischen Truppen besiegt und vertrieben. Er floh über die Schweiz und England 1852 nach den Vereinigten Staaten, wo er in New York und St. Louis lebte. Als entschiedener Gegner der Sklaverei sammelte er zu Beginn des Krieges ein Milizheer von 1.100 Freiwilligen und griff damit am 5. Juli 1861 in der Schlacht von Karthage 6.000 Konföderierte an. Sigel wurde zum Colonel und bald darauf von Lincoln zum Brigadegeneral ernannt, da er großen Einfluss auf die deutschstämmige Bevölkerung der Union hatte. Bis zu 30 Prozent der Unionsarmeen bestanden aus deutschen Immigranten oder deren Nachkommen, sodass Deutsch eine allgemein verwendete Sprache in den blauen Armeen war.

Im Herbst 1861 war Sigel an der Eroberung von Camp Jackson bei St. Louis unter Natahaniel Lyon beteiligt und nahm an der Schlacht von Wilson Creek teil.

Ihm und Curtis stellte sich die Arkansas-Armee unter Earl Van Dorn, dem konföderierten Kommandanten des Trans-Mississippi Militärdistrikts mit 16.000 Mann entgegen, darunter 800 Cherokee-Indianern. Das Auskommen der Schlacht würde über die strategische Situation zweier Staaten entscheiden: siegte die Union, dann stand ihr Arkansas und damit die Beherrschung des oberen Mississippi offen. Siegten die Konföderierten, würden sie Missouri wiedergewinnen.

Curtis, dem seine numerische Unterlegenheit bewusst war, verschanzte seine Truppen auf den Höhen von Pea Ridge in der Nähe von Bentonville. Van Dorn, der nicht frontal angreifen wollte, teilte daraufhin seine Kräfte und sandte zwei Divisionen unter Price und McCulloch nach Norden, um Curtis die Versorgungswege abzuschneiden. Er selbst ließ seinen Nachschubtross zurück und eilte in einem Gewaltmarsch durch einen Schneesturm nach Pea Ridge, um Curtis in seiner Position festzunageln. Diese Zeitverzögerung erlaubte es Curtis, seine Armee neu auszurichten. Als am 7. März 1862 die Schlacht begann, war er zwar noch immer zahlenmäßig unterlegen, hatte sich aber die strategisch bessere Position gesichert.

Gleich nach dem Beginn der Schlacht fiel McCulloch und ließ den linken Flügel der Konföderierten in Verwirrung zurück, während am rechten Flügel Van Dorn die Unionstruppen zurückdrängen konnte und sie auf den Hügeln von Pea Ridge einschloss. Curtis, dem bewusst war, dass er gewinnen musste, da sein Rückzugsweg abgeschnitten war, massierte in der Nacht seine gesamte Artillerie nahe Elkhorn Tavern und begann am Morgen einen massiven Gegenangriff, um die Straße nach Norden wieder freizukämpfen. Franz Sigel und seine deutschen Truppen gingen mit starker Kavallerie- und Artillerieunterstützung gegen die Konföderierten vor, bei denen bald

Mangel an Munition eintrat, da Van Dorn die Wagen mit der Munition zurückgelassen hatte. Obwohl noch immer zahlenmäßig überlegen, blieb Van Dorn nur mehr die Entscheidung, sich nach Süden zurückzuziehen.

Die konföderierte Armee sollte nie wieder Missouri bedrohen. Nur einige Wochen nach Pea Ridge wurde die Arkansas-Armee nach Osten zur Unterstützung der Tennessee-Armee abgezogen und ließ Arkansas ohne konföderierte Verteidigung zurück.

3. SHILOH

Die Nachwehen des Falls von Fort Donelson waren auf beiden Seiten spürbar. In der Union hatte Grant mit der Eifersucht von Henry Halleck zu kämpfen, der in Grants Kommandeur Buell einen Rivalen um das Kommando für den gesamten Westen sah. Kurzzeitig wurde Grant von seinem Posten wegen Vernachlässigung seiner Dienstpflichten suspendiert, nachdem Lincoln aber Halleck zum Oberkommandierenden im Westen ernannt hatte, wieder eingesetzt.

Halleck hatte bereits Maßnahmen gesetzt, um den Westen und das Tal des Mississippi für die Union zu öffnen. Ende Februar hatte er John Pope als Kommandanten der Mississippi-Armee eingesetzt und ihm 25.000 Mann sowie sechs Ironclads zur Unterstützung gegeben.

Die Konföderierten hatten unter P.T. Beauregard ihre strategisch nutzlose Position in Columbus aufgegeben, die sie bezogen hatten, um nach Norden gegen St. Louis vorzustoßen. Als Beauregard von Van Dorns Niederlage bei Elkhorn Tavern hörte, marschierte er nach Süden, bezog mit 12.000 Mann und 58 Kanonen eine stark defensive Stellung in New Madrid und Island No.10 und sperrte hier den Mississippi. Pope griff überraschend am 14. März 1862 New Madrid an, dessen Besatzung nach Island No.10 floh. Pope verfolgte sie, scheiterte aber zunächst an den starken Befestigungen der Insel und an dem Umstand, dass eine Annäherung für seine Ironclads nur von einer Seite her möglich war. Erst als es Andrew Foote gelang, im Schutze der Dunkelheit zwei seiner Kanonenboote an der Festung vorbeizuschleusen und die Insel von beiden Seiten angegriffen werden konnte, kapitulierte Island No.10 am 7. April. Der Union stand damit der Mississippi bis nach Memphis offen.

In Tennessee setzte die Konföderation auf einen entscheidenden Schlag gegen die Union und zog ihre Truppen in Corinth zusammen. Unter dem Kommando von Albert Sydney Johnston vereinigten sich die Armeen von Van Dorn, P.T. Beauregard und Leonidas Polk, die Kavallerie stellte Nathan Bedford Forrest. Johnston sah eine günstige Gelegenheit, mit seinen 45.000 Mann Grant mit seiner 35.000 Mann starken Tennessee-Armee zu schlagen, da sich Buell mit seiner Armee von 50.000 Soldaten noch in Nashville befand. Mit einem schnellen Angriff wollte er zunächst Grant besiegen und es dann in einer weiteren Schlacht mit Buell aufnehmen.

Grant, der nach einem Fall vom Pferd auf Krücken ging, hatte sein Hauptquartier in Savannah am Tennessee aufgeschlagen, während seine Truppen ein loses, nicht gesichertes Camp um die Kirche von Shiloh und um die Furt von Pittsburgh Landing, zehn Meilen entfernt, bezogen hatten. Noch am 5. April 1862 wusste niemand, dass eine konföderierte Armee im Anmarsch war. Dabei befanden sich deren Spitzen nur mehr zwei Meilen vom Camp der Unionstruppen entfernt. Als Grant am Morgen des 6. April erwachte, hörte er im Süden Kanonendonner. Die bis dahin blutigste Schlacht des Bürgerkrieges nahm ihren Anfang.

Die konföderierten Truppen marschierten in vier Kolonnen auf das Schlachtfeld und schlossen es nach kurzer Zeit halbkreisförmig ein. Ziel der Attacke war es, die Unionsarmeen von ihrer Rückzugsmöglichkeit an den Tennessee abzuschneiden, dann in die Sümpfe zu treiben und zu vernichten. Die Unionstruppen wurden zunächst völlig überrascht und schnell zurückgetrieben, bis es Sherman gelang, den Widerstand zu organisieren und die Divisionen in Schlachtlinien aufzustellen. Dennoch war das Angriffsmoment der Konföderierten zu groß und die Unionstruppen wurden im Laufe des Vormittags immer weiter gegen Pittsburgh Landing zurückgeworfen.

Grant kam um 8.30 Uhr am Schlachtfeld an und brachte zwei Reservedivision mit, die er in den Kampf warf. Zentrum der Schlacht wurde ein Hohlweg, in dem sich die Unionstruppen verschanzten und aus diesem »Hornets Nest« (Hornissennest) die Konföderierten zum Stehen brachten. Johnston beging hier den entscheidenden Fehler: statt das »Hornets Nest« zu umgehen und später einzunehmen, konzentrierte er sich darauf und ließ es zwei Stunden lang vergeblich und unter hohen Verlusten angreifen, ehe er es mit einer gewaltigen Kanonade niederkämpfen konnte. Diese Zeit hatten Sherman und Grant genutzt, ihre Truppen bis an den Tennessee zurückgezogen und eine starke halbkreisförmige Verteidigungsstellung aufgebaut, die sie mit Hilfe von 50 Kanonen und der Schiffsgeschütze der Ironclads bis zum Abend halten konnten. Grant war zwar zurückgeworfen, blieb aber ruhig und meinte zu einem verdutzten Sherman, der für Rückzug plädierte, dass er am nächsten Morgen zum Angriff übergehen werde. Was Grant zu diesem Zeitpunkt noch nicht wusste, war, dass die Konföderierten Johnston verloren hatten, der nach einem Schuss ins Bein verblutet war.

In der Nacht wurden Grants Truppen durch 25.000 frische Soldaten aus Buells Armee verstärkt. Als der Morgen graute, griff die Unionsarmee die überraschten Konföderierten an, die gedacht hatten, an diesem Morgen die Yankees endgültig in den Fluss zu treiben. Stattdessen mussten sie den blutig eroberten Grund wieder aufgeben. Als der Abend kam, standen beide Armeen wieder dort, wo sie am Vortag begonnen hatten. Beauregard, der nun das Kommando hatte, sah ein, dass er die Schlacht nicht mehr gewinnen konnte und verließ das Schlachtfeld. Es war ein Sieg der Union, aber zu hohen Kosten.

Die Union verlor 13.047 Mann (1.754 gefallen, 8.408 verwundet, 2.885 vermisst oder gefangen), die Konföderation hatte zwar nur 10.694 Mann verloren (1.723 gefallen, 8.012 verwundet und 959 vermisst), aber eine der entscheidendsten Schlachten des Bürgerkrieges verloren. Der einzige, der das erkannte, war der Militärberater von Präsident Jefferson Davis, Robert E. Lee. Dieser sah, dass mit dem Verlust des Mississippi auch die Konföderation verloren war; selbst wenn Beauregard seine Armee nach Tupelo, Mississippi, hatte retten können.

Grant, bis dahin der Liebling der Zeitungen im Osten, kam wegen des Überraschungsangriffes der Rebellen in den Zeitungen schlecht weg. Man schrieb Buell und nicht ihm den Sieg zu und pries Sherman, der den ersten Tag gerettet hatte.

Man schlug Lincoln vor, Grant abzuberufen und er antwortete mit einem der berühmtesten Zitate über Grant: »*Ich kann diesen Mann nicht absetzen, er kämpft wenigstens*«.

Dennoch litt Grants Karriere kurzzeitig unter Shiloh, er wurde zwar zum Stellvertreter Hallecks befördert, der die Tennessee-Armee nun selbst führte, hatte hier aber keine militärischen Entscheidungen zu treffen und wollte deshalb die Armee verlassen, wurde aber von Sherman überredet, weiter zu dienen. Er blieb in Hallecks Stab während des Vormarsches auf Corinth, das von Halleck am 30. Mai eingenommen wurde. Er war auch am 6. Juni dabei, als die Unionstruppen den Mississippi in Memphis erreichten. Erst als man Halleck Anfang Juni 1862 nach den Misserfolgen von McClellans Halbinsel-Kampagne nach Osten rief und ihn zum Oberkommandierenden aller Unionsarmeen machte, wurde Grant am 10. Juni wieder als Kommandeur der Tennessee-Armee eingesetzt.

Shiloh war eine Lehre für Grant gewesen. Nie wieder würde er seine Truppen unvorbereitet lassen und er hatte eine neue Überzeugung gewonnen. Nicht eine einzige entscheidende Schlacht würde es in diesem Krieg geben; er würde erst zu Ende sein, wenn der gesamte Süden erobert war.

4. Die Eroberung der Häfen der Konföderation

Die Krise der Konföderation in Tennessee, Kentucky, Missouri und Arkansas machte es notwendig, zahlreiche Soldaten von der Atlantikküste zu Johnston und Beauregard zu verlegen und ließ die Küstenbefestigungen fast schutzlos zurück. Betroffen davon war auch die größte Stadt der Konföderation, New Orleans, die als Verladehafen für jene Baumwolle diente, die nach England ging, und Importhafen für die Blockadebrecher war, die versuchten Waffen, Munition und Luxusgüter ins Land zu bringen.

Kommandant der Stadt war Mansfield Lovell, West-Point-Absolvent, Mexikokämpfer und dank politischer Protektion in sein Amt gekommen. Lovell war sich sicher, dass New Orleans nicht von See her angegriffen werden konnte. Die Stadt lag rund 100 Meilen stromaufwärts von der Mündung des Mississippi, im Süden gedeckt von Hunderten Quadratmeilen undurchdringlicher Sümpfe und beschützt von zwei Forts am Mississippi, Fort Jackson an der Westseite mit 74 Kanonen und Fort Saint Phillip mit 52 Kanonen an der Ostseite. Dazu kamen Kanonenboote, Flusshindernisse und Feuerflöße. In New Orleans hatte man zwei Ironclads im Bau, die zu den gewaltigsten Flussschiffen der Zeit gehörten.

Die Union hatte bereits im Winter 1861/62 Pläne gefasst, von der Mündung des Mississippi nach New Orleans vorzustoßen und 20 Mörserschiffe in Auftrag gegeben, die mit 100 Kilogramm schweren Granaten jedes Fort einebnen konnten. Als Kommandant der Flotte wurde der 60-jährige David Glasgow Farragut bestimmt, der bereits im Krieg von 1812 gekämpft hatte und 1855 als Kapitän in Pension gegangen war. Mit Beginn des Krieges hatte er sich wieder zum aktiven Dienst gemeldet.

Ende Januar war die Unionsflotte an der Mündung des Mississippi versammelt: 18 Kriegsschiffe, zwei Dampf-Fregatten, sieben Schraubenkutter und neun Kanonenboote, dazu 20 Mörserschiffe. Ergänzt wurde die Expedition durch 18.000 Mann Infanterie unter Ben Butler.

Lovell hatte dem wenig entgegenzusetzen. Die Ironclads waren noch nicht fertiggestellt, sodass er die »Louisiana« nur bei Fort Saint Phillip vertauen konnte, um sie als schwimmende Batterie zu nutzen, sonst konnte er nur hoffen, dass seine Forts halten würden.

Farragut und Butler hatten nicht vor, ihre Zeit mit der Belagerung der Forts zu vergeuden. Sie brachten ihre Mörserboote heran und bombardierten 96 Stunden lang mit 13.000 Granaten die Forts, was zwar wenig Schaden anrichtete, aber die Besatzung demoralisierte. Daraufhin gab Farragut am 24. Januar den Befehl, des Nachts die Sperre zwischen den beiden Forts zu durchbrechen und am Mississippi entwickelte sich eine lebhafte Schlacht zwischen den Unionsschiffen, den Kanonen der Forts und den konföderierten Kanonenbooten, die stromaufwärts warteten. Farraguts Flotte kam mit geringen Verlusten durch die Schlacht, zerstörte und vertrieb die Schiffe der Konföderation und erreichte am 25. Januar New Orleans, das von Butler besetzt wurde. Die beiden Forts kapitulierten Anfang April. Alles, was der Konföderation vom Mississippi blieb, war eine kurze Strecke von Baton Rouge im Süden bis Memphis im Norden.

Auch die Häfen an der Atlantikküste wurden nacheinander von der US-Navy ausgeschaltet. Bis Mitte März hatte die Union Roanoke Island vor der Küste von North Carolina besetzt, ebenso Fernandia in Florida. Jacksonville und Saint Augustine wurden ohne Kampf genommen, Charleston wurde der Zugang zum Meer durch die Eroberung von Port Royal versperrt und Savannah durch die Eroberung von Fort Pulaski an der Mündung des Savannah River neutralisiert. Der einzige operative Hafen der Konföderation blieb Wilmington in North Carolina, der zum Anlaufpunkt der Blockadebrecher wurde.

Diese machten sich in ihren grau gestrichenen Schiffen besonders bei Neumond auf den Weg, die Schaufelräder mit Lumpen umwickelt, um keine Geräusche zu machen, während sie rauchlose Kohle verbrannten. Das Risiko war hoch. Eines von acht Schiffen fiel der Blockade der Union zum Opfer, aber der Profit konnte enorm sein. Neben Waffen, die von der Konföderation angekauft wurden, machte man Gewinn mit Luxusgütern, die aus England und Frankreich gebracht wurden.

Was der Konföderation nach dem Fall von Roanoke am Atlantik noch zu verteidigen blieb, waren der Hafen und die Werften von Norfolk. Hier hatte man die »USS Merrimack« gehoben, in »CSS Virginia« umgetauft und zu einem Ironclad mit dachförmigem Aufbau umgebaut.. Am 8. März 1862 war sie erstmals ausgelaufen und hatte binnen weniger Stunden aus den hölzernen Unionsschiffen »USS Congress« und »USS Cumberland« rauchende Wracks gemacht, ohne selbst auch nur einen Kratzer davonzutragen; die »USS Minnesota« war auf der Flucht vor ihr auf Grund gelaufen. Aber als am 9. März die Virginia wieder aus dem Hafen kam, um die Minnesota endgültig zu versenken und dann den Potomac hinaufzulaufen, um Washington anzugreifen, stellte sich ihr das seltsamste Schiff in den Weg, das die Welt bisher gesehen hatte – die »USS Monitor«.

Die »Monitor« war die Erfindung des schwedischen Ingenieurs John Ericsson, der im August 1861 Abraham Lincoln ein Modell davon gezeigt hatte und ihn überzeugen konnte, dass sein Konzept eines eisernen Schiffes mit einer Wasserlinie knapp über dem Meeresspiegel und mit einem drehbaren Turm, in dem zwei schwere Dahlgren-Kanonen untergebracht waren, die Zukunft sei. Man hatte unter hohen Kosten als Prototyp die »Monitor«, eine »*Käseschachtel auf einem Floß*«, wie man sie spöttisch nannte, gebaut. Dann schleppte man sie mühsam bis vor Norfolk, wo sie die Virginia aufhalten sollte.

In den Hamptons entwickelte sich nun die erste Seeschlacht der Geschichte zwischen eisengepanzerten Schiffen. Zwar hatte die Virginia den Vorteil von elf Kanonen, doch ihre Schüsse gingen zumeist über die niedere Silhouette der »Monitor« hinweg, die aber durch ihren drehbaren Geschützturm aus jeder Lage auf die Virginia feuern konnte. Jedes Mal, wenn von der »Monitor« ein Schuss abgegeben wurde, zog man danach die Kanone zurück und verschloss die Öffnung im Turm mit einer Drehtür. Die Schiffe versuchten sich gegenseitig ohne Erfolg zu rammen. Nach vier Stunden intensiven Gefechts, das von hunderten Unionssoldaten und Konföderierten an Land verfolgt wurde, trennten sich die Schiffe unbeschädigt. Obwohl die »Monitor« nur wenig später in einem Sturm sinken sollte, hatte sie die Kriegsführung zur See revolutioniert und war die Ahnherrin aller Kriegsschiffe des 19. und 20. Jahrhunderts mit drehbaren Geschütztürmen geworden. Die Union sollte zahlreiche neuer Ironclads nach dem Vorbild der »Monitor« bauen, die »Virginia« blieb im Hafen von Norfolk und war als Bedrohung des Nordens ausgeschaltet.

Die Misserfolge in der ersten Jahreshälfte 1862 führten zu tiefen Zerwürfnissen in der Regierung der Konföderation. Man zweifelte offen die Führungsqualitäten von Präsident Jefferson Davis an, wollte ihn aber nicht absetzen, da man zu seinem Vizepräsidenten Alexander Stephens noch weniger Vertrauen hatte.

Man versuchte, Kriegsminister Judah P. Benjamin durch Robert E. Lee zu ersetzen, scheiterte aber am Veto von Davis, der nur einen Zivilisten als Kriegsminister sehen wollte. Dazu kam, dass sich die Mehrzahl der konföderierten Soldaten für ein Jahr verpflichtet hatte und es sah nicht so aus, als ob viele davon den Wunsch hatten, diese Verpflichtung zu verlängern. Die Regierung der Konföderation sah sich daher gezwungen, die Wehrpflicht für alle Männer zwischen 18 und 35 Jahren einzuführen, was zu nationalen Protesten führte.

Auch die außenpolitischen Bemühungen der Konföderation brachten weiterhin keine Erfolge. Frankreich verhielt sich freundlich indifferent und England, das zwar nun dringend die Baumwolle des Südens für seine Spinnmaschinen brauchte, sich aber noch nicht klar über den möglichen Sieger des Konfliktes war, traf weiter keine Entscheidung wegen der Anerkennung des Südens. Die Stimmung der Bevölkerung sank. Man hatte zwar Bull Run gewonnen, dann aber mit Fort Henry, Fort Donelson, Shiloh, New Orleans und den Küstenstädten nur Niederlagen erlebt. Der Süden brauchte dringend Siege zur Hebung seiner Kriegsmoral und George McClellan war dabei, sie der Konföderation zu liefern.

5. Die Halbinsel-Kampagne

Es war kein angenehmer Winter 1861/62 für George McClellan gewesen. Zwar hatte er das Vergnügen gehabt, als Oberkommandierender zu sehen, wie erste Erfolge im Westen und an den Küsten eingefahren wurden, aber stets war ihm der Ruf »Auf nach Richmond« in den Ohren gelegen und die radikalen Republikaner beschuldigten ihn sogar, dem Süden in die Hände zu arbeiten. Man identifizierte McClellan mit der Ideologie der Nord-Demokraten, die den Krieg nur gewinnen wollten, um die Union wiederherzustellen. Dagegen standen die Republikaner, für die man zuerst die Sklaverei als Übel ausrotten musste, um dann die Union wiederherzustellen. Für die Demokraten war dies eine zu harte Position, für die Republikaner war alles andere verräterische Weichheit. Daher misstrauten die Republikaner den Demokraten als geheime Helfershelfer des Südens und deuteten jede weitere Verzögerung, die McClellan damit begründete, dass seine Armee noch nicht bereit war, in Virginia einzumarschieren, als Zeichen seiner zweifelhaften Loyalität. Da Lincolns republikanische Regierung dem Demokraten McClellan ebenfalls misstraute, wurde dieser am 11. März 1862 seines Amtes als Oberkommandierender aller Unionsarmeen mit der Begründung enthoben, dass er sich so mehr der Potomac-Armee widmen konnte, um endlich gegen den Süden vorzugehen.

McClellan zauderte bis in den März mit der Begründung, dass die konföderierte Armee wesentlich stärker sei als seine eigene. Als er aber am 9. März endlich Truppen gegen das ehemalige Schlachtfeld von Bull Run losschickte, zog sich der kommandierende General der Virginia-Armee, Joseph »Joe« Johnston, kampflos zurück. Die Union musste zu ihrer Blamage erkennen, dass sie den gesamten Winter über von nur 40.000 Mann, der Hälfte der Potomac-Armee, und zahlreichen »Quaker Guns«, schwarz angestrichenen Baumstämmen, die aus der Ferne wie Kanonen aussahen, in Schach gehalten worden war.

In Washington hatte es im Frühjahr 1862 Gerüchte über schlechte Armeelieferungen gegeben, die, offensichtlich durch Bestechung, zu überhöhten Preisen von der Union angekauft wurden. »*Man kann der Union alles verkaufen zu jedem Preis, den man zu verlangen wagt*«, meinte einer der Armeelieferanten. Alle Spuren führten in das Büro des Kriegsministers Simon Cameron, der aber wegen seiner entschiedenen Haltung in der Sklavenfrage als unantastbar galt. Dennoch musste mit Korruption und Misswirtschaft Schluss gemacht werden. Lincoln löste das Problem elegant, indem er Cameron als Botschafter für Russland in das Zarenreich sandte. »*Sagt dem Zaren, er soll seine Schätze in Sicherheit bringen*«, meinte daraufhin einer der Senatoren, der Cameron nur allzu gut kannte.

Camerons Nachfolger für die Dauer des Krieges wurde Edwin McMasters Stanton aus Steubenville, Ohio. Stanton, ein kleiner cholerischer Mann mit dicker Brille, sollte der Schrecken der Generäle und Armeelieferanten werden. Die Generäle traktierte er mit ständigen Drohungen, sie absetzen zu lassen, wenn sie seinem Präsidenten nicht die nötigen Erfolge brachten. Die Armeelieferanten mussten sich an feste Preise, Lieferdaten und Qualitätsvorgaben gewöhnen. Zudem war Stanton vom Gedanken besessen, dass Washington voll von Verrätern und Spionen des Südens war. Auf seinem Schreibtisch stand eine kleine Glocke und wenn ihm ein Besucher suspekt vorkam, läutete er diese und die Wache brachte denjenigen zu einer Befragung. Selbst McClellan musste sich Vorwürfe gefallen lassen, weil man ihn verdächtigte, mit seiner Strategie, die

einen Angriff auf Richmond von Süden her vorsah, die Hauptstadt schutzlos zurückzulassen und damit den Konföderierten
in die Hände zu spielen.

Selbst die Lincolns kamen unter Verdacht. Ihre Trauer über
den Tod des Präsidentensohnes William, der am 20. Januar
1862 an Fieber gestorben war, wurde jäh durch Gerüchte unterbrochen, Mary Todd Lincoln, die Gattin des Präsidenten, hinge
der Ideologie des Südens an. Verstärkt wurde dies durch den
Umstand, dass zwar einer ihrer Brüder und eine Halbschwe-
ster in der Union geblieben waren, ein anderer Bruder und
drei Halbbrüder aber in der Konföderation lebten und drei
Halbschwestern dort verheiratet waren. Selbst der Präsident
musste auf der Sitzung eines geheimem Komitees erscheinen
und beschwören, dass niemand aus seiner Familie Verrat an
der Union beabsichtigte. Für Mary Todd Lincoln war all dies
eine seelische Tortur, die sie in den folgenden Jahren seelisch
stark belasten sollte.

Stanton blieb misstrauisch und bombardierte McClellan mit
Anfragen wegen der Sicherheit Washingtons. Als die Potomac-
Armee im Frühjahr 1862 endlich zum Aufbruch rüstete, musste »Little Mac« 35.000 Soldaten unter McDowell zum Schutz
der Hauptstadt zurücklassen. Anlass war ein unbedeutendes
Gefecht, das sich Stonewall Jackson wenige Tage vorher mit
einer Unionstruppe unter James Shield im Shenandoah-Tal geliefert hatte und das Stanton zur Überzeugung gebracht hatte,
von dieser Seite könne Gefahr drohen.

Dass Jackson von Shenandoah aus Washington bedrohte,
war kein Zufall, galt er doch inzwischen als der gefährlichs-
te der konföderierten Generäle. Er war flexibel und initiativ.
Dabei galt der 1824 geborene Jackson bis zum Ausbruch des
Krieges als stur und einfältig, ein erster Spitzname unter den
Studenten des Virginia Military Institutes in Lexington, Virginia, hatte »Old Fool« (Alter Narr) gelautet.

Jackson war ein West Pointer, mehrfach im Mexikanischen
Krieg wegen Tapferkeit ausgezeichnet, danach diente er als Instruktor und Ingenieur in Long Island und Florida. In Lexington lehrte er Mathematik und Naturwissenschaften, er war ein
Hypochonder und wurde nach dem Tode seiner ersten Frau
tief religiös. Er betete vor und nach den Schlachten und vermied, wann immer es ging, an Sonntagen Krieg zu führen.

Jackson galt als exzentrisch und unflexibel, aber als extrem höflich zu Frauen. Er war nach außen hin ernst und gesetzt, zu seiner zweiten Frau Mary aber lustig und offen. Nach Fort Sumter verweigerte man ihm eine Kommission in der Armee der CSA, aber Lee erkannte seine Qualitäten, machte ihn zum Colonel und ließ ihn als eine der ersten Kriegshandlungen Harpers Ferry besetzen. Das brachte ihm den Rang eines Brigadegenerals der Virginia Brigade ein, an deren Spitze er durch seine Standhaftigkeit die erste Schlacht von Bull Run entschieden hatte.

Jackson war ein Mann, der seine Feinde mit biblischem Zorn hasste. Als einmal ein Offizier nachdenklich sagte, es sei eigentlich schade, so viele tapfere Unionssoldaten zu töten, meinte er: »*Nein, tötet sie alle, ich möchte nicht, dass sie tapfer sind*«. Seltsam erschien vielen seine Sitte, für seine Verdauung ständig an Zitronen zu kauen, die er in den Caissons der Artillerie aufbewahrte. Dennoch liebten ihn seine Männer, die sich selbst auf Grund der von Jackson verlangten Marschgeschwindigkeit als seine »Kavallerie zu Fuß« bezeichneten.

McClellan sah keine Chance, durch Virginia vorzustoßen, um Richmond anzugreifen. Stattdessen verlegte er seine Armee per Schiff nach Fort Monroe an der Spitze der York-Halbinsel und wollte von dort zwischen den Flüssen James und York nach Norden marschieren, um Richmond einzunehmen. Ein kühner Plan, der die Strecke nach Richmond wesentlich verkürzt hätte. Allerdings konnte ihm die US-Navy am James keine Unterstützung geben, da der Fluss von der »CSS Virginia« und die Halbinsel von einer Anzahl Forts bewacht war. Außerdem lief eine Linie von Befestigungen quer über die Halbinsel, die McClellan erst durchbrechen musste.

Seinen 53.000 Mann standen zunächst nur 15.000 Rebellen unter John B. Magruder gegenüber, der seine Soldaten hinter der Befestigungslinie auf und ab marschieren ließ, um eine weit größere Truppe vorzutäuschen. McClellan fiel darauf herein, weigerte sich anzugreifen und brachte einen ganzen Monat lang schwere Belagerungsgeschütze in Stellung, während Johnston Zeit hatte, seine Truppen zwischen McClellan und Richmond zu platzieren. Nachdem sie am 4. Mai 1862 erste Salven auf die Stellungen Magruders abgab, musste die

Union aber bemerken, dass die Stellungen der Konföderierten verlassen und die Männer nach Norden abgezogen waren.

McClellan schiffte seine Truppen am York ein und eilte nach Norden, um Johnston den Rückzug abzuschneiden. Nachdem eine erste Landung bei West Point fehlgeschlagen war, gelang es der Union, bei Williamsburg zu landen. In der Schlacht von Fort Magruder am 5. Mai standen sich erstmals zahlreiche Freunde und Veteranen des Mexikanischen Krieges auf den verschiedenen Seiten gegenüber.

Joe Hooker konnte seine Division bald nach der Landung gegen die Truppen von James Longstreet führen, die er zuerst zurücktreiben konnte, ehe er einem Gegenangriff weichen musste. Ihm zu Hilfe kam der Mexiko-Veteran Phil Kearny, der nur einen Arm hatte und mit den Zügeln im Mund und dem Schwert in einer Hand seine Truppen zum Angriff führte. Gemeinsam trieben sie Longstreet wieder zurück, ehe die Rebellen-Division von D.H. Hill auftauchte, der in Mexiko bei der Erstürmung von Chapultepec dabei gewesen war. Die Schlacht ging unentschieden hin und her, ehe Unionsgeneral Winfield Scott Hancock, der mit Hill in Chapultepec gekämpft hatte, Longstreet in die Flanke fiel. Dieser löste die Truppen der Konföderation in der einbrechenden Nacht vom Gegner und zog sich zurück, nachdem er seine Aufgabe, den Rückzug der Armee von Joe Johnston zu sichern, gelöst hatte.

In den nächsten Tagen erzwang McClellan die Evakuierung von Norfolk, worauf die Konföderierten die »CSS Virginia« versenkten; allerdings konnte die US-Navy die Einfahrt in den James River nicht erzwingen.

Nach diesen Anfangserfolgen ließ McClellan einen Monat verstreichen. Er hatte 105.000 Mann gegen Johnstons 60.000, glaubte aber den Recherchen von Allan Pinkerton, dass die Rebellentruppen noch immer den seinen zahlenmäßig überlegen seien. Bevor er wieder angriff, wollte er abwarten, ob es McDowell gelang, seine Truppen durch Virginia nach Süden zu führen und mit den seinen zu vereinen, um gemeinsam Richmond anzugreifen.

Niemals während des gesamten bisherigen Krieges war die Chance der Union größer, den Krieg mit einem entscheidenden Schlag zu beenden. Zwischen McDowell, Richmond und der Vereinigung mit McClellan stand eine einzige konföderierte

Brigade bei Fredericksburg am Rappahannock, während in West-Virginia Frémont und Banks die Truppen von Stonewall Jackson banden. Dieser Schlag konnte aber nur gelingen, wenn die Union bereit war, McDowells 35.000 Mann von Washington abzuziehen. Dann konnte er sich mit McClellan vereinigen, gemeinsam gegen Johnston vorgehen, ihn nach Süden vertreiben und Richmond nehmen, das nur mehr 15 Meilen von McClellans Truppen entfernt war.

Der Plan war gut ausgedacht, allerdings saß im Kabinett von Präsident Jefferson Davis ein alter grauhaariger General, der dies ebenfalls erkannt hatte, Robert E. Lee. Johnston hatte Lee vorgeschlagen, alle Kräfte der Konföderation in Virginia zu einem einzigen großen Heer zusammenzuziehen und damit über die Armee McClellans herzufallen. Lee war dies zu gefährlich und er plante ein ökonomischeres Vorgehen. Wenn es ihm gelang, die Union davon zu überzeugen, dass Washington bedroht war, dann würde diese McDowell dort belassen und McClellan, nicht gerade bekannt für seine Entschlossenheit, wäre zumindest nur mehr gleichstark an Männern und Kanonen.

Um dieses Vorhaben umzusetzen, trug Lee Jackson im Shenandoah-Tal auf, offensiv gegen Frémont und Banks vorzugehen. Jackson erledigte die Aufgabe mit der ihm angeborenen taktischen Geschicklichkeit. Innerhalb weniger Tage fiel er in den Alleghenies über Frémonts Truppen her, die soeben in Tennessee einmarschieren wollten. Es war keine große Schlacht, aber genug um Frémont in eine Panik zu versetzen, von der er sich erst nach zwei Wochen erholen konnte. Bis dahin waren Jacksons 15.000 Rebellen wieder im Shenandoah-Tal. Dort griff er sofort Banks an, ein General, der seinen Rang als Politiker, nicht durch Leistung oder Ausbildung bekommen hatte.

Innerhalb weniger Stunden brachte Jackson es durch geschickte taktische Manöver dazu, dass Banks über den Potomac zurück in den Norden floh und Panik in Washington auslöste. Damit wurde der Plan eines Vorstoßes von McDowell in den Süden aufgegeben. »Little Mac« hatte es alleine auszufechten.

Der saß im Moment in der Falle, da sich seine Truppen zu beiden Seiten des Hochwasser führenden Chickahominy Rivers

befanden. Johnston versuchte, dieses zu seinem Vorteil auszunutzen und plante eine Attacke gegen den schwächeren Teil der
Unionsarmee am Südufer, bevor der größere Teil zu Hilfe kommen konnte. McClellans Ingenieure versuchten immer wieder,
Brücken über den Chickahominy zu schlagen, die aber stets
vom Hochwasser weggerissen wurden. Allerdings verpassten
auch die Konföderierten diese einmalige Gelegenheit, als Longstreets Truppen, die das Zentrum des Angriffes bei Fair Oaks
bilden sollten, die falsche Straße nahmen, zu spät und nur nach
und nach am Schlachtfeld erschienen. Die Schlacht am 31. Mai
dauerte 24 Stunden. Am Ende waren die Truppen der Konföderierten durcheinandergeraten und konnten nicht verhindern,
dass McClellan eine Brücke über den Fluss bauen konnte, seine
Truppen verstärkte und die Schlacht offen hielt.

5.700 Rebellen und 4.400 Unionssoldaten lagen tot oder
verwundet am Schlachtfeld, darunter war auch Joe Johnston,
dessen schwere Verwundung ihn für Monate außer Gefecht
setzte. Dadurch sollte Fair Oaks, obwohl als Schlacht unentschieden, eine der bittersten Niederlagen der Union werden,
denn nun übernahm ein neuer General der Konföderation die
Virginia-Armee, Robert E. Lee.

Robert Edward Lee wurde 1807 geboren, stammte aus einer
reichen Virginia-Familie. Sein Vater war der berühmte Reitergeneral »Lighthorse Harry« George Washingtons gewesen.
Dieser hatte die reichste Erbin Virginias geheiratet, die ihm das
Anwesen von Arlington mit in die Ehe gebracht hatte.

Robert E. Lee absolvierte West Point und diente als Ingenieur in der US Armee bis zum Mexikanischen Krieg, in dem er
erfolgreich in der Aufklärung für Winfield Scott wirkte.

Nach Mexiko leitete er für fast zehn Jahre West Point, ab
1855 kommandierte er die berühmte 2nd Kavallerie in Louisville. 1857 musste er wegen familiärer Probleme zeitweise die
Armee verlassen, war aber der kommandierende Offizier bei
der Ergreifung von John Brown in Harpers Ferry.

1860 wieder nach Texas versetzt, erhielt er mit Ausbruch
des amerikanischen Bürgerkrieges von Winfield Scott das Angebot, die Unionsarmeen zu kommandieren, was er aber ablehnte, um nicht gegen Virginia kämpfen zu müssen.

Er ging zur Konföderation über und diente im ersten
Kriegsjahr als militärischer Berater von Jefferson Davis, nur

unterbrochen von einem erfolglosen Feldzug und Niederlagen in Cheat Mountain Summit und Elkwater.

Lee war der geborene Anführer, geliebt und verehrt von seinen Soldaten, mit denen er alle Härten des Soldatenlebens teilte. Er war stets bemüht, mit dem Leben seiner Soldaten sorgsam umzugehen. Als Ingenieur kannte er den Wert von Befestigungen und bevorzugte defensive Taktiken, in denen er bis zum Ende des Krieges der Union überlegen blieb.

6. MECHANICSVILLE, GAINES MILL UND MALVERN HILL

McClellan glaubte nach der Schlacht von Fair Oaks mehr denn je, dass er einer weit überlegenen Rebellenarmee gegenüberstand und wagte es nicht mehr, Offensivbewegungen vorzunehmen. Stattdessen richtete er sich auf eine Belagerung von Richmond ein. Lee kam ihm aber zuvor und stattete die Strecke zwischen McClellan und Richmond mit zahlreichen Befestigungen, Erdforts und Verteidigungsgräben aus, die ihm unter den Soldaten den Beinamen »King of Spades« einbrachten. Dennoch wollte sich Lee nicht auf eine Belagerung einlassen und plante, offensiv gegen McClellan vorzugehen. Dazu brauchte er aber Informationen über Standort und Stärke der Unionsarmee und um diese zu bekommen, rief er nach Jeb Stuart.

Stuart, dessen Vornamen James Ewell Brown, kurz »Jeb« lauteten, war, gemeinsam mit Nathan Bedford Forrest auf konföderierter Seite, der beste Kavallerist, den man sich vorstellen konnte. Er war klein gewachsen, aber kräftig gebaut und sein Erkennungszeichen war ein dichter, roter, buschiger Bart, der ihm bis zum Brustbein reichte. Er war ein West Pointer, wo man ihm den Spitznamen »Die Schönheit« verliehen hatte. Er war der Liebling der Ladies im Süden, die ihm die Zügel seines Pferdes mit Rosen schmückten.

Stuart hatte seine eigenen Vorstellungen von der Uniform eines Kavalleristen. Er trug einen breiten grauen Hut mit einem goldenen Stern und einer großen Pfauenfeder, eine kurze Ka-

valleristenjacke in Grau mit einem rot gefütterten Schulterca-
pe, um sein Hüfte hatte er eine gelbe Schärpe mit goldenen
Tressen geschlungen. Große Lederhandschuhe reichten bis
zu seinen Ellenbogen. Dazu trug er enorme Lederstiefel mit
goldenen Sporen. Bewaffnet war er mit einem leichten französischen Kavalleriesäbel; zwei Pistolen steckten im Sattel, an
dem eine leuchtend rote Decke befestigt war.

Stuart hatte 1854 in West Point graduiert, als Robert E. Lee
Leiter der Schule war. Danach hatte er im Westen gegen die
Indianer gekämpft und war unter Lee an John Browns Ge-
fangennahme in Harpers Ferry beteiligt. 1861 hatte er seinen
Dienst in der Unionsarmee quittiert und war in konföderierte
Dienste getreten, wo er den Rang eines Brigadegenerals der
Kavallerie bekleidete.

Lees Auftrag an Stuart war, hinter die Unionslinien zu gelangen und zu berichten, was sich dort abspielte. Am Morgen
des 12. Juni brach Jeb Stuart mit 1.200 Mann auf, die »Kathleen
Mavourneen« sangen, ihr irisches Regimentslied.

Drei Tage später war Stuart wieder zurück und berichtete.
Er hatte die Unionsarmee einmal umrundet und festgestellt,
dass McClellan den Fehler gemacht hatte, seinen gesamten
Nachschub auf White House zu konzentrieren, von wo aus
nur eine Straße und eine Eisenbahnlinie ausgingen. Gelang
es Lee, an McClellans rechter Flanke vorbeizukommen, dann
konnte er ihn von Nachschub und Kommunikation abschneiden. Außerdem meldete Stuart, dass McClellan den Großteil
seiner Truppen an das Südufer des Chickahominy gezogen
hatte, am Nordufer stand nur ein Korps unter Fitz-John Porter
bei Mechanicsville.

Lee beschloss, seine Armee zu teilen. Magruder sollte
McClellans Hauptarmee von 60.000 Mann mit 25.000 Mann
in Schach halten, während Jackson seine Truppen aus dem
Shenandoah-Tal heranbrachte, um gemeinsam mit D.H. Hill
und A.P. Hill Porters 30.000 Mann mit einer überlegenen Streitmacht von 65.000 Mann anzugreifen.

Die Schlacht von Mechanicsville am 26. Juni endete in einem
Desaster für die Konföderierten, da Jacksons Truppen nur
langsam ankamen, A.P. Hill aber nicht länger warten wollte
und alleine angriff. Am Abend deckten 1.500 Konföderierte
und 250 Unionssoldaten den Boden des Schlachtfeldes.

Lee dachte nicht daran, aufzugeben. Immerhin hatte er seine Truppen und die des Gegners dort, wo er sie haben wollte und erneuerte die Schlacht am nächsten Morgen bei Gaines Mill. Die überlegene Artillerie der Union konnte die Konföderierten immer wieder zurückwerfen, ehe knapp vor Sonnenuntergang ein Generalangriff der Rebellen die Blauen in die Flucht schlug. Lee hatte den Tag gewonnen, mit 8.700 Toten und Verwundeten aber fast doppelt so viele Opfer wie die Union zu beklagen.

McClellan war den ganzen Tag untätig geblieben und beließ seine Armee südlich des Chickahominy, statt Porter zu Hilfe zu kommen. In der Nacht nach Gaines Mill löste er sich aus seinen Gräben und Camps und zog seine Armee zum James River zurück. Magruder hatte den übervorsichtigen McClellan täuschen können, nicht aber dessen Divisionskommandanten Joe Hooker und Phil Kearny, die bemerkte hatten, wie dünn die Linien der Konföderierten um Richmond waren und den Angriff auf die Stadt verlangten. Obwohl Kearny bis zur persönlichen Beleidigung von McClellan ging, blieb dieser dabei, die Armee zurückzuziehen.

Lee drängte nach und verfolgte McClellan bis nach Harrisons Landing am James River, wo die Nachschubrouten McClellans zusammenliefen und wo er durch die US-Navy geschützt war. Zudem war Harrisons Landing eine natürliche Festung, da der einzige Zugang durch den Malvern Hill gedeckt war. Lee glaubte dennoch daran, dass er McClellan erledigen konnte und befahl am 1. Juli den Angriff auf Malvern Hill, nur um zu erleben, dass seine Truppen in mörderisches Artilleriefeuer gerieten. Innerhalb weniger Stunden fielen 5.500 konföderierte Soldaten. Ein Unionsoffizier, der am nächsten Tag das Schlachtfeld sah, beschrieb es: »*Über 5.000 tote und verwundete Männer lagen in allen möglichen Stellungen am Boden. Ein Drittel davon war tot oder am Sterben, aber es waren noch genug Männer am Leben, sodass das Feld wie eine graue dahinkriechende Masse aussah*«. D.H. Hill, der Lee vom Angriff abgeraten hatte, schrieb lange nach dem Krieg über Malvern Hill: »*Das war nicht Krieg, das war einfach Mord*«.

Lee hat später seine Entscheidung für den Angriff auf Malvern Hill damit begründet, dass er dachte, der Feind sei so demoralisiert, dass er ihn zum Laufen bringen würde. Dennoch, obwohl er in sieben Tagen fortlaufender Schlachten 20.000

Mann gegen 16.000 Unionstruppen verloren hatte, war Lee auf dem Vormarsch, während sich McClellan immer weiter nach Harrisons Landing zurückziehen musste.

Wenige Tage nach Malvern Hill traf McClellan Lincoln in Harrisons Landing und übergab ihm einen Brief, den Lincoln zwar zur Kenntnis nahm, aber nie beantwortete oder verwendete. In ihm gab McClellan Lincoln eine Vorgabe, wie der Krieg weiter zu führen sei und er vertrat darin die weiche demokratische Haltung, die ihm so viel Kritik unter den Republikanern eingetragen hatte, nämlich, dass der Krieg nur dazu da sei, die Union zu erhalten, aber nicht mit seiner Armee geführt werden könne, um die Sklaven zu befreien.

Lincoln kehrte nach Washington zurück und als Reaktion auf McClellans Brief ernannte er am 11. Juli 1862 Halleck zum Oberkommandierenden der Unionsarmeen.

Als Halleck in Washington ankam, musste er sich mit einer verworrenen strategischen Situation auseinandersetzen. Lincoln hatte am 26. Juni eine neue Armee aus den Truppen im Shenandoah-Tal und im nördlichen Virginia unter John Pope gebildet. Die Aufgabe dieser Armee war der Schutz von Washington, des Shenandoah-Tales und eine Bedrohung Virginias im Norden, um Druck von McClellans Armee zu nehmen. Da McClellan weiterhin keine Anzeichen machte, wieder gegen Richmond vorzurücken, besuchte ihn Halleck in Harrisons Landing und erfuhr, dass McClellan noch immer meinte, 200.000 Konföderierten gegenüberzustehen, obwohl deren wahre Truppenstärke unter seinen eigenen 90.000 lag.

Halleck bezweifelte zwar diese Zahlen, sah aber aus strategischen Gründen ein, dass eine so große Armee – falls sie tatsächlich existierte, nicht zwischen den aufgeteilten Armeen von Pope und McClellan stehen konnte, und ordnete den Rückzug von McClellans Truppen nach Washington an. Die Halbinsel-Kampagne war damit zu Ende, Lee hatte gesiegt und er hatte dem Süden die Zuversicht des ersten Kriegsjahres zurückgegeben. Der Stern McClellans, der für ein halbes Jahr so hell geschienen hatte, sank, auch wenn McClellan es noch nicht wahrhaben wollte.

7. Die zweite Schlacht von Bull Run

Lincoln hatte Pope am 26. Juni zum Kommandeur der neuen Virginia-Armee der Union ernannt und damit von Norden her eine Bedrohung für Richmond und Lee geschaffen. Pope schien geeignet für den Posten. Er war West-Point-Absolvent, hatte unter Zachary Taylor in Mexiko gekämpft und war ein Freund der Lincolns. Nach Ausbruch des Krieges hatte er unter John C. Frémont in Missouri gedient, sich aber mit ihm überworfen, als ihm Frémont verräterische Tendenzen vorwarf, die aber eher in Popes Unfähigkeit als im schlechten Willen gegenüber der Union begründet waren. Dennoch gelang es Pope, in der Schlacht von Blackwater am Mississippi die Konföderierten unter Sterling Price zum Rückzug zu zwingen. Halleck machte ihn zum Befehlshaber der Mississippi-Armee und seine glorreichsten Stunden erlebte Pope, als es ihm gelang, New Madrid und Island No.10 einzunehmen. Während Hallecks Vormarsch auf Corinth hatte er den rechten Flügel kommandiert, er galt als Zukunftshoffnung der Armee. Lincoln hatte ihn deshalb in den Osten geholt und ihm die neue Virginia-Armee anvertraut.

Pope war nach seinen Erfahrungen im Westen voll Selbstvertrauen. Seinen ersten Tagesbefehl an seine neue Truppe begann er mit den Worten: »*Ich komme zu Euch aus dem Westen, wo wir immer nur die Rücken unserer Feinde gesehen haben*« und seine Bulletins stattete er mit dem Ortsvermerk aus: »Hauptquartier im Sattel«, was Lee zum Bonmot brachte, dass Pope offenbar sein Hauptquartier dort habe, wo sein Hintern sei. Bedenklich fand Lee Popes Umgang mit konföderierten Zivilisten hinter seinen Linien und er meinte, dass dieser Mann aus dem Verkehr zu ziehen sei; eine Aufgabe, die er Stonewall Jackson anvertraute.

Anfang August 1862 rückte Pope entlang der Orange und Alexandria Railroad vor, die Alexandria, einen Ort südlich von Washington, und Richmond verband.

Jackson begann seinen Angriff auf Pope am 9. August bei Cedar Mountain etwa auf halbem Weg zwischen Washington und Richmond, als er dessen Vorhut unter Nathaniel Banks angriff, aber hier von einem kühnen Vorstoß überrascht wurde, der seine Linien ins Wanken brachte, bis A.P. Hill ihm zu Hilfe kam und sie Banks zurücktreiben konnten. Als am nächsten Tag Popes Hauptmacht ankam, zogen sich Jackson und Hill langsam zurück, um Lees Ankunft abzuwarten.

Lee war nicht weit entfernt, er war schnell nach Norden marschiert, um McClellan zuvorzukommen, der nur langsam nordwärts vorrückte und nur zwei Bataillone in Harrisons Landing zurückgelassen hatte. Lee versuchte, Pope auszumanövrieren, musste aber bald feststellen, dass Pope alle seine Bemühungen zunichte machte und die konföderierten Truppen langsam zu ermüden schienen.

Er sandte Jeb Stuart aus, um Popes Truppen zu erkunden. Stuart sollte am 17. August bis Rappahannock Station vorrücken und dort die Eisenbahnbrücke zerstören, um Popes Nachschub abzuschneiden. Stuart gelang es an diesem Tag nicht, bis Rappahannock Station vorzudringen und er schlug sein Nachtquartier in Verdiersville auf, wo er und John Mosby, der spätere Partisanenführer, von Unionstruppen überrascht wurden und fliehen mussten. Dabei ließ Stuart seinen berühmten Hut mit der Feder und seinen rot gefütterten Umhang zurück.

Über diesen Verlust aufgebracht, stürmte Stuart mit seiner Kavallerie das Hauptquartier von Pope und erbeutete dort nicht nur dessen Galauniform, für die er Pope einen »Gefangenenaustausch« gegen seinen Hut und die Feder anbot, sondern auch Popes Depeschenbuch, das er zu Lee brachte. Der lernte daraus, dass Pope 75.000 Mann unter seinem Kommando hatte und er noch Verstärkungen erwartete; darunter Truppen aus McClellans Armee und von Transportschiffen am James River.

Lee musste schnell handeln und er tat es in einer Art und Weise, die so gegen jede taktische Regel der Zeit war, dass sie Pope völlig aus der Bahn warf. Er teilte seine Armee, ließ Jackson im Westen einen weiten Bogen um Popes Armee schlagen und ihm die Nachschublinien nach Washington abschneiden, während Longstreets Korps Popes Weitermarsch nach Richmond sperrte. Jacksons »Kavallerie zu Fuß« marschierte mit

Eile und erreichte unbemerkt am 27. August Manassas Junction, wo sie die Unionsdepots plünderte, Munition und Vorräte auf ihre Wagen lud, den Rest verbrannte und zerstörte und dann wieder verschwand. Pope suchte am nächsten Tag nach Jackson und fand ihn in einer starken Position auf der Stony Ridge, die das alte Schlachtfeld der ersten Schlacht am Bull Run beherrschte. Pope befahl am 29. August den Angriff, nachdem er eine Truppe abgestellt hatte, die Longstreet blockieren sollte, der inzwischen Jackson gefolgt war und seine rechte Flanke einnahm. Den ganzen Tag über attackierten die Unionssoldaten Jackson, während Longstreet, der den richtigen Moment zum Eingreifen noch nicht sah, abwartete. In der Nacht musste Jackson seine Linien begradigen und zog sich zurück. Pope glaubte nun, er habe die Schlacht gewonnen, setzte zur Verfolgung an und stürmte vorwärts, ohne sich darüber im Klaren zu sein, dass er Longstreet nun an seiner linken Flanke hatte.

Als Popes Truppen vorgingen und sich Jackson weiter zurückzog, schwenkte Longstreet in einer einzigen Bewegung »wie eine Türe« seine 28.000 Mann nach links und fiel Pope in die ungeschützte Flanke. Diesmal gab es keine Panik unter den Unionssoldaten, wie noch ein Jahr zuvor an derselben Stelle, aber von zwei Seiten bedrängt, musste Pope den Rückzug antreten.

Lee versuchte dasselbe Manöver nochmals und plante mit Jacksons Truppen, Pope ein weiteres Mal im Norden umgehen zu können. Diesmal war die Union aber auf der Hut und schlug Jackson am 1. September bei Chantilly zurück. In der Nacht nach der Schlacht hörten konföderierte Soldaten, die mit A.P. Hill ritten, wie sich ihnen ein Reiter näherte, erkannten einen Unionsoffizier, feuerten und mussten feststellen, dass sie den Unionsgeneral Phil Kearny getötet hatten, der nach den Worten seines alten Freundes A.P. Hill »*Besseres verdient hatte, als so im Schlamm zu sterben*«.

Die zweite Schlacht von Bull Run war ein eindeutiger Sieg der Konföderation, sie hatte 9.197 Mann an Gefallenen, Verwundeten und Vermissten gegen 15.954 Verluste der Union zu verzeichnen.

Pope wurde noch während des Rückzuges von McClellan abgelöst, als Lincoln die Virginia-Armee mit der Potomac-Armee vereinigte. Pope sollte nie wieder eine größere Truppe im Bürgerkrieg führen. Kurz nach Bull Run wurde er nach Minnesota und den Dakotas versetzt. In den Worten eines Zeitgenossen »… *hatte er alles falsch gemacht, was man falsch machen konnte. Er wurde bei jedem Versuch geschlagen oder getäuscht, diese Aufständischen einzukassieren und musste froh sein, dass er sich in die Befestigungen von Washington fliehen konnte*«

8. Kampf um den Mississippi und Kentucky

Nachdem Farragut und Butler New Orleans eingenommen hatten, war die Beherrschung des unteren Mississippi ein weiteres Ziel der kombinierten Land- und Seestreitmacht. Da die Union im Norden bereits im Anmarsch auf Memphis war, versuchte Farragut das Unmögliche – in einem einzigen schnellen Versuch den Mississippi für die Union zu gewinnen.

Am 28. April 1862 brach die Flotte von New Orleans auf, passierte Baton Rouge unter den Augen der Konföderierten und besetzte das nördlich davon liegende Natchez für einige Tage, ehe die Flotte weiter nach Norden in Richtung Vicksburg steuerte. Die Stadt, hoch auf einem Kliff über dem Mississippi gelegen, wurde durch Flussbatterien geschützt, die eine Passage unmöglich erscheinen ließen. Farragut sandte seine Mörserboote aus, die vom 19. Mai bis zum 27. Juni die Batterien unter Feuer nahmen, was aber ineffektiv blieb. In der Nacht des 28. Juni startete Farragut den nächsten Versuch. Nachdem er seine Ironclads und Kanonenboote mit Ketten, Eisenbahnschienen und Heuballen zusätzlich befestigt hatte, passierte er die Batterien, die in ihrer Überraschung nur wenig Feuer auf die Unionsflotte eröffnen konnten, und ankerte sicher vor den Kanonen der Konföderierten hinter der De-Soto-Halbinsel.

Hier traf er am 1. Juli eine Unionsflotte, die von Memphis den Mississippi herabgekommen war. Gemeinsam versuchte man, Vicksburg zu bombardieren, musste aber hinnehmen, dass am 15. Juli die »CSS Arkansas«, ein Ironclad der Konföderierten, durch die Flotte hindurch stieß und die »USS Corondelet« versenkte, dabei aber selbst 60 Gefallene zu verzeichnen hatte und schwere Beschädigungen erlitt. Da das Wasser des Mississippi zu fallen begann und Farragut erkrankte, brach er am 24. Juli die Belagerung ab und dampfte nach New Orleans zurück.

Wichtig waren die Erkenntnisse, die Farragut gewonnen hatte. Nur vom Fluss her war Vicksburg nicht zu erobern. Man würde starke Kräfte an Land brauchen, wollte man diese einzige Stelle, welche die Konföderation zu beiden Seiten des Mississippi noch verband, erobern

Während Farragut den Mississippi hinabfuhr, sicherte Earl Van Dorn nochmals den Mississippi für die Konföderation von Vicksburg bis Fort Hudson nördlich von Baton Rouge. Auf dem Rückweg nach New Orleans hatte Farragut hier 3.200 Soldaten unter Thomas Williams angelandet, welche Baton Rouge besetzten. Am 9. August ging Van Dorn gegen die Besatzung vor, die, nachdem Williams gefallen war, die Flucht ergriff und am Mississippi von den Ironclads aufgenommen wurde. Fast hätte der Rückzug der Unionssoldaten noch in einem Desaster geendet, als während der Rettungsoperation für Williams Truppen die »CSS Arkansas« auftauchte, die allerdings wegen eines Maschinendefektes nicht angreifen konnte.

Der untere Mississippi war wieder in den Händen der Konföderierten und es würde fast ein Jahr dauern, bis die Union hier abermals angreifen konnte.

Nach der Niederlage der Konföderation in Tennessee war es absehbar, dass hier für geraume Zeit keine größeren Truppenkontingente zu einer neuen Offensive aufgebracht werden konnten. Gleichzeitig versuchte Don Carlos Buell weitere Städte in Tennessee in Besitz zu nehmen und fand das Ziel seiner nächsten Offensive in der kleinen Stadt Chattanooga. Um seinen Aufmarsch zu stören und Unionskräfte an verschiedensten Standorten zu binden, unternahmen die beiden konföderierten Reitergeneräle John Hunt Morgan und Nathan Bedford Forrest in der Zeit vom 4. Juli bis zum 27. Juli zwei ausgedehnte Streifzüge in das Hinterland der Union, wobei sie sich auf die Hilfe der noch immer dem Süden treuen Bevölkerung stützen konnten.

Morgan verließ Knoxville in Tennessee am Morgen des 4.

Juli mit 876 Mann seiner neu formierten 2nd Kentucky-Kavallerie. Von 60 Scouts angeführt, ritt die Truppe nach Norden, fiel in Kentucky ein und besiegte in einigen Gefechten Besatzungstruppen der Union in kleineren Städten. Am 24. Juli kehrte Morgan nach Tennessee zurück, nachdem er 1.000 Meilen geritten war und 1.200 Gefangene gemacht hatte, die er auf Gelöbnis wieder entließ. Seine Truppe hatte 90 Mann verloren und schwere Schäden an Eisenbahnen, Telegrafenlinien, Brücken und Nachschubdepots angerichtet.

Am 12. August war Thomas wieder im Sattel. Dieses Mal richtete sich sein Angriff gegen die Louisville und Nashville Railroad. Indem er einen Tunnel sprengte, unterbrach er bei Gallantin die Hauptnachschublinie für Buell.

Ebenso erfolgreich war Nathan Bedford Forrest. Er war am 9. Juli in Chattanooga aufgebrochen und stürmte am 13. Juli um 4.30 Uhr morgens die Stadt Murfreesboro. Er überraschte mit seinen 1.400 Mann die Besatzung und nahm General Thomas T. Crittenden gefangen, den er mit sich nahm und der erst im Oktober ausgelöst wurde. Daneben erbeutete er Kriegsgerät und Vorräte im Wert von einer Million Dollar. Am 18. Juli vertrieb Forrest die Garnison von Lebanon und ritt nach Norden bis knapp vor Nashville, zerstörte dort Bahnbrücken und löste Panik bei dem amtierenden Gouverneur wie seiner Regierung aus, bevor er sich in den Süden zurückzog.

Die Union muste in der Folge zwei Divisionen von Buells Armee abziehen, um die Schäden zu beheben und das Land erneut zu sichern. Buells Marsch nach Chattanooga unterblieb. Die Kavallerie der Konföderierten hatte gezeigt, wie man mit nur wenigen Soldaten einen aggressiven Kleinkrieg auf dem Territorium des Feindes mit Unterstützung einer dem Süden treuen Bevölkerung führen konnte.

9. DER WEG NACH ANTIETAM

Nach der zweiten Schlacht bei Bull Run und der Vertreibung McClellans von der York-Halbinsel, begann Lee darüber nachzudenken, ob es möglich sei, die Union durch eine Invasion des Nordens zum Frieden und zur Anerkennung der Konföderation zu zwingen. Außerdem war es Lee klar, dass bald die nächste Unionsarmee in Virginia erscheinen würde, wenn er sich nun zurückzog. Also entschied er sich, den Krieg in das Land des Feindes zu tragen.

Die Gründe dafür waren klar. Indem Lee Maryland und Pennsylvania in den Krieg zog, würde er die Unionstruppen von Washington weglocken, die Virginia von Norden her bedrohten. Lee glaubte, dass die Einwohner Marylands der Sache des Südens sympathisch gegenüberstehen würden und dass diese, hatte er erst den Potomac überschritten, seinen Fahnen zulaufen würden. Eine Invasion des Nordens würde außerdem die Kluft zwischen den friedensbereiten Demokraten und den kriegstreiberischen Republikanern im Norden vertiefen. Was er aber am meisten hoffte, war, dass er mit einem entscheidenden Sieg die Anerkennung des Südens durch Frankreich und England erreichen würde. Bis dahin waren diese beiden Staaten interessierte Zuschauer des Konflikts gewesen. Nach der zweiten Schlacht von Bull Run konnte man über einen Sieg der Konföderation nachdenken und die diplomatischen Risiken abwägen, die eine Anerkennung mit sich bringen würde. Ein weiterer großer Sieg und die Konföderation hätte die Chance, ein gesuchter Partner der europäischen Mächte zu werden. Dieses Argument brachte auch den defensiv eingestellten Jefferson Davis dazu, Lees Plan zuzustimmen.

In Lees Virginia-Armee dienten neben Jackson drei Generäle, die bald zu Legenden im Süden werden sollten: James Longstreet, D.H. Hill und A.P. Hill.

Longstreet stammte aus Georgia, war in Alabama aufgewachsen und in West Point U.S. Grants engster Freund gewesen. Er hatte in Mexiko gekämpft und war ein fähiger und beliebter Kommandant, der Frontalangriffe verabscheute und Befehle dafür nur langsam und zögerlich befolgte. Longstreet war der beste Stratege der Armee der CSA, konnte aber seine militärischen Pläne niemals gegen Davis und Lee durchsetzen.

Daniel Harvey Hill stammte aus einer Familie aus South Carolina, war ein Yankee-Hasser und ein exzellenter Mathematiker. Nach West Point und Mexiko verließ er die Armee und unterrichtete Mathematik am Virginia Military Institute in Lexington, Virginia, als Kollege von Thomas Jackson, dessen Schwager er wurde. Nach Fort Sumter trat er als Colonel in die Armee der CSA ein und stieg in kurzer Zeit zum Divisionskommandeur und Major General auf.

Der andere Hill, Ambrose Powell Hill, stammte aus einer reichen Familie in Virginia und war von Geburt an für West Point vorgesehen. Dort war er Zimmerkollege von George McClellan gewesen. Eine Infektion mit Gonorrhö hemmte seine militärische Karriere und sollte ihn immer wieder ins Krankenbett zwingen. Er erwies sich aber von Beginn des Bürgerkrieges an als fähiger Divisionsgeneral. Doch als die konföderierte Armee in Maryland einmarschierte, ging er zu Fuß und unter Bewachung am Ende der Kolonne. Jackson hatte ihn wegen einer Meinungsverschiedenheit drei Tage zuvor strafweise seines Amtes enthoben und unter Arrest gestellt.

Lees Attacke barg allerdings auch eine Reihe von Risiken in sich und der graubärtige General war sich derer sehr bewusst. Seine beiden Armeen, Potomac-Armee und Virginia-Armee, hatten in den letzten Monaten Verluste von 25.000 Mann gehabt. Viele seiner Soldaten hatten geschworen, die Heimat zu verteidigen. Dass sie dies mit einer Invasion von Feindesland tun konnte, würde bei ihnen Unverständnis hervorrufen. Was passieren konnte, war, dass sie die Invasionsarmee verließen und erst wieder zu den Waffen griffen, wenn die Heimat selbst bedroht war. Lees Soldaten waren schlecht gekleidet, viele ohne Schuhe und mangelhaft ernährt. »Ich hatte keine Schuhe«, schrieb der konföderierte Soldat Cyrus Stone an seine Eltern, »ich versuchte es barfuß, aber meine Füße wollten nicht verhornen und bluteten. Ich habe das Herz eines Patrioten, aber wohl keine patriotischen Füße. Ich hätte natürlich auf Händen und Knien kriechen können, aber dann wären meine Hände so wund gewesen, dass ich mein Gewehr nicht mehr hätte abfeuern können.«

Lee selbst war bei der zweiten Schlacht von Bull Run von seinem Pferd Traveller gestürzt, hatte sich beide Hände gebrochen und dirigierte seine Armee von einem Ambulanzwagen aus.

Trotz aller Bedenken und Hindernisse querten nur fünf Tage nach der Schlacht von Chantilly 40.000 konföderierte Soldaten den Potomac nach Maryland.

Die Reaktion der Bevölkerung enttäuschte die Konföderierten. Die Zustimmung für den Süden hatte sich in den siebzehn

Monaten des Krieges gewandelt und Lees zerlumpte, magere Männer erregten mehr Abscheu als Begeisterung.

Während Lee nach Norden zog, hatte McClellan mit 88.000 Soldaten begonnen, ihn zu verfolgen. Seine Armee wurde in Maryland freundlich empfangen und mit Blumen, Kuchen und Erfrischungen erwartet. Lee blieb verschwunden, bis dem ratlosen McClellan einer der unglaublichsten Zufälle der Kriegsgeschichte zu Hilfe kam. In der Stadt Frederick fanden zwei Soldaten abseits der Straße ein kleines Paket, das drei Zigarren und den Befehl Nummer 191 von Lee enthielt, der seine genauen Pläne und Truppenbewegungen der nächsten Tage beschrieb. Wie er dorthin gekommen war und wer ihn verloren hatte, ist unbekannt geblieben.

Der Befehl erreichte in kürzester Zeit McClellan. Dieser erfuhr daraus zu seinem Erstaunen, dass Lee seine Armee geteilt hatte. Er selbst war nach Hagerstown im Norden marschiert, während er Jackson ausgesandt hatte, Harpers Ferry einzunehmen. McClellan stand im Moment genau zwischen beiden Armeen und hatte die Chance, beide zu vernichten.

McClellan versagte abermals. Statt mit der nötigen Eile zu handeln, ließ er 16 Stunden vergehen, ehe er seine Truppen in Bewegung setzte. In dieser Zeit war die Nachricht, dass er Lees Pläne kannte, schon durch einen Spion zu den Konföderierten gelangt. Die große Chance, Lee zu besiegen und damit vielleicht den Krieg mit einem Schlag zu beenden, war vertan.

Während McClellan in Frederick zauderte, hatten die Konföderierten schon Stellung bezogen. Longstreet stand im Norden bei Hagerstown, südlich von ihm D.H. Hill in Boonsboro. Jackson näherte sich Harpers Ferry von Süden, während Lafayette McLaws mit seinen Truppen den Nelson A. Miles' Fluchtweg nach Norden blockierte, der mit 12.000 Unionssoldaten Harpers Ferry verteidigen sollte. Am 14. September stand Harpers Ferry vor der Kapitulation, Lee holte D.H. Hill und Longstreet von Norden heran und ließ sie bei einem kleinen Nebenfluss des Potomac, dem Antietam Creek bei Sharpsburg, Maryland, Aufstellung nehmen.

Als Miles am nächsten Tag fiel und Harpers Ferry kapitulierte, gingen 12.000 Unionssoldaten in Gefangenschaft. Jackson querte den Potomac, vereinigte sich mit McLaws und zog nach Norden zum Antietam. Mit Harpers Ferry und Sheperdstown hielt er sich die Option eines Rückzuges und der Verstärkung durch Truppen des wieder in sein Kommando eingesetzten A.P. Hill offen, die von Süden her im Anmarsch waren.

McClellan hatte zwar die Invasion des Nordens vereiteln können und mit Joe Hooker bei South Mountain Longstreet zum Rückzug gezwungen, konnte aber nicht verhindern, dass Lee ohne Probleme seine Armee wieder zusammengeführt und bei Sharpsburg am Antietam Position bezogen hatte. Lee konnte sich das Schlachtfeld hier aussuchen.

10. Die Schlacht von Antietam

Das Schlachtfeld von Antietam liegt westlich der kleinen Stadt Sharpsburg, Maryland, in einer Flussschlinge des Potomac, der das Schlachtfeld im Norden, Osten und Süden begrenzt, während der Antietam Creek westlich von Sharpsburg von Norden nach Süden läuft. In west-östlicher Richtung läuft der Boonboro Pike, der das Schlachtfeld in zwei Hälften teilt.

Nördlich des Boonboro Pike befanden sich drei Wäldchen, West-, North- und South-Wood genannt, die sich um ein Kornfeld und um die Dunker-Kirche gruppierten.

Am Morgen des 17. September standen sich hier 127.000 Mann gegenüber, 88.000 auf Unionsseite und 39.000 auf Seiten der Konföderierten. Lee hatte seine Truppen in einer fast vier Meilen langen Linie aufgestellt. Die Nordflanke hielt Jackson, dann folgten nach Süden der Texaner John Bell Hood und D.H. Hill, der das Feld bis zum Boonboro Pike kontrollierte, südlich der Straße stand David. R. Jones mit dem Rücken zu den letzten Häusern von Sharpsburg.

Ihnen gegenüber standen im Norden die Korps von Hooker und Mansfield, östlich des Antietam hatte McClellan die Corps von Sumner, Porter und Burnside aufgestellt.

Hooker begann den Angriff im Morgengrauen mit einer Kanonade auf Jacksons Truppen im Kornfeld zwischen West- und East-Wood. Dann marschierten die Blauen vor und attackierten Jacksons Linien. Diese gaben unter dem Ansturm nach, als Lee sie mit Hoods texanischer Brigade und Verstärkungen von D.H. Hills Zentrum auffing und die Unionssoldaten zurück nach Osten trieb. Der Rückzug artete in Flucht aus, bis es dem Unionsgeneral John Gibbons gelang, eine Batterie in Position zu bringen, hinter der sich die Linien der Union, verstärkt durch vier New Yorker Regimenter, wieder sammeln konnten. Die Batterie überraschte die anstürmenden Konföderierten und ganze Brigaden wurden von Kanistermunition, Schrapnells und Schrotkugeln niedergemacht. Die Schlacht war noch keine zwei Stunden alt und schon waren 2.700 Männer tot oder verwundet, manche Einheiten hatten die Hälfte ihrer Stärke bereits verloren.

Hooker rief seine Reserven in die Schlacht, das Korps von Joseph Mansfield stürmte vorwärts und warf die Rebellen unter schweren Verlusten, darunter auch Mansfeld, bis hinter das Kornfeld zurück. Auch Hooker bekam einen Schuss in das Bein und musste das Schlachtfeld verlassen.

Die nächste Truppe, die McClellan in die Schlacht warf, war Sumners Korps, das von Osten auf das Kornfeld und die Wäldchen einstürmte, in die sich die Konföderierten zurückgezogen hatten. Innerhalb weniger Minuten kamen die Divisionen unter mörderisches Feuer und zogen sich zurück, verfolgt von den Grauen, die wiederum an der massiven Artillerie und an den Resten von Sumners Korps zerbrachen, das zwar zurückgegangen, aber nicht völlig gebrochen war. Die Schlacht war fünf Stunden alt und 12.000 Mann waren tot oder verwundet.

Gegen Mittag ebbte der Kampf an der linken Flanke Lees ab und verlagerte sich in das Zentrum. Hier hatte D.H. Hill mit seinen Truppen einen Hohlweg bezogen, der in die umgebenden Felder eingeschnitten und mit Planken eines nahen Zaunes befestigt war. Dahinter stand weitere Rebelleninfanterie und in ihrem Rücken Artillerie. Dagegen rannte Unionsgeneral William French mit seinen Truppen an, die immer wieder von der »bloody lane«, der blutigen Straße, zurückgeworfen wurden bis es der Unionsartillerie gelang, die konföderierte Artillerie niederzukämpfen.

Den entscheidenden Angriff trug die Irische Brigade von Thomas Francis Meagher vor, der gegen die Engländer in Irland gekämpft hatte und über australisches Exil nach Amerika gekommen war. Seine Brigade schlug die Konföderierten Hills in die Flucht, allerdings fehlte die Kraft nachzustoßen, um Lees Truppen zu spalten. McClellan sandte einen seiner besten

Generäle, Winfield Scott Hanckock, aus, um Lees Armee zu erledigen und damit den Krieg zu beenden. Hancock scheiterte aber daran, Sumner zu überzeugen, dass er noch einmal angreifen müsse. Sumner schickte Nachricht an McClellan, dass er Zweifel habe, erfolgreich zu sein und dieser stoppte den Angriff, der die Entscheidung bringen und den gesamten Krieg hätte beenden können.

Am Nachmittag verlagerte sich die Schlacht auf den rechten Flügel Lees, der südlich des Boonsboro Pike hinter dem Antietam stand. Hier kommandierte auf Unionsseite Ambros Burnside und er sollte eine kleine und schmale Brücke über den Antietam mit seinen Truppen queren. Kaum hatten aber die ersten Soldaten die Brücke betreten, kamen sie unter Feuer von Scharfschützen, das die Unionstruppen immer wieder zurücktrieb. Hätte Burnside bessere Aufklärung betrieben, so wäre ihm bewusst geworden, dass der Antietam an dieser Stelle kaum einen Meter tief war und leicht auf breiter Front von seinen Truppen hätte durchwatet werden können. Immer wieder zurückgeworfen, sandte Burnside Isaac Rodman mit einem Division aus, um weiter im Süden nach einer Furt zu suchen, die dieser nach zwei Stunden auch fand, den Antietam querte, den Konföderierten in die Flanke fiel und damit die Scharfschützen und die Kanonen, die »Burnsides Brücke« sperrten, vertreiben konnte, Burnside konnte endlich den Antietam queren, Lees rechte Flanke war in Gefahr zusammenzubrechen.

Lee kam wieder zu Hilfe, dass McClellan noch immer ein Zauderer war. McClellan hatte noch Fitz-John Porters Korps zur Verfügung, das er einsetzen konnte, um Lees rechte Flanke endgültig zu brechen und ihm den Rückzug über den Hagerstown Pike nach Virginia abzuschneiden. McClellan überlegte lange und traf die Entscheidung anzugreifen, als Porter zu ihm sagte, er solle es sich nochmals überlegen, denn: »... das ist die letzte Reserve der letzten Armee der Union«. McClellan nahm seine Entscheidung zurück. Wieder war eine Chance vertan, den Krieg zu beenden.

Dennoch war die Gefahr für Lee noch nicht vorbei. Burnsides Truppen drängten immer weiter nach Sharpsburg hinein, als in letzter Minute wie Blücher in Waterloo von Süden her die Truppen A.P. Hills aus Harpers Ferry erschienen, welche die

17 Meilen in einem Gewaltmarsch zurückgelegt hatten, und sich sofort in die Schlacht warfen. Dass sie blaue Uniformen trugen, weil sie sich aus Unionsbeständen in den Depots von Harpers Ferry neu eingekleidet hatten, führte unter den Unionstruppen zu Verwirrung. Als der Abend anbrach, zog sich Burnside hinter die Brücke zurück, die seine Männer wenige Stunden zuvor unter hohen Verlusten überquert hatten.

Am Abend des 17. September 1862 war es kühl, Nebel zog über ein Schlachtfeld, auf das die Sonne den ganzen Tag über dem Pulverrauch, dem Geknatter der Musketen, dem Donnern der Kanonen und den Schreien der Verwundeten heiß geschienen hatte. 12.401 Toten und Verwundeten auf Unionsseite standen 10.318 tote und verwundete Konföderierte gegenüber. Das waren höhere Verluste, als der Krieg von 1812, der Mexikanische Krieg und der Spanisch-Amerikanische Krieg zusammen gefordert haben; sie waren auch höher als die Verluste der amerikanischen Truppen am D-Day von 1944. Bis heute ist der Tag von Antietam der blutigste Tag in der amerikanischen Geschichte geblieben.

In der Nacht wurde McClellan durch zwei Divisionen verstärkt. Dennoch wartete Lee am nächsten Tag vergeblich auf einen Angriff. In der folgenden Nacht zog er seine Soldaten zurück und als McClellan am Morgen des 19. September über das Schlachtfeld blickte, waren die Soldaten Lees schon am Weg nach Harpers Ferry und Sheperdstown und zurück auf dem Weg nach Virginia.

McClellan blieb nur noch die Aufgabe, das Schlachtfeld aufzuräumen. Die toten Pferde wurden auf große Haufen geschichtet und verbrannt, für die Konföderierten hob man einen langer Graben als Massengrab aus. Die Unionssoldaten erhielten Einzelgräber mit weißen Kreuzen darauf, sofern sie nicht einbalsamiert und zu ihren Lieben nach Hause geschickt wurden. In den Lazaretten verrichteten die Chirurgen ihr blutiges Handwerk und sägten Arme und Beine ab, die sich vor den Operationszelten zu Haufen türmten. Nur wenige Verwundete sollten diese Behandlung überleben, die fast immer zu Wundfieber und Wundbrand führte. Die Toten wurden des Nachts von Männern ausgeplündert, die wie Aasfresser den Armeen folgten und den Toten sogar die Knöpfe von den Uniformen schnitten.

Strategisch und taktisch gesehen war die Schlacht ein Unentschieden, nachhaltig aber eine schwere Niederlage der Konföderation. Robert E. Lee war erstmals in die Offensive gegangen, auch wenn Antietam von seiner Seite her als defensive Schlacht geführt wurde. In der Offensive hatte er sich aber nicht als so überlegen erwiesen, wie er es in der Defensive bis zum Ende des Krieges sein würde.

Nach Antietam musste die Konföderation die Hoffnung begraben, dass Frankreich und England sie als Staat anerkennen würden. Diese Schlacht, die im Norden als Sieg angesehen wurde, gab Lincoln die Gelegenheit, am 22. September den Emanzipationsakt anzukündigen, jenes Gesetz, das jeden Sklaven im Gebiet der Union und Konföderation am 1. Januar 1863 zum freien Mann erklärte.

11. Die Sklavenemanzipation

Lincoln hatte sich bereits im für die Union militärisch unglückseligen Sommer von 1862 mit dem Gedanken der Sklavenmanzipation getragen. Seine Berater hatten ihn aber darauf aufmerksam gemacht, dass ein solcher Schritt am besten nach einem glorreichen Sieg der Unionstruppen zu tun wäre und Antietam hatte Lincoln den perfekten Zeitpunkt geliefert. Damit setzte er auch deutliche Zeichen in seinen diplomatischen Bemühungen in Frankreich und England, um es nicht zu einer Anerkennung des Südens kommen zu lassen. »*Dieser Akt hat mehr diplomatisch bewirkt, als alle unsere bisherigen Bemühungen*«, schrieb ihm Charles Francis Adams, sein Botschafter in Britannien.

Dabei befreite die Proklamation keinen einzigen Sklaven, weil sich diese alle im Süden befanden und Lincolns Akt der Sklavenemanzipation dort nicht anerkannt wurde. Im Norden ging der Akt den Abolitionisten nicht weit genug, den Demokraten ging er zu weit. Dennoch hat dieser Akt markante und tiefe Bedeutung in der Weltgeschichte erlangt. Er kennzeichnet den Beginn eines Kampfes für Rassengleichheit auf der Welt und er machte den amerikanischen Bürgerkrieg mit einem Schlag zu einem Krieg, indem es nicht allein um politische Interessen, sondern auch um die moralische Frage der Menschenrechte ging. Damit konnte Lincoln den Süden diplomatisch isolieren. Kein Land würde einen Staat anerkennen, der offensichtlich für sein Recht kämpfte, eine Sklavenhaltergesellschaft zu sein. Der Krieg war nun nicht mehr allein dazu da, die Union zu erhalten, sondern wurde um die Frage der Sklaverei geführt. Alles, was der Süden von den europäischen Mächten diplomatisch in Zukunft erreichen würde, war zwar Sympathie, aber keine Anerkennung.

Der Süden reagierte wütend auf die Sklavenemanzipation. Man beschuldigte Lincoln, den Menschen das Eigentum zu stehlen und die Sklaven zum Aufstand und zur Ermordung ihrer Herren aufzuwiegeln. Es war aber auch dem Süden klar, dass es nun keinen Kompromissfrieden geben konnte. Der Krieg würde geführt werden, bis eine Nation besiegt war und am Boden lag.

Gleichzeitig gab die Sklavenemanzipation auch den Soldaten der Union eine neue Motivation im Kampf, die nobler war als der Ruf der Konföderierten »Heimat und Recht«. Sie hatten aus der Feder der New Yorker Bankiersfrau Julia Ward Howe ein neues Marschlied bekommen, »The Battle Hymn of the Republic«, dessen vorletzte Zeile zur Musik von »John Browns Body« lautete«... *lasst uns sterben, um die Menschen frei zu machen*« (let us die to make men free). Es sollten noch eine Menge Soldaten dafür sterben. Auch Lincoln wusste, dass der Krieg nicht schnell zu Ende sein konnte und rief nach weiteren 300.000 Freiwilligen.

McClellan wartete inzwischen sechs Wochen bei schönstem Herbstwetter, ohne an eine Verfolgung Lees zu denken, obwohl die Aufforderungen von Lincoln immer drängender wurden. Die Konföderation war eifriger; am 10. Oktober brach Jeb Stuart mit 1.800 Mann Kavallerie und vier Kanonen auf, querte den Potomac und nahm Chambersburg in Pennsylvania ein, um die Conococheage Eisenbahnbrücke zu zerstören, über die der Nachschub für McClellans Armee lief. Zwar scheiterte der Plan, weil die Brücke eine massive Eisenkonstruktion war, doch Stuart plünderte die Depots der Union und erbeutete 1.000 Pferde, die nach Süden getrieben wurden, ehe er mit seinen Männern erneut zu »*einer Runde um McClellan*« ansetzte.

Lincoln war wütend und verlangte von McClellan, dass keiner dieser Männer der Union entkommen dürfe. McClellan antwortete, dass er ihnen eine Lektion erteilen werde, die keiner je vergessen werde. Stuart beeindruckte dieses wenig und nachdem er McClellans Armee umrundet und ausspioniert hatte, kehrte er ohne Verluste zu den konföderierten Linien zurück.

Lincoln hatte genug von McClellan. Er wartete noch die Kongresswahlen am 4. November ab, die den Demokraten Erfolge brachten. Die Republikaner blieben zwar in der Mehrheit, die Demokraten konnten aber ihre Sitze von 44 auf 75 erhöhen. Drei Tage später enthob Lincoln McClellan seines Kommandos und setzte Ambros Burnside an seine Stelle. McClellan, noch immer enorm populär bei seinen Soldaten, nahm einen bewegenden Abschied von seinen Truppen, die drohten, auf Washington zu marschieren, was sich McClellan aber als aufrechter Demokrat verbat. Er kehrte nach Washington zurück, beendete seine militärische Karriere und begann eine neue als Politiker, die ihn 1864 zum Präsidentschaftskandidaten gegen jenen Mann machen würde, der ihn entlassen hatte.

So endete die militärische Karriere von George Brinton McClellan, ein Mann, der intelligent, stolz und einfühlsam war, der aber hin und her schwankte zwischen Selbstlob, Selbstmitleid und Ausflüchten. Er war ein hervorragender Organisator und Motivator, aber zögerlich in der Schlacht und er hatte niemals den Killerinstinkt, den ein General braucht, der siegen will. Eigentlich hätte er niemals General der größten Armee der Union sein dürfen.

12. Konföderierte Herbstoffensive im Westen: Die Schlachten von Perryville, Iuka und Corinth

Don Carlos Buells Bemühungen nach Chattanooga, an der Grenze zwischen Tennessee und Georgia gelegen, vorzurücken und es einzunehmen, waren durch die Feldzüge von Forrest und Morgan gestoppt worden. Erst mussten die Staaten

Tennessee und Kentucky endgültig für die Union gesichert werden. Diese Atempause wollte die Konföderation im Spätsommer und Herbst 1862 nutzen, um die Unionsarmee zu vertreiben, da diese zu diesem Zeitpunkt – McClellan kämpfte gerade auf der Halbinsel York – aus dem Osten keine Verstärkung zu erwarten hätten.

Die ersten, die losschlugen, waren die Generäle Braxton Bragg und Kirby Smith. Bragg hatte seine Truppen der Mississippi-Armee nach Norden verlegt und um Knoxville unter Smith und in Chattanooga unter seinem Kommando gesammelt. Sein Plan war, gegen Norden vorzustoßen, die Einwohner von Kentucky für die Sache des Südens zu begeistern, Buells Armee zu schlagen und zu vertreiben.

Smith brach am 14. August mit einer Armee von 10.000 Konföderierten auf, marschierte nach Norden und vertrieb die Union vom Cumberland Gap, dem Hauptpass durch die Appalachen, der den Zugang von Osten nach Kentucky, Tennessee und Georgia bewachte. Er stieß zügig weiter nach Norden vor, erreichte am 30. August Richmond, Kentucky, wo er die Unionsbesatzung vertrieb und richtete sich in Lexington, Kentucky, ein, um auf Bragg zu warten.

Bragg war zwei Tage zuvor in Chattanooga mit 30.000 Mann aufgebrochen und marschierte, von Buells Armee verfolgt, nach Norden, um sich mit Kirby Smith zu vereinen. Buell konnte gerade noch Nashville sichern, während Bragg Frankfort in Kentucky einnahm und hier eine konföderierte Regierung unter Richard Hawes als Gouverneur am 4. Oktober in der Hoffnung einsetzte, damit eine Aufstandsbewegung in Kentucky gegen die Union auszulösen. Um diese neue Regierung zu schützen, ließen Smith und Bragg die Hälfte ihrer Truppen in Frankfort zurück, während Bragg Leonidas Polk wieder nach Süden schickte, um General Hardee zu finden. Alle konföderierten Truppen vereinigten sich in Perryville und hier fand sie die Vorhut von Buells Armee am Morgen des 8. Oktober, als sie auf der Suche nach Wasser waren.

Was zunächst als kleines Gefecht begann, wuchs sich im Laufe des Tages zu einer immer größeren Schlacht aus. Buell, der sein Hauptquartier nicht weit vom Schlachtfeld hatte, konnte durch eine atmosphärische Störung den Schlachtenlärm nicht hören und wusste daher nicht, dass sich hier eine

blutige Schlacht entwickelte. Daher glaubte er nicht an ein grö-
ßeres Gefecht und brachte nur neun seiner 24 Brigaden zum
Einsatz, sodass die Rebellen die Unionslinien bis zum Nachmittag um zwei Meilen zurückgeworfen hatten. Schlechte Führung schwächte die Unionstruppen zusätzlich, die aber das
Feld mit Mühe bis zum Einbruch des Abends halten konnten.

Bragg, der geglaubt hatte, es nur mit einem Teil von Buells
Armee zu tun zu haben, lernte des Nachts, dass er hier auf die
Hauptmacht des Feindes gestoßen war. Buell hingegen reali-
sierte endlich, dass es sich hier um den entscheidenden Kampf
um den Besitz der westlichen Staaten handelte und bereitete
sich für den 9. Oktober auf eine große Schlacht vor. Als der
Morgen kam, war das Schlachtfeld schon verlassen. Bragg war
abmarschiert, da er entschieden hatte, gegen den übermäch-
tigen Buell nicht mehr anzutreten. In Harrodsburg traf er sich
mit Kirby Smith und durch den Cumberland Gap entkamen sie
gemeinsam Buell, da dieser keine Anstalten machte, die Armee
der Konföderierten zu verfolgen. Statt dessen schrieb Buell an
Halleck: »*Es ist nutzlos und müßig, die Verfolgung fortzusetzen,
diese Armee hat nicht alles erreicht, was ich für sie erhofft hatte oder
was verlangt wurde, aber obwohl sie zur Hälfte aus unerfahrenen
Truppen bestand, hat sie eine mächtige und disziplinierte Armee besiegt und geschlagen und demoralisiert vertrieben*«. Etwa zur selben Zeit schrieb Bragg an Davis: »*Mit dem gesamten Südwesten
in der Hand des Feindes wäre es ein Verbrechen gewesen, meine tapfere kleine Armee im Eise des nördlichen Klimas zu belassen, ohne
Zelte und Schuhe und täglich gezwungen nach Brot zu suchen...*«.
Bragg, der erfahren hatte, dass Lee bei Antietam und Van Dorn
bei Corinth geschlagen worden waren und daher auch gute
Gründe hatte abzuziehen, sollte mit der Tennessee-Armee wie-
derkehren. Buell hingegen verlor sein Kommando. Kentucky
blieb den Rest des Krieges sicher in der Hand der Union.

Während die Nationen gespannt auf den Ausgang der
Kämpfe in Kentucky warteten, hatte die Konföderation im Süden an der Grenze von Mississippi zu Tennessee eine weitere
Front eröffnet. Hier stand Grant mit Rosecrans und plante,
nach Norden zu marschieren, um Buell bei der Verfolgung
Braggs zu assistieren. Um dies zu verhindern, besetzte der
konföderierte General Sterling Price am 14. September mit
14.000 Mann Iuka in Mississippi.

Price, ein Mann von 145 Kilo und stolz darauf, kein Berufssoldat gewesen zu sein, meinte, dass »*seine Erfolge durch praktisches Denken und harten Kampf zustande kämen und weil er niemals eine Militärschule besucht habe*«.

Grant hatte seine Truppen um Corinth stationiert, er sah die Gelegenheit Price zu vernichten und befahl Rosecrans, von Süden her auf Iuka mit 10.000 Mann vorzustoßen, während er selbst von Norden mit 8.000 Soldaten herabkam, um Price den Fluchtweg abzuschneiden. Rosecrans traf am 19. September südlich von Iuka auf Price und vertrieb ihn hier in einem kurzen Gefecht. Price konnte entkommen und zog sich nach Ripley zurück, wo er sich mit Earl Van Dorns Truppen am 28. September vereinigte.

Van Dorn, der das konföderierte Departement Mississippi und Ost-Louisiana kommandierte, stieß mit seiner 22.000 Mann starken Armee nach Corinth vor, einem Eisenbahnknotenpunkt, der den Mittelpunkt des nördlichen Mississippi bildete. Konnte er Rosecrans hier schlagen, würde Grant seine Truppen aus Mississippi abziehen müssen.

Um Corinth erstreckten sich noch immer die Befestigungen, die P.T. Beauregard vier Monate zuvor bei seinem vergeblichen Versuch, Corinth gegen Halleck zu verteidigen, hatte errichten lassen; diese wurden nun von der Union besetzt.

In heftigen Angriffen gelang es Van Dorn am 3. Oktober, die Union daraus zu vertreiben. Er musste dann aber seine erschöpften Truppen knapp vor dem Stadtrand von Iuka bei einem Gegenangriff der Blauen zurückziehen. Am 5. Oktober begann die Schlacht von Neuem und Van Dorn brach mit zwei Kolonnen in das Stadtzentrum von Corinth ein, wurde aber in einem erbitterten Kampf Mann gegen Mann gestoppt und musste sich mühsam den Weg aus der Stadt wieder freikämpfen. Danach wusste er, dass seine Offensive fehlgeschlagen war und zog sich zurück. Alles, was Van Dorn damit erreicht hatte, war, dass Grant in Mississippi geblieben war und Buell nicht zu Hilfe kommen konnte; dabei hatte er allerdings die letzten Truppen der Konföderation in Mississippi geopfert und den Weg für Grant zu einem Angriff auf Vicksburg freigemacht.

Buell, der es versäumt hatte, Kirby Smith und Braxton Bragg zu verfolgen, wurde am 24. Oktober von Lincoln seines Kommandos enthoben und durch Rosecrans ersetzt. Buell sollte nie wieder Truppen der Union kommandieren.

13. Fredericksburg

Wenn es jemals einen Unionsgeneral im Bürgerkrieg gegeben hat, dem die ihm anvertraute Aufgabe zu groß war und der das auch wusste, dann war es Ambros Burnside bei Fredericksburg. Burnside hatte das Kommando von Lincoln einzig aus dem Grund anvertraut bekommen, weil er ein guter persönlicher Freund von McClellan war und es daher Little Mac leichter gemacht hatte, sich von seinem Kommando zu verabschieden. Sein größtes Problem war, dass er selbst nicht an seine Fähigkeiten und Möglichkeiten glaubte und mit seinen Zweifeln seine ganze Truppe infizierte. Einer seiner Generäle stellte daher zu Recht die Frage: »*Wie soll eine Armee an sich glauben, wenn nicht einmal ihr kommandierender General an sich glaubt?*«

Ambros Burnside, ehemaliger Schneiderlehrling und Laufbursche, war der »Selfmademan« in der Armee der Union. 1843 schaffte er es nach West Point, wo er ein enger Freund McClellans wurde. Danach diente er mit Erfolg und Mut in den Indianerterritorien. Er erfand einen Mehrlader-Karabiner, der allen anderen Modellen weit überlegen war, weigerte sich aber, den für die Beschaffung zuständigen Beamten in Washington zu bestechen; er bekam keinen Auftrag und ging bankrott. Burnside verließ die Armee, arbeitete als Ingenieur für eine Eisenbahngesellschaft, deren Präsident McClellan war, um seine Schulden zu bezahlen. Im April 1861 erhielt er das Angebot, ein Freiwilligen-Regiment aus Rhode Island zu kommandieren. Er kämpfte in Bull Run und eroberte Roanoke Island für die Union, ehe er als Korps-Kommandeur der Potomac-Armee zugeteilt worden war.

Burnside wusste, dass die zögerliche Taktik seines Vorgängers dessen Untergang gewesen war. Deshalb beeilte er sich, Lincoln nur wenige Tage nach seiner Ernennung einen neuen strategischen Plan vorzuschlagen. Burnide wusste, dass Lee seine Truppen neu organisiert hatte: Er hatte die Armee in zwei Korps unter Jackson und Longstreet geteilt, die sich in das Shenandoah-Tal in Winterquartiere zurückgezogen hatten. Burnside plante nun, Richtung Shenandoah-Tal zu marschieren, als ob er Longstreet angreifen wollte, dann einen schnellen Schwenk nach Osten zu machen, bei Fredericksburg den Rappahannock zu überqueren und nach Richmond vorzustoßen. Es war dies eine Taktik, die Lincoln gefiel, da Burnside damit gleichzeitig Washington in seinem Rücken schützte. Burnside wusste zwar, dass es in einem Krieg nicht das Hauptziel sein kann, die Hauptstadt des Feindes zu erobern, sondern dessen Hauptarmee zu schlagen und zu vernichten, allerdings hatte sich der Schlachtruf »Auf nach Richmond« so in das Denken der Union eingegraben, dass man dachte, mit der Eroberung von Richmond den Krieg zu beenden.

Wie McClellan war Burnside ein guter Organisator. Um seine Armee beweglicher zu machen, teilte er sie in drei »Grand Divisions«, die in je zwei Korps geteilt waren; ein siebentes Korps sollte als Reserve dienen.

Tatsächlich marschierte die Armee schnell und erreichte innerhalb von zwei Tagen das Ostufer des Rappahannock gegenüber Fredericksburg. Burnside war hoch zufrieden: »*Sobald die Pontons eintreffen, bauen wir eine Brücke und queren den Potomac*« schrieb er an Halleck. Dann passierte acht Tage lang nichts, da die Pontons wegen bürokratischer Schwierigkeiten in Washington nicht eintrafen.

In der Zwischenzeit hatte Winfield Scott Hancock herausgefunden, dass es in der Nähe von Fredericksburg eine Furt gab, die es ermöglichte, den Rappahannock zu durchwaten und er flehte Burnside an, ihm und seinem Korps zu erlauben, die Höhen hinter Fredericksburg zu sichern. Fredericksburg hatte eine fast einmalige strategische Lage: der kleine Ort lag am Rappahannock, nach Westen hin halbkreisförmig abgeschlossen von den Marye's Heights, welche die gesamte Stadt überblickten. Wer die Höhen beherrschte, konnte dem Angreifer das Schlachtfeld diktieren und Hancock hatte das erkannt, stieß aber bei Burnside auf taube Ohren.

Burnside dachte nicht daran, seine Armee zu teilen; hier fehlten ihm die Kühnheit und das Geschick Lees. Die Truppe würde als Ganzes den Fluss überqueren, ließ er Hancock ausrichten, der daraufhin in einem Brief an seine Frau genau das Desaster voraussagte, das die Armee wenige Tage später erleben würde.

Während Burnside auf seine Pontons wartete und Hancock einer vergebenen Chance nachtrauerte, erreichte Longstreet mit 45.000 Mann Fredericksburg und tat genau das, was Hancock vorausgesehen hatte – er besetzte die Marye's Heights und die dahinter liegenden Höhen, begann, sie mit Gräben und Geschützstellungen zu befestigen und ließ sogar eine Straße hinter den Linien halbkreisförmig um die Stadt bauen. Wenn Jackson ankam, sollten seine 40.000 Mann die rechte Flanke der Konföderierten besetzen. In der Stadt, die von der Zivilbevölkerung geräumt wurde, blieb nur ein Regiment Scharfschützen zurück.

Burnside wusste vom Aufmarsch der Konföderierten, hatte er doch erstmals ein neues Aufklärungsinstrument mitgebracht – Beobachtungsballons, die aufstiegen und über den Rappahannock sahen. Seine Offiziere teilten ihm mit, dass sie von gefangenen und desertierten Konföderierten erfahren hatten, dass Lee nicht annahm, Burnside werde in dieser topografischen Situation angreifen. Burnside aber, der vor Lincoln nicht wie McClellan als Zauderer dastehen wollte, glaubte, mit seinen 120.000 Soldaten auch diesen Nachteil ausgleichen zu können.

Am 11. Dezember 1862 gab er den Befehl zum Angriff. In der Nacht versuchten die Pioniere der Union, sechs Pontonbrücken über den Rappahannock zu schlagen. Als der Morgen kam, wurden sie durch das Feuer der Scharfschützen vom Westufer niedergemacht, die sich in den Häusern verschanzt hatten. Burnside rief nach Artillerie, die mit 147 Geschützen innerhalb einer Stunde 5.000 Geschosse in die Stadt hineinfeuerte. Dann ließ Burnside seine Pontons als Sturmboote verwenden und setzte unter heftigem Feuer ein Regiment über den Fluss, welches die Rebellen mit dem Bajonett aus ihren Verschanzungen trieb. Die Union hatte nun einen Brückenkopf in Fredericksburg, aber die Aktion hatte einen Tag gekostet, an dem sich die Konföderierten weiter verschanzen konnten und der ausreichte, um Jacksons Truppen nach Fredericksburg zu bringen und die rechte Flanke besetzen zu lassen.

Am nächsten Morgen querte die Armee Burnsides den Fluss und kam in ein Tollhaus. Die vorgeschobenen Truppen

hatten begonnen, des Nachts die Stadt zu plündern. Man warf
Möbel aus den Fenstern, spazierte in Frauenkleidern herum
und plünderte die Weinkeller der konföderierten Bürger.

Burnside ließ zunächst mit seiner linken Flanke unter Franklin die Truppen Jacksons angreifen, wie es Lee vorhergesehen
und daher diese Seite verstärkt hatte. Was Lee aber dann er-
staunte, war, dass ein Korps unter Joe Hooker begann, die
Marye's Heights frontal anzugreifen, die von Longstreet verteidigt wurden. Hier lief, ähnlich wie in Antietam, quer über
den Hügel eine in den Boden eingeschnittene Straße, die von
einer 1,20 m hohen Steinmauer begleitet wurde und so eine
fast uneinnehmbare Festung der Konföderation bildete. Bei ihren Angriffen mussten die Unionssoldaten zunächst ein weites
offenes Feld überqueren, von dem ein konföderierter Artillerist sagte, dass hier nicht einmal ein Huhn darüber käme, ohne
von seinen Kanonen erwischt zu werden. Franklins Truppen
blieben bald im konzentrierten Feuer der konföderierten Artillerie liegen und konnten nur einmal in die gegnerischen Reihen einbrechen, wurden aber schnell wieder zurückgetrieben.

Das wahre Drama der Schlacht fand an Lees linkem Flügel
im Angesicht der Steinmauer auf Marye's Heights statt. Nicht
weniger als 14 Brigaden der Union versuchten nacheinander,
den Wall zu stürmen und wurden jedes Mal mit hohen Verlusten zurückgeschlagen. Bitter wurde es für die Verteidiger,
das konföderierte irische Regiment von Thomas W. Cobb, als
sie plötzlich Meaghers Irish Brigade der Union gegenüberstanden, die sich fast völlig zusammenschießen ließ, ehe sie
ihren Landsleuten nachgab. Als sich die wenigen Überleben-
den zurückzogen, wurden sie mit drei Hochrufen von ihren
irischen »Brüdern« verabschiedet. Der konföderierte General
George Pickett schrieb darüber später an seine Frau: »*Es war
ein wunderbarer Angriff, ihre Irische Brigade war besser als jede Be-
schreibung es ausdrücken kann. Wir vergaßen fast, dass sie uns bekämpften und lauter Jubel über ihre Furchtlosigkeit brandete entlang
unserer Linien auf*«.

Furchtlosigkeit konnte allerdings die Unionssoldaten nicht
an den Steinwall heranbringen; innerhalb weniger Stunden
verlor die Union an dieser Stelle 7.000 Mann.

Am Nachmittag war der Tag entschieden. Wie gelähmt
stand die Union wieder dort, wo sie ihren Angriff begonnen

hatte. Jackson glaubte, dass es ihm gelingen könnte, die Blauen in den Fluss zu treiben und begann einen Gegenangriff. Als sich aber seine Truppen auf das Feld wagten, das von toten und verwundeten Unionssoldaten bedeckt war, kamen sie in das Feuer der Unionsartillerie auf der anderen Seite des Rappahannock und Jackson musste sich zurückziehen.

Am nächsten Morgen plante Burnside, den Angriff zu erneuern, wurde aber von den Kommandeuren der »Grand Divisions« daran gehindert. Es war klar, dass Lee in dieser strategischen Position nicht zu brechen war; die Schlacht war verloren. Als sich in der folgenden Nacht die Unionssoldaten aus Fredericksburg zurückzogen, die Pontons hinter sich losschnitten und den Fluss hinunter treiben ließen, leuchtete über ihnen die Aurea Borealis, ein Nordlicht, das die Soldaten der Konföderierten, die so weit im Süden so etwas noch nicht gesehen hatten, glauben ließ, dass »...*der Himmel die Banner ausgehängt hätte, um ihren großen Sieg zu feiern.*«

Die Verluste auf Unionsseite waren furchtbar. 1.284 Tote, 9.600 Verwundete und 1.769 Vermisste, total 12.653, gegen 595 tote, 4.061 verwundete und 654 vermisste Konföderierte, total 5.210. Burnside hatte mehr als doppelt so viele Soldaten verloren wie Lee. Als Lee diese Verlustzahlen erfuhr, meinte er: »*Es ist gut, dass Krieg so schrecklich ist, wir könnten uns sonst daran gewöhnen*«.

Burnside wusste, dass er als General bereits in seiner ersten Schlacht versagt hatte und versuchte, mit seiner geschundenen Truppe nochmals das Steuer herumzureißen. Er ließ seine Truppen drei Tage lang durch Schnee und Matsch den Rappahannock stromaufwärts marschieren, um Lee zu umgehen, scheiterte aber daran, dass Männer, Tiere und Wagen im immer tiefer werdenden Schlamm der Erde Virginias versanken. Dann kam der Befehl zu seiner Ablöse; nach McDowell, McClellan und Pope war er der vierte General, der einen Angriff auf Richmond mit seinem Kommando bezahlte. Vermutlich war er sogar erleichtert darüber.

14. STONES RIVER (MURFREESBORO)

Nach der Ablöse Buells war das Kommando über die Ohio-Armee auf William Rosecrans übergegangen, der sofort mit Lincolns Wunsch konfrontiert wurde, den bedrängten Unionisten in Ost-Tennessee zu Hilfe zu kommen. Braggs Tennessee-Armee war nach der Schacht von Perryville wieder aufgefüllt worden, neuerlich nach Ost-Tennessee vorgestoßen, hatte sich südlich von Nashville in Murefreesboro eingerichtet und sperrte Rosecrans' Nachschub über die Nashville und Chattanooga Railroad. Rosecrans, der über eine Armee von 82.000 Mann verfügte, ließ einen Teil davon in Nashville zur Sicherung der Stadt zurück und setzte am 25. Dezember 1862 seine Truppen in drei Korps unter den Generälen Crittenden, McCook und Thomas gegen Braxton Bragg in Marsch.

Die beiden Kommandeure, die sich hier gegenüberstanden, hätten unterschiedlicher nicht sein können. Rosecrans stammte aus Ohio, hatte 1838 in West Point graduiert und war Klassenkamerad von Longstreet, D.H. Hill und Abner Doubleday, dem späteren Erfinder des Baseball, gewesen. Er diente als Ingenieur in Virginia und als Instruktor in West Point, ehe er 1854 die Armee verließ, ein erfolgreicher Minenunternehmer in West Virginia wurde und zahlreiche Erfindungen machte. Er war beliebt bei seinen Soldaten, da er sich persönlich um ihr Wohlergehen kümmerte und oft heimlich nachts wie Harun al-Raschid durch das Lager wanderte, um nach dem Rechten zu sehen. Er war ein überzeugter Christ, aber auch ein starker Trinker und machte bei seinen Soldaten einen Unterschied zwischen Fluchen und Blasphemie, was ihm ein Gräuel war. Seine Soldaten nannten ihn »Old Rosy«, nicht nur nach seinem Namen, sondern weil er eine große, rote Nase aufwies, die er seinen Trinkgewohnheiten verdankte. In der Schlacht konnte er so aufgeregt sein, dass er zu stottern begann, was die Kommunikation mit seinen Untergebenen erschwerte. Sein größter Fehler war trotz seines taktischen Geschickes, dass er sich in der Schlacht oft in Details verlor, statt das ganze Geschehen im Auge zu behalten.

Ihm gegenüber stand Braxton Bragg, der sechste Vier-Sterne-General der konföderierten Armee. Er war stur, magenkrank und beharrte auf der Beachtung aller militärischen Regeln in seiner Armee. Bragg galt als grimmige Person, er lachte wenig und war bei seinen Männern mehr gefürchtet als geliebt. Auch er hatte in West Point graduiert, war im Mexikanischen Krieg gewesen und hatte 1856 die Armee verlassen, um sich seiner Zuckerplantage in Louisiana zu widmen. Im März 1861 war er zum Brigadegeneral ernannt worden und hatte seither Stern um Stern seinem Kragen hinzugefügt. Er war ein enger Freund von Präsident Jefferson Davis, der ihn nach der Schlacht von Fredericksburg besuchte, um die Moral seiner Truppen zu heben. Davis feierte Weihnachten 1862 mit Bragg in Murfreesboro, brachte aber statt Geschenken schlechte Nachrichten für Bragg. Dieser musste 4.000 Soldaten abgeben, die John Morgan für einen Kavallerie-Feldzug brauchte und er musste eine Division zu Pemberton in Vicksburg senden, der schon Grants Atem im Nacken spürte. Dies ließ Bragg nur mehr drei erfahrene Korpskommandanten, Polk, Hardee und Price, mit denen er sich Rosecrans entgegenzustellen hatte. Bragg war mit 38.000 Soldaten den 44.000 Mann von Rosecrans unterlegen. Daher beschloss er, das Überraschungsmoment auszunutzen und Rosecrans zuerst anzugreifen.

Am 30. Dezember 1862 stellte er sich der Union, deren Front im rechten Winkel zum Stones River verlief. Hardee gelang es, Rosecrans' rechte Flanke in die Flucht zu schlagen und ihm den Rückweg nach Norden abzuschneiden, wobei nur Phil Sheridan deren völlige Vernichtung verhinderte. Rosecrans bezog eine halbkreisförmige Stellung mit dem Rücken zum Stones River.

Bragg erneuerte am nächsten Tag den Angriff und schickte Linie um Linie gegen Rosecrans vor, dessen Truppen aber jeden Angriff abwehrten, auch wenn ihre Stellung zu einem »V« zusammen geschoben wurde. Bragg ließ Breckinrigde darauf den Stones River überqueren und östlich davon Aufstellung beziehen, um Rosecrans in den Rücken zu fallen.

Die Nächte brachten den erschöpften Soldaten keine Ruhe; es war verboten, Feuer zu machen und es wurden immer wieder Schüsse gewechselt, zahlreiche Verwundete erfroren am Schlachtfeld, das am Neujahrstag ruhig blieb, weil Bragg des

Nachts den Lärm des Abtransportes von Rosecrans' Verwundeten fälschlich als Rückzug der Union interpretierte und die Fortführung der Schlacht nicht vorbereitet hatte. Beide Armeen nutzten den Tag, ihre Verwundeten zu bergen und die Toten zu begraben. Am 2. Januar befahl Bragg Breckinridge, der auf der anderen Seite des Stones River stand, einen massiven Angriff auf Rosecrans' linke Flanke, die aber im konzentrierten Feuer der Unionsartillerie liegenblieb. Die Konföderierten verloren hier in einer Stunde 1.700 Mann und Bragg zog sich in der folgenden Nacht in den Süden nach Tullahoma zurück. Jede der beiden Armeen hatte 12.000 Mann an Toten, Verwundeten und Vermissten zu beklagen, das waren 30 Prozent der eingesetzten 82.000 Mann; damit war die Schlacht vom Stones River prozentuell zur Zahl der eingesetzten Truppen blutiger als jede andere im amerikanischen Bürgerkrieg.

Beide Armeen hatten nichts erreicht und gingen in die Winterquartiere, Rosecrans in Nashville und Bragg in Chattanooga. Old Rosy hatte die Schmach von Fredericksburg zum Teil wieder ausgewetzt. Die Union und die Konföderation sahen aber einem blutigen neuen Jahr 1863 entgegen.

15. VICKSBURG:
GRANTS ERSTER ANGRIFF

Vicksburg war der Punkt zur Beherrschung des Mississippi. Die Präsidenten von Nord und Süd wussten dies und feuerten ihre Generäle an, es ja nicht zu vergessen. »*Vicksburg ist der Schlüssel*«, sagte Lincoln, »*dieser Krieg kann niemals zu einem Ende gebracht werden, wenn wir diesen Schlüssel nicht in unserer Tasche haben. Wir können alle nördlichen Staaten der Konföderation erobern und sie können uns trotzdem von Vicksburg aus schlagen. Vicksburg gibt ihnen ... frische Truppen aus den Staaten des tiefen Südens und Baumwollfelder, wo sie ihre Ernten einbringen können, ohne durch uns behindert zu werden*« Auch Jefferson Davis wusste, dass »*...Vicksburg der Nagel ist, der die beiden Hälften der Konföderation zusammenhält.*«

Vicksburg war schwer zu erobern. Gegen den Mississippi

fiel das Ufer im Westen der Stadt steil in einem Kliff ab, während der Norden, Osten und Süden von undurchdringlichen Sümpfen geschützt waren. Farragut hatte im Sommer 1862 versucht, Vicksburg zur Unterwerfung zu bombardieren und war gescheitert; nun sollte Grant die Stadt erobern.

Grant fasste erste Pläne gegen Vicksburg nach der siegreichen Schlacht von Corinth im Oktober 1862. Halleck hatte ihm freie Hand gegeben und auch die politischen Avancen von General John McClernand abgewehrt, eines Politikers, der mit Hilfe seiner Parteifreunde geplant hatte, Grant sein Kommando zu entziehen. Stattdessen bekam Grant zwei neue Korps: eines vertraute er William T. Sherman an, das andere McClernand, der sich zwar bitter bei Lincoln darüber beschwerte, der aber weiterhin auf Grant vertraute.

Grant konzentrierte Anfang Dezember 1862 36.000 Mann in Grand Junction, Tennessee, und wollte von hier entlang der Mississippi Railroad an der Ostseite des Mississippi nach Süden vorstoßen, die Geleise wieder instand setzen und als Nachschublinie verwenden. Sein Ziel war Jackson, Mississippi, etwa 50 Meilen östlich von Vicksburg gelegen. Von hier aus wollte er nach einer Phase der Konzentration seinen Angriff gegen die Stadt am Mississippi vortragen. In Jackson stand John C. Pemberton, der Earl Van Dorn im Süden als kommandierenden General ersetzt hatte. Van Dorn besetzte weiter nördlich Holly Springs. Da er aber sah, dass die Stadt kaum zu verteidigen war, zog er sich weiter in den Süden zurück und baute eine neue Verteidigungsstellung entlang des Tallahachie River an Furten und Brücken auf. Grant war es zu riskant, Van Dorn direkt anzugreifen. Er er ließ 7.000 Soldaten den Mississippi mit Schiffen herabkommen und landete sie im Rücken von Van Dorn in Friars Point, während er gleichzeitig am Tallahachie aufmarschierte. Van Dorn sah, dass er ausmanövriert war, zog sich weiter in den Süden hinter den Yalobusha River zurück und gruppierte seine Truppen um die Stadt Grenada.

Grant war damit bis auf 200 Meilen an Vicksburg herangekommen und teilte seine Truppen: vier Divisionen unter McClernand und Sherman wurden eingeschifft, sollten den Mississippi hinabfahren und die Höhen um Vicksburg besetzen, während Grant sich mit seinen Truppen von Norden her über Jackson näherte. Damit wollte Grant Vicksburg von zwei Seiten bedrohen.

Diesmal kamen ihm die Konföderierten zuvor. Bragg, der in Tennessee in Murfreesboro stand, erfuhr von Grants Vormarsch und – obwohl selbst von Rosecrans bedroht – gab er Truppen an Pemberton ab und setzte Nathan Bedford Forrests Kavallerie auf Grants wichtigste Nachschublinie, die Mississippi Railroad, an. Bragg musste dafür bei der Schlacht am Stony River büßen, aber Vicksburg war der wichtigere Punkt der Konföderation und ihr verwundbarster. Forrest zerstörte erfolgreich Eisenbahnschienen, Depots, Züge und Waggons. Gleichzeitig entwischte Van Dorn mit seiner kleinen Truppe von 5.000 Mann Grant in Grenada, schlug östlich einen Bogen um die Armee der Union und zerstörte deren wichtigstes Nachschubdepot in Holly Springs.

Grant hatte keine Wahl mehr, seine Nachschublinie unterbrochen, sein wichtigstes Depot geplündert und in Flammen und durch die Jahreszeit keine Möglichkeit für seine Armee, vom Lande zu leben, musste er am 21. Dezember 1862 die Entscheidung zum Rückzug treffen.

Inzwischen erfuhr Pemberton, dass Sherman und seine vier Divisionen per Schiff nach Vicksburg unterwegs und bereits nördlich der Stadt bei Yazoo River gelandet waren. Pemberton verließ mit seinen Truppen Jackson und stellte sich Sherman bei Chicksaw Bayou am 29. Dezember 1862 mit 14.000 Mann, die in einer Höhenstellung eingegraben waren, entgegen, und konnte Shermans 30.000 Mann zu den Schiffen zurücktreiben.

Sherman, der noch nichts von Grants Rückzug wusste, gab den Versuch auf, Vicksburg zu erreichen, schiffte seine Truppen ein und kehrte nach Memphis zurück. Auf dem Rückweg sandte er die Divisionen von McClernand den Arkansas River hinauf; dieser nahm in einem kurzen Gefecht Arkansas Post und sicherte so Grants westliche Flanke. »Ich kam nach Vicksburg wie ausgemacht, ich landete, griff an und wurde geschlagen«, sandte Sherman einen Feldzugsbericht an Grant in Anlehnung an Julius Cäsar. Grants erster Versuch, Vicksburg zu erreichen, war gescheitert.

D. DAS JAHR 1863

1. VICKSBURG:
GRANTS ZWEITER ANGRIFF

Grant, und das zeichnete ihn gegenüber allen anderen Kommandeuren der Union aus, hätte sich zurückziehen und in Washington um Verstärkung und Nachschub betteln können, er blieb aber weiter in der Offensive. Er sah, dass der Misserfolg seiner ersten Kampagne zum größten Teil darauf beruhte, dass seine Nachschublinien über Land der verwundbarste Teil seines Angriffes waren. Konnte er den Nachschub sichern, dann konnte er Vicksburg erfolgreich angreifen.

Bereits Mitte Januar 1863 brach er wieder von Memphis auf und erreichte nach zwei Wochen Millikens Bend, eine kleine Stadt an der Westseite des Mississippi, etwa 30 Meilen nördlich von Vicksburg. Er hatte bei dieser Kampagne nur ein Ziel vor Augen: Er musste Vicksburg passieren oder umgehen und einen Brückenkopf südlich davon am Ostufer des Mississippi schaffen. Von dort aus konnte er Jackson und Vicksburg angreifen und gleichzeitig über eine sichere Nachschublinie über den von den Ironclads der Union beherrschten Mississippi verfügen.

Zunächst versuchte Grant, in mehreren Anläufen Vicksburg zu umgehen, da die Kanonen der Stadt den Mississippi beherrschten. Die Pioniere und Truppen von Shermans Corps versuchten die De-Soto-Halbinsel, die sich direkt vor Vicksburg befand und an drei Seiten vom Mississippi umflossen war, an der Basis mit einem Kanal durchzuschneiden, scheiterten aber am Hochwasser. Weiter stromaufwärts versuchte das Ingenieurcorps von McPherson, eine Verbindung vom Mississippi zum Lake Providence zu graben; auch hier scheiterten die Versuche.

Grant war aber weit davon entfernt aufzugeben. Obwohl er

zwei Monate mit fehlgeschlagenen Unternehmungen verloren hatte, startete er den nächsten Versuch. Von Vicksburg nach Norden erstreckte sich über fast 400 Meilen das Marsch- und Sumpfland des Yazoo Rivers, der mit einigen Hauptarmen südlich von Vicksburg in den Mississippi mündete. Wenn es Grants Ironclads gelang, nördlich von Vicksburg einen Weg zum Yazoo zu finden und das Delta zu erreichen, dann wäre eine Route zur Umgehung von Vicksburg offen.

Mit Tonnen von Sprengstoff bahnten Grants Ingenieure 325 Meilen flussaufwärts von Vicksburg einen Kanal, der über den Yazoo-Pass führte und in den Coldwater, einen Zufluss des Yazoo, mündete. Der Weg nach Süden schien offen zu sein. Pemberton aber hatte von diesen Plänen erfahren und befestigte einen Höhenrücken zwischen dem Yazoo und dem Tallahachie mit einem Fort, das er Fort Pemberton benannte. Als am 10. März 1863 zwei Ironclads und Transportschiffe der Union versuchten, diesen Wasserweg zu passieren, wurden sie von den Kanonen des Forts blutig zurückgewiesen.

Den nächsten Versuch startete David Dixon Porter, der Flottenchef Grants, der versuchte, einen Weg vom Mississippi oberhalb von Vicksburg durch die Sümpfe des Steeles Bayou zum Yazoo zu finden. Seine Schiffe, die sich langsam durch die flachen Gewässer schoben, kamen aber unter Beschuss durch eine konföderierte Division bei Rolling Fork und mussten von Shermans Truppen herausgehauen werden.

Es war Ende März und Grant war nach zwei Monaten noch immer nicht von der Stelle gekommen. Die Zeitungen im Osten begannen an seinen Führungsqualitäten zu zweifeln und brachten wieder die Geschichte, dass er ein Trunkenbold sei und manchmal völlig betrunken seine Pflichten vernachlässige. Grant scheint in dieser Zeit tatsächlich der Verzweiflung nahe gewesen zu sein; er wollte Ergebnisse liefern, arbeitete unablässig, um Vicksburg zu erreichen, scheiterte aber mehr an der Landesnatur als an seinem Können oder dem Willen seiner Untergebenen. Vielleicht trank er zu viel, aber Lincoln hielt unbeirrt an dem General fest, *»der wenigstens kämpft und siegt«*. Er meinte, Grant solle ihm seine Whiskymarke nennen, damit er sie anderen Generälen schenken könne. Allerdings bat Lincoln auch Grants Frau Julia, nach Millikens Bend zu Grant zu kommen, worauf Grant seine Eide zur Nüchternheit wieder einhielt, da er sich seines Trinkens und der Konsequenzen daraus durchaus bewusst war.

Julias Anwesenheit scheint Grant beflügelt zu haben. Anfang April brachte er einen neuen Angriffsplan vor. Grant glaubte, dass seine Armee im Frühjahr und Sommer vom Land leben konnte und war bereit, seine Nachschublinien von der Konföderation kappen zu lassen, wenn es ihm den Sieg brachte. Sherman war gegen den Vorschlag, plädierte für Rückzug und einen neuen Anlauf über Land östlich des Mississippi. Grant war sich aber bewusst, dass die Union und auch er selbst endlich wieder Siege brauchten und war dafür bereit, seine Armee zu riskieren.

Dafür plante er drei Ablenkungsmanöver. Während im Norden von Vicksburg die Division von Frederick Steele konföderierte Nachschubdepots in Greenville angriff, etwas südlich davon Sherman gegen Snyders Bluff vorging und die Unionskavallerie unter dem ehemaligen Musiklehrer Benjamin H. Grierson einen Vorstoß entlang des Mississippi bis nach Baton Rouge unternahm, die zwischen Vicksburg und Baton Rouge stehenden konföderierten Kräfte band und die Nachschubwege und Kommunikation der Rebellen nach Vicksburg zerstörte, schlüpften Porters Ironclads in den Nächten des 16. und 22. April an den Batterien von Vicksburg vorbei. Sie trafen sich mit McPherson, Sherman und McClernand, die Vicksburg am Westufer des Mississippi umgangen hatten, südlich davon am Westufer des Mississippi bei Hard Times Lodge.

Am 30. April setzte Grant seine Truppen unter dem Schutz von Porters Flotte bei Bruinsburg, 100 Meilen südlich von Vicksburg, über den Mississippi. Zwar trat ihm am Ostufer der konföderierte Brigadiergeneral John S. Bowen entgegen, konnte aber den Angriff nur wenige Stunden aufhalten.

Am 1. Mai 1863, dem Tag, als Hooker von Lee in Chancellorsville geschlagen wurde, besetzte Grant die kleine Stadt Port Gibson an der Ostseite des Mississippi. Er hatte sich nach fünf Monaten Kampf, Plackerei, Sumpffieber, Cholera und Moskitos in den Sümpfen des Mississippi seinen Brückenkopf am Ostufer gesichert und plante von hier aus die Attacke auf Vicksburg.

2. Hookers Aufmarsch in Chancellorsville

Joe Hooker war der fünfte General, der Lincoln seinen begehrten Preis, Richmond, die Hauptstadt des Südens, vor die Füße legen sollte.

Hooker stammte aus einer alteingesessenen, aber verarmten Familie aus Massachusetts, die froh war, ihn wegen der kostenlosen Erziehung nach West Point schicken zu können.

Er galt dort als der hübscheste Kadett. Nach seinem Abschluss 1837 diente er in den Seminolen-Kriegen, im Timber-Krieg an der kanadischen Grenze und in Mexiko. Danach wurde er nach Kalifornien versetzt, wo er sich aber dem Spiel und dem Alkohol hingab. Er verließ die Armee, um Weinbauer und Politiker zu werden, was in Fehlschlägen endete.

Nach Ausbruch des Krieges eilte er nach Washington, bekam aber keine Kommission, bis sich Lincolns selbst für ihn einsetzte und zum Brigadegeneral ernannte. In der Halbinsel-Kampagne agierte er mit Entschlossenheit und Umsicht und erhielt als Major General eine Division. Man gab ihm auf Grund des Irrtums einer New Yorker Zeitung den Beinamen »Fighting« Joe Hooker.

Hooker wurde schnell mit einfachen Maßnahmen populär unter seinen Soldaten. Er fügte zu den Mahlzeiten, die zumeist nur aus Zwieback und Fleisch bestanden, frisches Gemüse und Früchte hinzu, ließ die Camps aufräumen und ein Latrinensystem installieren, führte eine Urlaubsregelung ein und sorgte für die Gesundheit der Soldaten. Sein größter Coup war aber, dass er nur eine Woche, nachdem er das Kommando übernommen hatte, den Soldaten allen ausstehenden Sold auszahlen ließ. Um den einzelnen Korps eine eigene Identität zu geben, entwarf er neue Schulterstreifen, genannt »Kearny Patch«. Auf den Kappen der Soldaten wurden Insignien in weiß, blau und rot angebracht, um die einzelnen Divisionen zu kennzeichnen.

An dem Tag, als er das Kommando über die Potomac-Armee übernahm, schwor er, mit dem Trinken aufzuhören. Was ihm aber blieb, war sein schlechter Ruf als Trinker und Freund von jungen Damen zweifelhaften Rufes. Der Kavallerieoffizier Charles Francis Adams beschrieb sein Hauptquartier als einen Platz »... *an den kein Mann mit etwas Selbstrespekt freiwillig gehen würde, ein Mittelding zwischen Bar und Bordell*«. Bis heute hält sich die Legende, dass »Hooker«, der amerikanische Slangausdruck für Prostituierte wie auch für einen Schuss Whiskey, von Joe Hooker abgeleitet wird, obwohl sich das Wort bereits ab 1845 in diesen Verwendungen in Amerika nachweisen lässt.

Unmittelbar nach der Übernahme des Kommandos begann Hooker, einen Schlachtplan auszuarbeiten, der Lees Virginia-Armee vernichten und der Union den Weg nach Richmond öffnen sollte. Er hatte erkannt, dass Lee immer dann in Hochform war, wenn er in der Defensive kämpfen konnte und gedachte daher den graubärtigen »Marse Robert« in eine Situation zu manövrieren, in der die Konföderierten offensiv, die Unionstruppen dagegen defensiv kämpfen konnten. Sein Plan sah vor, über den Rappahannock zu gehen, die Armee zwischen Lee und Richmond zu schieben, sich dann zu verschanzen und Lee angreifen zu lassen.

Longstreet befand sich mit seinem Korps weit entfernt in Suffolk südlich von Richmond. Lee stand inzwischen mit 60.000 Mann in der Umgebung von Fredericksburg in Befestigungen, die er im Winter in einer Länge von 25 Meilen bis nach Port Royal und Banks Ford ausgebaut hatte. Hier anzugreifen, hätte für Hooker bedeutet, dasselbe Schicksal zu erleiden wie Burnside, und er dachte nicht daran, diesen Fehler zu wiederholen.

Hooker hatte erstmals für die Union eine gut ausgebildete und ausgerüstete Kavallerietruppe aufgestellt. Man könnte sagen, dass er der eigentliche Vater der Unionskavallerie ist. Bis dahin hatte sich die konföderierte Kavallerie, deren Mitglieder aus dem ländlichen Süden stammten und von Kindesbeinen auf mit Pferden vertraut waren, der Kavallerie des Nordens stets bei weitem überlegen gezeigt. Hooker kaufte starke Pferde, vereinheitlichte die Ausrüstung und trainierte seine Reiter, bis er 11.500 Kavalleristen ins Feld stellen konnte. Mit dieser Truppe gedachte er den ersten Schlag zu führen.

Im Gegensatz dazu hatten eine Futterknappheit und der

Mangel an Pferden die konföderierte Kavallerie in den Winter- und Frühjahrsmonaten des Jahres 1863 stark dezimiert. Dies machte sich erstmals bemerkbar bei einem Kavallerievorstoß von Unionsgeneral William Wood Averell, der den Rappahannock nordöstlich von Fredericksburg bei Kellys Ford überschritt, dabei auf konföderierte Kavallerie stieß und sie in die Flucht schlagen konnte. Zwar vermochte die Kavallerie der Union diesen Erfolg unter George Stoneman nicht auszubauen, da durch zwei Wochen Regen die Flüsse anschwollen und er nicht weiter vorstoßen konnte, allerdings brachte die Nachricht der unverteidigten Kellys Ford Hooker auf eine neue strategische Idee.

Da die beiden Fredricksburg nächstgelegenen Furten am Rappahannock, Banks Ford und U.S. Ford, von starken Kräften der Rebellen geschützt waren, fasste er einen verwegenen Plan. Er würde, wie es Lee schon bei mehreren Gelegenheiten zuvor getan hatte, sein Heer teilen. Ein Teil würde bei Fredericksburg über den Rappahannock setzen, die Marye's Heights bedrohen und so starke Kräfte Lees binden. Der zweite Teil würde den Rappahannock nördlich von Fredericksburg bei Kellys Ford überschreiten, dann bei Germana Ford den Rapidan River queren und einen schnellen Vorstoß durch ein Waldgebiet vornehmen, das wegen seiner wilden Natur »Wilderness« genannt wurde. Hatte man Chancellorsville erreicht, würde man die Armee im Rücken Lees in befestigten Stellungen verschanzen. Lee würde dadurch U.S. Ford und Banks Ford aufgeben müssen, durch die dann weitere Unionskorps von Norden herangeführt werden konnten. Lees Armee würde plötzlich zwischen zwei Unionsarmeen stehen, die ihn von beiden Seiten bedrohten, wobei ihm George Stonemann mit seiner Kavallerie den Rückzug nach Richmond verlegen sollte.

Obwohl er Bedenken hatte, sein Heer zu teilen, wurde der Aufmarschplan so umgesetzt, hatte doch jedes der beiden Unionsheere mehr Soldaten als Lees gesamte Armee, die nach dem harten Winter durch Krankheit und Desertation stark dezimiert war.

Der Aufmarsch Hookers funktionierte nach Plan. Am 26. April überschritten die Korps von Reynolds und Sedgwick auf Pontonbrücken den Rappahannock bei Fredericksburg und gingen südlich davon in Stellung. Am 29. April überquerte ein Teil der Unionsarmee Kellys Ford, rückte durch die Wilderness bis nach Chancellorsville vor und zwang die Konföderierten, die Furten am Rappahannock aufzugeben, über die am 30. April der Rest der Armee nachrückte. Hooker bezog eine gut ausgebaute und befestigte Stellung, die sich in einem weiten Bogen um Chancellorsville mit der Front nach Süden erstreckte; die linke Flanke war sicher am Rappahannock verankert, die rechte endete in der Wilderness. Lee saß nach Hookers Ansicht in der Falle. In seinem Rücken standen vier Unionskorps mit 80.000 Mann, vor sich hatte er 60.000 Mann in Fredericksburg und Stonemann bedrohte mit 10.000 Mann seine Nachschub und seinen Fluchtweg.

Daher ließ Hooker am Abend des 30. April einen Tagesbefehl an seine Soldaten verlesen, in dem es hieß: »*Der kommandierende General stellt mit Zufriedenheit fest, dass die Maßnahmen dieser Armee in den letzten drei Tagen es dazu gebracht haben, dass unser Feind nun entweder fliehen oder hinter seinen Festungen hervorkommen muss, um uns eine Schlacht zu liefern, deren Ort wir bestimmt haben und wo ihn die sichere Niederlage erwartet*«

3. Chancellorsville

Lee hatte sich zunächst von Hookers Aufmarsch täuschen lassen. Erst am 29. April erfuhr er durch Jeb Stuart, dass Unionstruppen Kellys Ford überschritten hatten und auf Chancellorsville vormarschierten. Lee erkannte, dass die Unionstruppen versuchten, ihm in den Rücken zu fallen. Er hatte keine Vorstellung, wie stark diese Truppen waren, konnte aber diese Bedrohung nicht ignorieren.

Lee konzentrierte seine Truppen, er rief Jeb Stuarts Kavallerie zurück und forderte Longstreet auf, so rasch wie möglich vorzurücken und ihm zu Hilfe zu kommen. Dann befahl er Richard Anderson, sich dem Feind in Chancellorsville entgegenzustellen. Dieser marschierte vorwärts und sah, dass seine zwei Brigaden die Massen an Unionssoldaten nicht würden aufhalten können. Alles, was er tun konnte, war, ihren Vormarsch bis zum Anbruch der Nacht zu verzögern.

Der Morgen des 30. April zeigte Lee, dass die Union weitere

Pontonbrücken über den Rappahannock nach Fredericksburg geschlagen hatten und südlich davon Truppen massierten. Es schien ihm aber, dass diese sich eher zur Verteidigung einrichteten als zum Angriff. Gleichzeitig erfuhr er, dass Hooker mit dem Großteil der Unionstruppen in Chancellorsville stand und hatte zu entscheiden, gegen welche Seite er sich mit seiner Hauptmacht wenden würde. Lee entschied, es selbst mit Hooker in Chancellorsville aufzunehmen. Auf den Höhen um Fredericksburg ließ er nur eine Division unter Heth zurück, die ihre Befestigungen weiter ausbaute.

Der Vormarsch der Union hatte am 30. April einige Brigaden und Divisionen bis elf Uhr Mittag durch die Wilderness und über Chancellorsville hinaus geführt. Der Widerstand der Rebellen war gering und es sah so aus, als ob man bei einem energischen Vorstoß Lee überraschen und ihm in den Rücken fallen könnte. Hooker machte nun den ersten einer ganzen Reihe verhängnisvoller Fehler: er ließ seine hoch motivierten Truppen den Vormarsch abbrechen und befahl ihnen, sich in die Stellungen um Chancellorsville zurückzuziehen und dort zu bleiben bis Lee angriff. Damit hatte er den wichtigsten taktischen Grundsatz verletzt, dass man niemals dem Feind die Initiative überlassen sollte. Warum er es tat, bleibt ein Rätsel. Vielleicht weil er glaubte, er habe Lee genau dort, wo er ihn haben wollte, ohne aber darüber nachzudenken, dass Lee sicher nicht das tun würde, was sich Hooker für ihn ausgedacht hatte.

Vielleicht war es auch der Respekt vor Lee und die Angst vor einem weiteren offensiven Kampf, wie ihn Pope und Burnside ein halbes Jahr zuvor verloren hatten. Hooker hatte sich für eine defensive Schlacht entschieden und war nicht flexibel genug, um zu sehen, dass er auch offensiv die besseren Chancen hatte, um Lee zu schlagen, der sich zu diesem Zeitpunkt in einer schlechten strategischen Lage befand.

Es war Jeb Stuart, der Lee auf die entscheidende Idee brachte, wie er der drohenden Niederlage gegen einen zahlenmäßig weit überlegenen Feind entgehen und seine schlechte Position noch in einen Sieg wenden könne. Hooker hatte seine rechte Flanke in der Wilderness enden lassen und glaubte, hier in diesem Gewirr gestürzter Bäume und Wasserläufe eine sichere rechte Flanke zu haben. Daher hatte er die unerfahrensten

Truppen, hauptsächlich frische deutsche Brigaden, befehligt von dem von diesen ungeliebten General Oliver O. Howard, dorthin gestellt.

Lee und Jackson erkannten das Potential dieses Fehlers. Wenn es ihnen gelang, unbemerkt um Hookers rechte Flanke herumzukommen, dann konnten sie seine ganze Armee von der Seite her aufrollen. Riskant war dabei, dass Lee im Angesicht eines weit überlegenen Feindes seine Armee ein weiteres Mal teilen musste. Lee schätzte Hookers Taktik einer defensiven Schlacht aber richtig ein und beschloss, selbst mit zwei Korps vor Hooker stehen zu bleiben, während er den Großteil seiner Truppen unter Jackson und Jeb Stuart in einem weiten Bogen südlich um die rechte Flanke Hookers durch die Wilderness marschieren lassen würde.

Am Morgen des 2. Mai brach Jackson mit seinen Soldaten auf. Es würde ein Marsch von zehn Meilen werden und er konnte nur hoffen, dass Lee mit den ihm verbleibenden 15.000 Mann so lange die Stellungen vor Hooker halten konnte, bis er in Position war.

Hooker erfuhr bereits um neun Uhr, dass bei den Rebellen große Truppenteile mit Wagen und Kanonen auf dem Marsch waren. Ihm war klar, Lee war dabei, die Flucht zu ergreifen. Er warnte Howard auf seiner rechten Flanke, dass die Rebellenarmee in Kürze in seine Nähe kommen werde, informierte ihn aber zugleich, dass diese aber abmarschiere und so keine Gefahr eines Angriffs bestehe. Howard antwortete, dass er Vorkehrungen treffen werde, die aber, wie sich später herausstellte, darin bestanden, dass er eine einzige Batterie zusätzlich aufstellen ließ. Gleichzeitig befahl Hooker Sedgwick in Fredericksburg, am 2. Mai Heth anzugreifen, wenn er eine Chance auf Erfolg sehe. Er selbst bereitete sich darauf vor, am nächsten Tag mit den Unionstruppen aufzubrechen, um Lee bis nach Richmond zu verfolgen.

In der Zwischenzeit hatte Jackson es immer eiliger, seine Männer anzutreiben, da er fürchten musste, entdeckt zu werden und die rechte Flanke Hookers bei zu wenig verbleibendem Tageslicht zu erreichen. Er konnte seine Männer erst um fünf Uhr am Nachmittag in Position bringen und gab unmittelbar darauf den Befehl zum Angriff.

Die Attacke überraschte die rechte Flanke Hookers völlig.

3. Chancellorsville

Die Männer Howards hatten zwar Befestigungen gegen Süden
gebaut, saßen nun aber zufrieden vor ihren Zelten, rauchten,
aßen und spielten Karten, als eine johlende Horde von Rebellen aus dem Wald brach und über sie herfiel. Das Chaos
auf Seiten der Union war in Sekunden komplett, immer mehr
Männer ergaben sich oder rannten davon, ohne ihre Gewehre
zu ergreifen. Ab und zu gelang es einem Offizier, einige Linien
zu formieren, die aber schnell überrannt wurden. Die ganze
rechte Flanke Hookers verschwand innerhalb von Minuten
unter dem Ansturm der konföderierten Soldaten.

Joe Hooker wusste von alldem noch nichts. Noch eine Stunde, nachdem Jackson mit seinem Angriff begonnen hatte, saß
er auf der Veranda seines Hauptquartiers in Chancellorsville.
Als er Kampfeslärm im Westen hörte, glaubte er, dass einer
seiner Generäle seine Linien gegen die Rebellen begradigte,
bis plötzlich panische Unionssoldaten auftauchten und in
Richtung Rappahannock rannten. Hooker schwang sich in den
Sattel, stellte sich mit einer Division den Fliehenden entgegen
und konnte sie am Westrand von Chancellorsville zum Stehen bringen, wo die konföderierten Soldaten aus Erschöpfung
und weil es inzwischen Dunkel geworden war, die Verfolgung
abbrachen. Die Hälfte von Hookers Front hatte sich aufgelöst
und dabei hatte nur ein Teil der konföderierten Armee angegriffen; weitere Korps warteten auf den nächsten Angriff. Hooker hatte nun seine defensive Schlacht, allerdings anders als er
sie geplant hatte.

Um 9.30 abends ritt Jackson mit A.P. Hill die Unionslinien
ab, um eine Lücke für einen Angriff am nächsten Tag zu finden, als sie plötzlich unter Feuer der eigenen Soldaten kamen.
Jackson wurde in die Hand und den Arm getroffen, A.P. Hill in
beide Beine. Man brachte Jackson in das konföderierte Lazarett
bei der Wilderness Tavern, wo ihm sein Leibarzt Dr. Hunter
McGuire den linken Arm amputierte. Der kühne Vorstoß der
Konföderation war nun in Gefahr, auch wenn Jackson noch
vor der Operation das Kommando über den Angriff Jeb Stuart
übergeben konnte.

Der Morgen des 3. Mai zeigte, dass die Konföderierten nach
wie vor die Initiative besaßen. Hookers Truppen war in einer
V-förmigen Stellung um Chancellorsville zusammengepresst,
deren Spitze nach Süden zeigte und deren Basis der Rappa-

121

hannock bildete. Nur Sykes Korps stand noch außerhalb dieser
Stellung und beherrschte den Hügel von Hazelnut Grove, der
unterhalb der Spitze des »V« lag und auf die konföderierten
Stellungen hinabsah. Solange die Union diesen Hügel hielt,
konnte Jeb Stuart nicht weiter von Westen her vorstoßen und
auch Lee im Osten lag im Feuer der Unionsbatterien.

Hooker beging seinen nächsten großen Fehler. Aus Furcht,
zu wenig Truppen in seiner Stellung zu haben, zwang er Sykes,
den Hügel von Hazelnut Grove aufzugeben. Jeb Stuart erkannte den strategischen Wert des Hügels, brachte darauf Batterien
in Stellung und begann von dort aus, Salve um Salve in die
Unionsstellungen in Chancellorsville zu feuern. Zahlreiche
Soldaten fielen und auch Hooker wurde verletzt. Immer mehr
Soldaten in Blau verließen die Linien, ganze Einheiten flohen
geschlossen in Richtung Fluss, die Unionsarmee in Chancellorsville geriet in Gefahr sich aufzulösen.

Lee sammelte am frühen Nachmittag nochmals seine Truppen, um mit Jeb Stuart zum entscheidenden Angriff überzuge-
hen. Er wollte dieses Mal die Potomac-Armee der Union endgültig vernichten und als Bedrohung für Virginia ausschalten,
eventuell plante er auch, nach einem überzeugenden Sieg gegen Washington vorzurücken.

In diesem Moment erreichte ihn die Nachricht, die all seine
Pläne zunichte machte. Sedgwick und Reynolds hatten endlich
in Fredericksburg angegriffen und dabei die konföderierten
Stellungen in Marye's Heigths, die noch Monate zuvor Tausende von Unionssoldaten das Leben gekostet hatten, mit einem
Bajonettangriff durchbrochen und marschierten von Süden
auf Chancellorsville zu. Lee teilte abermals seine Truppen und
brachte Sedgwick zum Stehen, ehe die Nacht die Schlacht beendete.

Am Morgen des 4. Mai ließ Lee Jeb Stuart mit 25.000 Mann
weiterhin Hookers Stellungen belagern, während er sich gegen Sedgwick wandte. Zahlreiche Verspätungen beim Aufmarsch auf beiden Seiten führten dazu, dass sich die Armeen
erst am späten Nachmittag bei Salem Church auf halbem Weg
von Chancellorsville nach Fredericksburg trafen, die Schlacht
aber bald wegen der Dunkelheit unentschieden abgebrochen
werden musste. Sedgwick, der inzwischen erfahren hatte, dass
Hooker in Chancellorsville festsaß und ihm nicht entgegen

kommen konnte, löste sich des Nachts vom Feind und überquerte den Rappahannock.

Gibbon, der die Unionstruppen in Fredericksburg kommandierte, sah, dass sich hier neue konföderierte Kräfte aufbauten und zog sich ebenfalls zurück. Am Morgen des 5. Mai
stand nur noch Hooker mit seinen 80.000 Mann südlich des
Rappahannock. Hooker konnte noch immer die Schlacht gewinnen. Er war Lee an Soldaten doppelt überlegen, aber seine
Moral und Kampfeslust waren gebrochen.

Lee legte am 5. Mai einen Tag Pause ein. Seine Truppen waren erschöpft und mussten versorgt werden. In der Nacht vom
5. auf den 6. Mai rief Hooker seine Generäle zusammen und
ließ sie über Rückzug oder Angriff abstimmen. Man entschied
sich für den Rückzug und am Morgen des 6. Mai, Lee wollte
eben zum Angriff blasen lassen, räumte die Unionsarmee
Chancellorsville mit Verlusten von 17.000 Mann, denen 13.000
Mann an Verlusten Lees gegenüberstanden.

Chancellorsville gilt als Lees größter Sieg und bis heute
als taktische Meisterleistung. Er hatte in fünf Tagen mit einer
zahlenmäßig weit unterlegen Armee einen Feind geschlagen,
der alle Vorteile auf seiner Seite hatte, dennoch war Hooker
ausmanövriert worden. Nur der Umstand, dass es eine zweite
Front in Fredericksburg gab und Lees Kräfte erschöpft waren,
verhinderte die völlige Vernichtung der Potomac-Armee.

Dennoch war es ein Pyrrhussieg für die Konföderation. Die
Union konnte sich diese Verluste leisten und ihre Ränge wieder auffüllen, die Konföderation litt immer stärkeren Mangel
an Menschen und Material. Am schwersten wog aber, dass
Jackson acht Tage nach seiner Verwundung gestorben war.
Zunächst hatte es ausgesehen, als ob er die Amputation gut
überstanden hätte, dann kam eine Lungenentzündung hinzu
und am Abend des 10. Mai starb er in den Armen seiner Frau
Anna. Lee hatte seinen fähigsten General verloren.

Chancellorsville gilt bis heute als beispielhafte Schlacht und
wird an vielen Kriegsschulen gelehrt. Beide Generäle hatten
Großartiges geleistet, Hookers Aufmarsch gilt als Muster für
ein Flankenmanöver, Lees taktischer Mut als Vorbild, wie man
einem überlegenen Feind die Initiative abnimmt und trotz eigener Unterlegenheit an Menschen und Material zum Rückzug zwingt. Die Konsequenzen aus dieser Schlacht sollten den

Krieg entscheiden, Lee und Davies wollten nun nochmals die Invasion des Nordens versuchen, um die Union zum Frieden zu zwingen. »Alles oder Nichts«, hieß die Devise für den Süden.

4. Politik in Nord und Süd

Im Norden hatten Hookers Versprechungen bereits zu verfrühten Siegesfeiern geführt. Um so größer war der Schock, als die Gefallenenlisten und der Ausgang der Schlacht von Chancellorsville bekannt wurden. Auch Lincoln war tief schockiert. Seit Beginn des Jahres 1863 hatte er mit Ausnahme des Vormarsches von Grant gegen Vicksburg nur Niederlagen erlebt.

Begonnen hatte es mit dem Versuch, im April 1863 Charleston zu nehmen. Charleston war ein wichtiger konföderierter Hafen, besaß aber eine weit größere symbolische Bedeutung, da hier die Rebellion mit dem Fall von Fort Sumter begonnen hatte. Fiel Charleston an die Union, war dies ein Zeichen, dass sich die Zeit der Konföderation dem Ende zuneigte.

Die Aufgabe, Charleston zu nehmen, fiel an die US-Navy und an Samuel Francis Du Pont, Kommandant der Blockadeflotte im südlichen Atlantik. Ihm gegenüber stand P.T. Beauregard, der wieder das Kommando über Charleston übernommen hatte.

Du Pont hatte ernste Zweifel daran, dass er allein mit seinen Kriegsschiffen, Ironclads und Monitoren den Hafen und seine Forts unterwerfen könnte. Sein Angriff am 7. April gab ihm darin recht. Du Pont dampfte mit seiner Flotte in den Hafen und begann, die Forts zu beschießen, die das Feuer erwiderten und bis zum Abend die Schiffe der Union unter dem Verlust von fünf Monitoren vertrieben hatten, wobei ein Teil der Verluste dem Einsatz von Seeminen zu verdanken war, die erstmals in großem Umfang angewandt und als Torpedos bezeichnet wurden.

Charleston und Chancellorsville brachten die Moral des Nordens auf einen Tiefpunkt und auch Lincoln war nicht mehr von der Kritik ausgenommen. Ein Besucher in Washington bemerkte, »... *Mangel an Respekt für den Präsidenten zeigt sich in allen Parteien ... würde man heute in der republikanischen Partei einen Nominierungskongress abhalten, Lincoln würde keine einzige Stimme bekommen.*« In diesem depressiven Klima bekam der Anti-Kriegs-Flügel der Nord-Demokraten, die sich selbst Friedensdemokraten nannten und bei den Republikanern »Copperheads« hießen, weil sie einen aus einem Kupferpenny geschnittenen Indianerkopf am Revers trugen, starken Aufwind. In öffentlichen Versammlungen und Konventen riefen sie nach dem Ende des Krieges, dem Abschluss eines Friedens und die Anerkennung der Konföderation. Besonders in Illinois und Indiana, die bei den Kongresswahlen im Herbst 1862 an die Demokraten gefallen waren, wollte man, dass dieser »unheilvolle, unmenschliche und unheilige« Krieg endlich beendet wurde. Außerdem verlangte man die Rücknahme der Sklavenemanzipation und drohte, die Soldaten der beiden Staaten vom Feld zurückzuziehen, was aber von deren republikanischen Gouverneuren verhindert wurde.

In Ohio bereitete sich der Friedensdemokrat Clement L. Vallandigham darauf vor, für das Amt des Gouverneurs zu kandidieren. Er führte seine Wahlkampagne im Winter und Frühjahr 1863 mit der Frage: »*Was hat uns dieser Krieg gebracht, lasst dies die Toten von Fredericksburg und Vicksburg beantworten*«. Nach seiner Meinung konnte die Konföderation nicht erobert werden, die einzige Lösung des Konfliktes wäre ein Ende der Kämpfe, die Ausrufung eines Waffenstillstandes und der Rückzug der Unionsarmee aus den Staaten der Sezession. Und man solle den Versuch aufgeben, die Sklaven zu befreien, da dies gegen die Verfassung sei. »*Ich sehe mehr Barbarentum und Sünde*«, sagte Vallandigham, »*in der Verfolgung der Ziele dieses Krieges und in der Versklavung der weißen Rasse durch Steuern und Schulden als in der Sklaverei*«.

Diese Ansichten hatten im Norden starken Einfluss auf die Moral der Zivilbevölkerung und fanden auch bei den Truppen Gehör, bei denen die Zahl der Desertionen zu steigen begann. Im Mai 1863 reagierte Ambros Burnside, kommandierender General der Ohio-Armee darauf, ließ Vallandigham verhaften und vor ein Kriegsgericht stellen, das diesen des Verrats und der Unterstützung des Feindes für schuldig sprach. »*Wie kann ich einen Soldaten erschießen lassen, der desertiert*«, fragte Burnside, »*während der, der ihn dazu anstiftet, frei herumläuft*«.

125

Die Handlungsweise Burnsides führte zu einer ernsten Diskussion über die verfassungsmäßigen Rechte der Bürger der Union in Kriegszeiten. War die Verurteilung eine Verletzung des Rechtes auf Redefreiheit, konnte ein Militärgericht einen Zivilisten unter dem Kriegsrecht verurteilen in einem Staat, in dem die zivile Gerichtsbarkeit funktionierte?

Lincoln wurde durch die Verhaftung und Verurteilung Vallandinghams überrascht, die er nur aus den Zeitungen erfahren hatte. Um zu verhindern, dass Vallandigham ein Märtyrer der Copperheads wurde, änderte Lincoln das Urteil von Gefängnis auf Verbannung in die Südstaaten. Vallandigham entkam bald aus dem Süden und ließ sich in Kanada nieder, von wo aus er seine Kampagne um das Amt des Gouverneurs von Ohio fortsetzte.

Der Süden war zwar durch Robert E. Lee siegreich in seinen Schlachten, hatte aber mit wirtschaftlichen Problemen wie der explodierenden Inflation des konföderierten Dollars und einer Lebensmittelknappheit zu kämpfen.

Dies war ein Resultat der verfehlten Wirtschaftspolitik der Konföderation. Um die Inflation zu bekämpfen, bezahlte der Staat den Farmern ihre Produkte unter dem Marktpreis, worauf diese ihre Ernten und Lebensmittel horteten und landwirtschaftliche Flächen nicht mehr bestellten, wodurch die Versorgung der Zivilbevölkerung und der Soldaten stark beeinträchtigt wurde.

Auch die Blockade des Nordens begann ihre Auswirkungen zu zeigen. Ebenso flohen immer mehr Sklaven von den Plantagen in den Norden. Die Union hatte einige der fruchtbarsten landwirtschaftlichen Gebiete des Südens besetzt oder bedrohte sie ständig mit seinen Armeen, wie das Shenandoah-Tal, den Brotkorb des Südens. Die Konföderation versuchte dem entgegenzuwirken, indem sie weite Landstriche im Süden von der Bauwoll- auf Lebensmittelproduktion umstellte. Allerdings war es durch den Krieg nicht mehr möglich, die zivilen Eisenbahnen, Straßen und Brücken im Hinterland in Ordnung zu halten, sodass das System der Verteilung von Lebensmitteln in einigen Gebieten völlig zusammenbrach. Dazu kam, dass in weiten Teilen der Konföderation im Sommer 1862 eine Dürre geherrscht hatte, dadurch Futtermittel fehlten und man zahlreiche Nutztiere schlachten musste, was den Preis für Salz, das

man zur Konservierung von Fleisch brauchte, stark ansteigen
ließ.

Auch Richmond bekam dies zu spüren. Hier hatte sich die
Bevölkerung seit Kriegsbeginn verdoppelt und besonders die
kleinen Arbeiter und Beamten, deren Gehälter der Inflation
kaum angepasst wurden, litten unter der Inflation von 400 %
(gegen 80 % im Norden). Besonders die einfache Bevölkerung,
die selbst keine Sklaven hatte, litt unter den Umständen, was
am 2. April 1863 zu Brotunruhen in Richmond führte, wo
ein aufgebrachter Mob die Geschäfte stürmte und plünderte
und erst mit Hilfe von Militär wieder unter Kontrolle gebracht werden konnte. Daraufhin machte die Regierung ihre
Reserven an Lebensmitteln der Bevölkerung zugänglich und
eine gute Ernte 1863 brachte die Konföderation durch diese
Krise.

In beiden Staaten gab es aber einen gleichen Streitpunkt, die
Frage der allgemeinen Wehrpflicht und der Einziehung zum
Kriegsdienst. Die patriotische Begeisterung der Jahre 1861 und
1862 war nach den hohen Verlusten und der Rückkehr der Ver
wundeten und Versehrten längst dahin, sodass der Süden bereits 1862 die Einberufung einführen musste, die aber vorsah,
dass bestimmte Berufsgruppen und Altersstufen davon ausgenommen waren; Männer über 35 und Aufseher von Plantagen,
die mehr als 20 Sklaven hatten.

Im Oktober 1862 hatte die Konföderation das Einberufungs-
alter auf 45 Jahre heraufsetzen müssen, im März 1863 war die
Union dem Beispiel des Südens gefolgt und verpflichtete alle
Männer von 20 bis 45 zum Kriegsdienst. Nicht alle von diesen
sollten eingezogen werden, Familienväter über 35 waren zumeist davon ausgenommen. Das System funktionierte so, dass
die Bundesregierung den Kongressbezirken eine Quote vor-
gab, die erfüllt werden musste. Meldeten sich nicht genug Freiwillige, dann wurde eine Einberufungslotterie veranstaltet,
um die nötige Anzahl aufzufüllen. Um Protesten der Wähler
zu entgehen, bemühte sich jeder Bezirk, möglichst viele Freiwillige anzuwerben; oft bezahlte man hohe Handgeldsummen
an Freiwillige. Dies führte dazu, dass sich Männer in die Armee einschreiben ließen, das Handgeld kassierten und dann
desertierten, um sich in anderen Bezirken wieder anwerben zu
lassen.

Die Union erlaubte es auch dem Einberufenen, sich einen Ersatzmann zu sichern, der für den Preis von 300 Dollar den Platz des Gemusterten einzunehmen hatte, was aber immer nur für einen Aufruf galt. Somit kam die Frage auf, ob dies nicht »...*der Krieg der Reichen und der Kampf der Armen*« sei, weil die Mittellosen kaum die Möglichkeit hatten, sich von der Einberufung freizukaufen. Das Rekrutierungssystem führte auch zum Einsatz von Mittelsmännern, denen oft hohe Summen bezahlt wurden, um einen Ersatzmann zu finden, der dann oft mit wenigen Dollars abgespeist wurde, während der Mittelsmann den Großteil der Gelder einstrich. Es war üblich, Männer betrunken zu machen und sie so in die Armee aufzunehmen. Danach standen sie unter der Drohung, bei Desertion erschossen zu werden.

Aber auch im Süden war vielen Soldaten der Patriotismus vergangen. Ein Soldat schrieb nach Hause:« *Ich habe keine Schuhe, meine Uniform ist in Fetzen, ich bin müde, krank und hungrig. Meine Familie ist tot oder im Lande verstreut ... Ich habe das alles für mein Land hingenommen, weil ich es liebe, ich würde auch sterben für mein Land. Aber ich will verdammt sein, wenn ich nach diesem Kriege jemals wieder laut sagen werde, dass ich ein Land liebe.*«

Besonders die Demokraten des Nordens nutzten die Einberufung zur politischen Propaganda, um unter den ausgebeuteten und unter schlechtesten sozialen Umständen lebenden Minenarbeitern in Pennsylvania Stimmung gegen den Krieg zu machen. Man gab ihnen zu verstehen, dass sie in einen Krieg ziehen sollten, der die Sklaven befreien würde, die dann nach Norden kämen, um ihnen die Arbeit wegzunehmen.

Dies führte unter den katholischen Bergmännern, die von den protestantischen Minenbesitzern auf das Ärgste ausgebeutet wurden, zur Bildung einer Geheimorganisation, den »Molly Maguieres«, die in Pennsylvania gegen die Einberufung auftraten, Sabotage übten und Minenbesitzer ermordeten. Selbst das von Kriegsminister Stanton eingesetzte Militär konnte dagegen nichts ausrichten, da sich die Soldaten mit den Minenarbeitern solidarisierten. Erst, als man die Quoten der Bergleute auf andere Bezirke verteilte, konnte der Konflikt gelöst werden.

In New York galten 292.441 Männer als fähig zur Einberufung, 39.877 meldeten sich nicht und tauchten unter, 164.394 wurden entschuldigt, oft nachdem sie hohe Bestechungsgelder bezahlt hatten. 52.288 kauften sich mit je 300 US-Dollar frei und 26.002 stellten Ersatzmänner. Es blieben damit 9.880 Männer aus den ärmeren Bevölkerungsschichten, die, da sie weder über das nötige Geld noch über politische Beziehungen verfügten, in den Krieg ziehen sollten. Dies brachte New York zum Aufstand; vier Tage lang wütete ein Mob in der Stadt und brannte Häuser, Polizeistationen, öffentliche Gebäude, Kirchen und Fabriken nieder, ermordete Schwarze und lieferte Polizei und der Armee blutige Straßenschlachten mit 400 Toten. Lincoln musste die Einberufungen in New York vorläufig aussetzen, um die Stadt wieder zu beruhigen. Der Krieg lastete weiterhin auf dem Rücken der Farmer, der kleinen Leute und besonders der 800.000 Immigranten, die in den Kriegsjahren im Norden ankamen und oft direkt von den Einwandererschiffen unter der Versprechung hoher Zahlungen und der sofortigen Naturalisation in die Armee rekrutiert wurden.

Die Armeelieferanten in der Union konnten in diesen Jahren enorme Profite verzeichnen. Leute wie Phillip D. Armour im Fleischhandel, Gail Borden in Milchprodukten, Andrew Carnegie in Eisen und Stahl, Marshal Field in Handelswaren, John D. Rockefeller im Ölgeschäft und Frederick Weyerhaeuser in Holz machten unbehindert von Gewerkschaften und organisierten Arbeitern als »Räuber-Barone« gewaltige Gewinne.

Auch außenpolitisch hatte die Union zu kämpfen. In Mexiko hatte Frankreich die Probleme der Vereinigten Staaten dazu genutzt, unter Napoleon III. den österreichischen Erzherzog Maximilian als Kaiser von Mexiko einzusetzen, gegen den sich eine nationale mexikanische Aufstandsbewegung unter Benito Juarez empörte. Lincoln und Davies konnten im Moment nichts dagegen tun. Lincoln versprach aber, sich dieser Sache nach dem Krieg anzunehmen.

Auch im eigenen Land bildeten sich in Nord und Süd Vereine und Gesellschaften, die den Krieg entweder unterstützten oder bekämpften. Im Norden waren die Gegner des Krieges die »Ritter vom goldenen Kreis«, die loyale Unionisten terrorisierten und sich heimlich mit Spionen des Südens trafen. Ähnliche Aktivitäten zugunsten des Nordens verfolgten im

Süden die »Helden von Amerika«. Davis hatte auch Probleme mit seinen eigenen Gouverneuren, wie etwa Zebulon B. Vance von North Carolina, der offen darüber sprach, aus der Konföderation wieder auszutreten, oder Joseph Brown von Georgia, der nur mehr Soldaten ausheben wollte, um den eigenen Staat zu verteidigen.

Ein Problem für den Süden waren auch jene Blockadebrecher, die den Weg nach Kuba oder England scheuten und ihre geschmuggelte Baumwolle lieber dem Norden verkauften. Für ihre US-Dollars erstanden sie dort dann Luxusgüter, die sie im Süden teuer an den Mann bringen konnten.

Der Norden hatte mit der Motivation vieler eingezogener Soldaten zu kämpfen, die entweder aus den niedersten sozialen Schichten kamen und nicht lesen und schreiben konnten, oder oft Immigranten waren, die der Kommandosprache des Englischen nicht mächtig waren. Oft kamen die Rekruten aus den Gefängnissen und waren daher Männer, die am liebsten jeden Kampf in der Armee vermieden und sich drückten, wo sie nur konnten. Die Rate der Desertionen stieg stark an; einer von sieben Soldaten im Norden (und einer von neun im Süden) desertierte. Erst, als man im Norden damit begann, Soldaten wegen Desertion zu erschießen, änderte sich die Lage. Auch der Süden kämpfte mit diesem Problem. Da ein Drittel der Soldaten oft unentschuldigt im Heer fehlten, versprach Davis eine Amnestie für diejenigen, die freiwillig zurückkamen, was allerdings nur wenige in Anspruch nahmen.

War der amerikanische Bürgerkrieg wirklich der Krieg der Reichen und der Kampf der Armen? Geht man davon aus, dass die Form der Besteuerung im Norden und im Süden hauptsächlich aus Besitz-, Verbrauchssteuern und Einkommensteuern bestand, so kann man annehmen, dass die begüterten Klassen mehr Geld zum Krieg beisteuerten als die Armen. Besonders im Süden stützte sich die Geldbeschaffung mehr auf die Plantagenbesitzer, deren Besitz bei Nichtbezahlung der Steuern konfisziert werden konnte, als auf die Bevölkerung, die keine Sklaven besaß. Die Armeen beider Staaten bestanden aus Soldaten, die aus allen Klassen etwa im gleichen Prozentsatz kamen, wie sie in der Bevölkerung vertreten waren. 70 Prozent der Soldaten auf beiden Seiten waren trotz der Einberufungsgesetze Freiwillige von 18 bis 21 Jahren; im

Süden war die Oberschicht prozentuell stärker vertreten, weil sie in diesem Krieg mehr zu verlieren und weil die Kriegsbegeisterung der ersten Jahre sie in großer Zahl zu den Fahnen geführt hatte. Besonders diese Oberklasse, die zumeist die Offiziere stellte, war durch Verluste auf dem Schlachtfeld stärker betroffen als die weniger begüterten Schichten, aus denen die Mannschaften kamen.

Aber auch die ärmeren Schichten fanden besonders im Norden Unterstützung, wo viele Gemeinden eigene Kassen bereit hielten, um Einberufenen das Geld zur Anheuerung eines Ersatzmannes bereitzustellen. Am Ende war es nicht mehr ein Krieg der Armen oder Reichen, es war ein amerikanischer Krieg, der die sozialen Verhältnisse des Kontinentes in seinen Armeen abbildete.

5. Taktische Entscheidungen des Südens: Offensive oder Defensive?

Nachdem sie das Schlachtfeld von Chancellorsville so schmählich verlassen hatte, zog sich die Potomac-Armee der Union in ihre alten Ausgangsstellungen um Falmouth nördlich des Rappahannock zurück. Obwohl dieser Sieg eine brillante taktische Meisterleistung Lees und seiner Generäle gewesen war, gab es während der gesamten Schlacht keinen Moment, in dem die Unionsarmee nicht fähig gewesen wäre, den zersplitterten, aufgeteilten, numerisch weit unterlegenen Feind entscheidend zu schlagen. Hooker hatte, nachdem er an seiner rechten Flanke mit einem Angriff überrascht worden war, einfach aufgehört zu kämpfen. Wochen später gestand er: »*Ich war weder verwundet noch betrunken. Ich hatte auf einmal alles Vertrauen in Joe Hooker verloren, und das war's dann.*«

Auch die Zahl der Toten, Verwundeten und Gefangenen auf Unionsseite sprechen eine deutliche Sprache. Hooker hatte wie Burnside in Fredericksburg ein Drittel seiner Truppen nicht in den Kampf geführt. Die Korps von Meade und Reynolds hatten jeweils rund 1000 Mann verloren, andere hingegen, wie das von Sedgwick und Sickles, viermal so viel. Hooker schob die Schuld an der Niederlage seinen Generälen zu, besonders seinem Reitergeneral Stoneman, der die Kavallerie in kleine Einheiten aufgeteilt hatte und so der massierten Kavallerie von Jeb Stuart unterlegen war. Auch Howard und die deutschen Divisionen wurden stark kritisiert, obwohl es ihnen gelungen war, die rechte Flanke nach dem ersten Ansturm zu stabilisieren; nur Joe Hooker hielt sich aus der Kritik heraus. Lincoln und Halleck hielten weiter zu ihm, obwohl sich im Norden wieder eine Depression, wie nach den anderen Niederlagen der Jahre 1862 und 1863, breitmachte.

Im Gegensatz dazu stand der Jubel des Südens. Man verklärte das Gefühl der Unbesiegbarkeit unter Lee und übersah dabei die Konsequenzen, die aus dem Sieg von Chancellorsville resultierten. Man hatte die Truppen weiter reduziert, man hatte Jackson verloren, den vielleicht besten taktischen General im Felde, der Lees kühne Pläne umzusetzen wusste, und man hatte es versäumt, die Potomac-Armee der Union endgültig zu besiegen und zu vernichten.

Dieser letzte Punkt war vielleicht der entscheidende. Selbst eine ganze Reihe taktischer Siege konnte nicht den einen strategischen Sieg ersetzen, der das Ende des Krieges bedeutet hätte. Die Konföderation war unter Lee in derselben Lage wie Hannibal in Italien 2000 Jahre vorher; man errang Siege, konnte sie aber politisch nicht nutzen.

Welche Strategie sollte der Süden Anfang Juni 1863 einschlagen? Lee dachte daran, wieder in den Norden einzufallen, um sich mit einer Schlacht den Weg nach Washington freizukämpfen. Er glaubte nicht mehr an den dauerhaften Erfolg der Strategie von Jefferson Davis, die rein defensiv ausgerichtet war. Eine einzige entscheidende Schlacht, offensiv oder defensiv geführt, und der Krieg konnte für die Konföderation gewonnen werden.

Lee war allerdings bewusst, dass er seine Truppenstärke über die ihm zur Verfügung stehende Zahl von 76.000 Mann erhöhen musste, denen Hookers 115.000 Mann gegenüberstanden. Diesen Nachteil wollte er durch eine Neuorganisation seiner Armee ausgleichen. Er berief neue Rekruten ein und teilte seine Armee in drei Korps auf, die unter den Befehlen von James Longstreet, A.P. Hill und – als Ersatz für Jackson – Richard Stoddert Ewell standen, während Jeb Stuart ein eigenes Kavalleriekorps führte. Jedes Korps hatte seine eigene Artillerie und zwei Bataillone Versorgungstruppen.

Die größte Überraschung bei diesen Beförderungen war die von Ewell, wegen seines Aussehens unter den Soldaten als »Alter Glatzkopf« bezeichnet. Er hatte 1840 in West Point graduiert, im Mexikanischen Krieg und gegen die Indianer in den Territorien gekämpft und war mit Beginn des Krieges in das Lager der Konföderation gekommen. Er galt als rauer Mann, pflegte zu fluchen und hatte meist üble Laune, da er unter Magengeschwüren litt, die er mit einer Diät von geschältem Weizen in Milch und Honig bekämpfte. 1862 verlor er in der Schlacht von Groveton ein Bein, was ihn aber nicht hinderte, 1863 wieder in die Armee zurückzukehren. Er hatte sich geändert. Statt zu fluchen, betete er, hatte ein Holzbein und eine neue Frau, die ihm ein beträchtliches Vermögen mit in die Ehe gebracht hatte. In seinem neuen Kommando waren die Soldaten unsicher, ob er Jackson wirklich ersetzen konnte; das würde sich erst in der Schlacht erweisen.

Als Lee vorschlug, die Union mit einer Invasion im Norden anzugreifen und zum Frieden zu zwingen, legte Longstreet einen eigenen Plan vor, wie man den Krieg gewinnen könne. Longstreet hatte vielleicht nicht dieselbe Qualität wie Lee als taktischer Kommandant im Feld. Er sah den Krieg ähnlich wie später U.S. Grant als strategische Aufgabe an vielen verschiedenen Kriegsschauplätzen, die man aber ganzheitlich betrachten musste, wollte man den Krieg gewinnen. Sein Plan sah vor, dass Ewell und Hill am Rapahannock bleiben sollten, um Hooker hier in Schach zu halten, während Lee, Longstreet und die Kommandos von Bragg, Buckner und Johnston sich im Westen vereinigen sollten, um die Unionsarmeen in Tennessee unter Rosecrans anzugreifen und zu vernichten. Das würde es für die Union notwendig machen, Grant von Vicksburg abzuziehen. Damit wäre der Westen wieder für die Konföderation zu gewinnen. Mit der wirtschaftlichen Stärke und dem Zugang zu neuen Soldaten im Rücken konnte man sich dann vereinigt von Virginia aus gegen den Norden und die Potomac-Armee wenden.

Longstreets Plan basierte auf der Idee der inneren Linie,

welche die Konföderation hatte, d.h. sie konnte über das Eisenbahnnetz ihre Truppen ohne Behinderung durch die Union von einem Ort zum anderen bringen, während die Versorgungslinien der Union immer länger wurden. Wieweit er mit seinen Maßnahmen allerdings das immer weiter verfallende Eisenbahnnetz der Konföderation wirklich hätte nutzen können, bleibt fraglich. Spekulation muss auch sein, wieweit sich Grant einem kampflosen Rückzug aus Vicksburg ergeben oder ob dieser den Kampf gegen Lee im Westen aufgenommen hätte.

Im Prinzip war Longstreets Vorschlag richtig, da er die Aufgabe der Territorialverteidigung zugunsten einer Konzentration der Kräfte vorsah. Für ihn war das Kriegsziel, die Armeen des Feindes zu vernichten und nicht das gesamte Land zu schützen. Hätte sich Longstreet im Juni 1863 durchgesetzt, wären die Chancen der Konföderation siegreich zu sein, zumindest größer gewesen.

Lee lehnte den Vorschlag ab. Er war aus der Unionsarmee, der er ja einen Eid geschworen hatte, ausgeschieden, weil er es nicht verantworten konnte, sein Heimatland Virginia anzugreifen. Er hatte Winfield Scott erklärt, dass er sein Schwert nur zur Verteidigung seiner Heimat Virginia erheben würde; daher konnte er es aus Gründen der Ehre nicht annehmen, nun in den westlichen Staaten zu kämpfen. Damit erwies sich Lee zwar als Ehrenmann, war aber als Stratege zu engstirnig. Es mag als sein größter militärischer Fehler gelten, dass er sich von dieser Engstirnigkeit nicht befreien konnte, die es ihm nicht ermöglichte, den Krieg als ein großes Ganzes, statt als Abfolge einzelner Maßnahmen und Schlachten zu sehen. Darin war ihm Grant, sein großer kommender Gegner, bei weitem überlegen und sollte daher am Ende siegreich sein.

Lee weigerte sich auch anzuerkennen oder zu sehen, in welch schlechtem Zustand sich seine Armee befand. Sie war zwar fast zwei Jahre siegreich gewesen, war hoch motiviert aber dennoch die schlecht gekleidetste und schlecht genährteste Armee in der Militärgeschichte des 18. und 19. Jahrhunderts. So schrieb der konföderierte Soldat Robert W. Banks nach Hause: »*Wenn ich je meinen Patriotismus und den Glauben an die Sezession verliere, dann wegen der Rationen. Drei Mal am Tag*

Maisbrei und rohes Fleisch töten den tapferen Freiwilligen schneller als die Kugeln der Yankees.«

Vielleicht war auch dies einer der Gründe, warum Lee seine Armee nach Norden führen wollte, um sie in den Staaten der Union aus Unionsbeständen wieder gut einkleiden und ernähren zu können.

Man muss aber – um Lee gerecht zu werden – sagen, dass der Süden wirtschaftlich nicht in der Lage war, auf Dauer Krieg zu führen, da es an der nötigen Infrastruktur mangelte. Man hatte sich 1861 unter dem hysterischen Geschrei der aristokratischen Oberschicht blindlings mit der Meinung in den Krieg gestürzt, dass ein tapferes Herz und der Glauben an die Gerechtigkeit der »Sache« die fehlende Butter und Kanonen ersetzen würden. Zwar waren der Großteil der konföderierten Soldaten kleine Farmer und »arme Weiße«, die es gewohnt waren, in schlichter Kleidung und ohne Schuhe umherzulaufen, dennoch scheinen Lee und seine Generäle sich zu sehr darauf verlassen zu haben, dass dieser Zustand sich nicht auf die Kampfkraft der Männer auswirken würde. Zwar pries man sie in der Presse des Südens als »glänzende Vogelscheuchen« und »hervorragende Lumpenkerle«, die als »... *hager, zerlumpt, unordentlich, ohne ein überflüssiges Gramm Fett am Körper, mit wilden wehenden Haaren, in Lumpen gekleidet*« beschrieben wurden, »... *aber wenn der Schlachtruf ertönte und die Fahnen wehten, in der Schlacht alles erreichen konnten*«.

Selbst Lee hatte anzuerkennen, dass »... *es eine solche Armee nie zuvor gegeben hat. Diese Männer werden überall hingehen und alles tun, wenn man sie richtig führt*«. Er selbst scheint auch davon überzeugt gewesen zu sein; an die Ernährung seiner Männer verschwendete er wenig Gedanken, jedenfalls finden sich unter seinen Beschwerden und Anforderungen an Richmond kaum jemals Hinweise auf die schlechte Ernährungslage der Soldaten.

Lee selbst war zu diesem Zeitpunkt bereits dabei, in seiner Armee und unter seinen Soldaten zur Legende zu werden. Zwar war er stets untadelig gekleidet, er schlief aber unter ihnen in einem gleich großen Zelt, aß mit ihnen und erduldete auf den Märschen dieselben Strapazen wie sie. Sein Einkommen und die vielen Zuwendungen, die er erhielt, gab er an die Soldaten weiter. Er erntete in jeder Weise den Respekt seiner

Soldaten, die niemals kämpfen wollten, wenn Lee zu weit vorne an der Front war und ihn immer wieder mit den Ruf »Lee to the Rear« (Lee nach hinten) aus der Gefahrenzone wiesen.

Lee verstand es wie kaum ein anderer General in der Geschichte, die »Sache«, der er diente, zur »heiligen Sache« zu erklären und es seinen Soldaten bewusst zu machen, dass sie als »heilige Armee« der Sache des Süden dienten und es dabei egal zu sein hatte, ob sie zu essen oder Schuhe hatten. Napoleons Doktrin war gewesen, dass eine Armee auf ihrem Magen marschierte und dass Gott auf Seite der größeren Bataillone sei. Lee führte seine meist zahlenmäßig unterlegenen Truppen nach vorne und gab sie beim Angriff in die Hand Gottes. Wenn Lee einen Fehler hatte, dann war es dieser Fatalismus. Er war ein hervorragender General, er wäre vielleicht noch besser gewesen, hätte er den Pragmatismus eines Napoleon mit seinem Idealismus vereinen können.

Etwas, das auch Lee niemals in seiner Armee durchsetzen konnte, war militärische Disziplin. Zeitweise waren zwei Drittel seiner Armee unterwegs, um nach Vorräten zu suchen, oder man verließ die Armee, um dringende Familienangelegenheiten zu regeln und kehrte nach eigenem Gutdünken zurück. Offizieren wurde gehorcht, wenn sie vor den Mannschaften Anerkennung gefunden hatten und dies konnten sie nicht durch politischen Einfluss oder Herkunft, sondern durch ihre Persönlichkeit und Tapferkeit in der Schlacht. Dennoch gelang es Lee immer wieder, seine Soldaten zu einer Armee zusammenzurufen und in Marsch zu setzen und er erwies sich mit dieser »Lumpenarmee« über die Jahre den gut gekleideten, gut ernährten, aber schlecht geführten Unionsarmeen ebenbürtig oder sogar überlegen.

Am 3. Juni 1863 setzte sich die konföderierte Virginia-Armee in Bewegung, Lee hatte seine strategischen Pläne durchgesetzt. Von den Vorteilen seiner Armee, Führung, Kampfesstärke der Soldaten und innere Linie, gab er die letztere auf. Sein Vorteil war aber, dass er seine Armee nun aus dem Land des Feindes ernähren konnte. Was blieb, war der zahlenmäßige Nachteil. Lee konnte im Juni 1863 nur knapp 80.000 Mann gegen Hookers 115.000 in den Norden führen. Gegen die Einwände Longstreets wollte sich Lee eine gut zu verteidigende Stellung suchen, hier alle Kräfte zusammenziehen, dann die

Union angreifen und verbluten lassen, also eine defensive Schlacht in einer Offensive liefern. Aber wie so oft in der Geschichte sollte dieser Plan die ersten Minuten der tatsächlichen Schlacht nicht überleben.

6. Lees Vormarsch bis Gettysburg

Lee setzte seine Armee am 3. Juni 1863 von ihren Stellungen um Fredericksburg nach Westen und Norden in Marsch; zurück blieben drei Divisionen unter A.P. Hill, um Hooker in Schach zu halten und zu beobachten.

Hooker hatte bald herausgefunden, dass sich Lee nach Westen bewegte und er war davon überzeugt. dass sich Lee in das Shenandoah-Tal zurückzog, um seine Truppen aufzufrischen. Hooker plante darauf, den Rappahannock zu überschreiten, die schwachen Kräfte Hills anzugreifen und sich den Weg nach Richmond freizukämpfen. Lincoln und Halleck waren dagegen. Zu offensichtlich plante Lee etwas, und da sich seine Armee den Augen der Union entzogen hatte, war man misstrauisch. Hooker probierte einen halbherzigen Vorstoß über Fredericksburg mit einer von Sedgwicks Divisionen, die aber zurückgeschlagen wurde; dann versuchte er es nochmals mit der Unionskavallerie, die nach der Ablöse Stonemans von Alfred Pleasonton befehligt wurde.

Jeb Stuart stand am 10. Juni nördlich von Fredericksburg bei Brandy Station und plante, am nächsten Tag der Rebellenarmee in den Norden zu folgen, als Pleasontons Kavalleriekorps überraschend über ihn herfiel. Es entwickelte sich mit 10.000 Männern auf jeder Seite die größte Kavallerieschlacht der Krieges, man kämpfte im wilden Melée, Pistole gegen Pistole und Säbel gegen Säbel. Als konföderierte Infanterie Stuart zu Hilfe kam, zog sich Pleasonton zurück, hatte aber bewiesen, dass die Kavallerie der Union den konföderierten Reitern nun ebenbürtig war.

Hooker glaubte weiter, dass Lee sich zur Versorgung seiner Armee in das Shenandoah-Tal zurückgezogen hatte. Er nahm seinen alten Plan, gegen Richmond vorzurücken, wieder auf und marschierte nach Manassass, dem Eisenbahnknotenpunkt, der bereits zwei blutige Schlachten gesehen hatte.

Zur selben Zeit waren Longstreet und Ewell bereits 150 Meilen weiter im Norden, auch A.P. Hill löste sich von Hooker und folgte ihnen. Longstreet und Ewell waren westlich der Blue Ridge Mountains marschiert und unentdeckt geblieben. Erst als Ewell die Garnison von Harpers Ferry angriff, vertrieb und die Unionsdepots plünderte, erfuhr die Union, dass Lee längst in Maryland stand.

Lee marschierte zügig weiter nach Norden, erreichte das Cumberland-Tal westlich der South Mountains und plante, von hier nach Osten und dann nach Süden einzuschwenken, um Baltimore und Washington zu bedrohen. Das würde Hooker dazu bringen, sich aus dem Süden zurückzuziehen und nach Norden zu kommen, wo Lee inzwischen das Terrain für eine Schlacht wählen und so seinen Vorteil nutzen konnte.

Nun passierte Lee jener Fehler, der vielleicht den Ausgang dieses Feldzuges entscheiden sollte. Er orderte Jeb Stuart, dessen Ruf nach der Schlacht von Brandy Station angeschlagen war, zu einer abermaligen Reconnaissancetour um die Armee Hookers herum. Nur einige Abteilungen Kavallerie sicherten die Pässe der South Mountains und der Blue Ridge Mountains, um die Nachschublinien und einen eventuellen Rückzug der Konföderierten zu decken. Diese Strategie hatte sich bereits zweimal als richtig erwiesen, sollte jetzt aber versagen.

Stuart verließ am 25. Juni die konföderierte Hauptarmee, kreuzte den Pfad der Unionsarmeen, die parallel zu den Konföderierten nach Norden eilten und umritt sie östlich davon. Der Union gelang es bald, seine Kommunikationswege zu Lee abzuschneiden. Lee war damit seiner besten »Augen« beraubt und wusste nicht mehr, wo die einzelnen Teile der Unionsarmee standen. Damit war sein Plan, sich das Schlachtfeld auszusuchen, in Gefahr.

Am 28. Juni stand die konföderierte Armee in einem weiten Bogen an der Grenze von Maryland und Pennsylvania, Hill stand in Hagerstown, Maryland, Longstreet in Chambersburg, Pennsylvania und Ewell in Carlisle, Pennsylvania. Lee beschloss nun, über die South Mountains zu gehen und nach Südosten in Richtung Washington vorzumarschieren. Er brauchte dazu verschiedene Straßen, denn es war unmöglich, eine Truppe von fast 80.000 Mann auf einer Straße zu bewegen. Wie die Speichen eines Rades trafen sich diese Straßen in einem zentralen Punkt, der zum Synonym der größten und bekanntesten Schlacht des amerikanischen Bürgerkriegs werden sollte, Gettysburg, eine verschlafene Kleinstadt mit 2.390 Einwohnern.

Lee war es zu diesem Zeitpunkt keineswegs klar, dass er hier auf die Unionsarmee treffen würde, da er noch immer keine Nachricht von Jeb Stuart hatte und blind mit seinen Korps navigierte. Für ihn war Gettysburg nur eine kleine Stadt, welche die Armeekorps nacheinander am Weg in den Osten passieren würden.

Am 30. Juni erfuhr Lee, dass er in der kommenden Schlacht einem neuen Gegner gegenüberstehen würde. Hooker war von Halleck und Lincoln enttäuscht, da diese nicht auf seinen Plan eingegangen waren, vorzurücken, das schutzlose Richmond einzunehmen und darauf zu vertrauen, dass Washington allein durch seine Festungen gehalten werden konnte. Er versuchte alle möglichen Ausreden, um nicht in den Norden zurückgehen zu müssen, er versteifte sich darauf, dass Lees Armee seiner zahlenmäßig überlegen sei, er wollte die Truppen von Harpers Ferry abziehen, er tat alles um Robert E. Lee nicht mehr in einer Schlacht gegenüberstehen zu müssen.

Da man seinen Wünschen nicht entsprach, sah er ein, dass es nicht an seinem Wissen und Können als Truppenführer lag – er hatte sich in zahlreichen Schlachten und als Organisator glänzend bewährt – sondern, dass er wieder einmal das Vertrauen in »Fighting Joe Hooker« verloren hatte. Konsequent bat er um seine Ablöse, die man ihm auch gewährte.

An seine Stelle setzte man George Gordon Meade, der zwar im Rang niedriger als Reynolds oder Sedgwick stand, der aber als tapferer und fähiger Soldat galt. Als Meade diese Mitteilung in der Nacht des 27. auf den 28. Juni Hooker überbringen musste, stellte er fest, dass sich die Unionsarmee in Auflösung befand. Niemand wusste genau, wo die einzelnen Korps standen, man wusste nicht, wo Lee war und hatte keine Vorstellungen davon, was dieser planen könnte. Meade war nun der siebente Kommandant der Potomac-Armee und so wie es aussah, würde er, blieb die Unionsarmee in diesem Zustand, es wohl nicht lange bleiben.

George Gordon Meade hatte eine interessante Lebensgeschichte. Als Sohn eines amerikanischen Kaufmannes 1816 in Cadiz in Spanien geboren, kam er, nachdem sein Vater sein Vermögen verloren hatte, nach Amerika. Meade absolvierte West Point, wo er sich auf topographische Surveys und das Zeichnen von Landkarten spezialisierte; auf seinen Vermessungen basierten die amerikanischen Feldzüge im Seminolenkrieg und im Mexikanischen Krieg.

Er verließ für sechs Jahre die Armee und arbeitete als Zivilingenieur, kehrte aber 1856 wieder zurück.

Da die Meades starke Familienbande in den Süden hatten, verweigerte man ihm nach Ausbruch des Krieges zunächst eine Kommission in der US Armee, ab August 1861 gehörte er aber McClellans Stab an. In der Halbinsel-Kampagne hatte er mit Mut und Umsicht seine Truppen geführt und wurde verwundet, in Fredericksburg und Chancellorsville hatte er versucht, seine Truppen vor einem Desaster zu bewahren.

Meade galt zu Unrecht als langsam und übervorsichtig. Er war gründlich und bedacht darauf, keine Fehler zu machen. Gegenüber seinen Vorgängern wirkte er farblos, seine Soldaten achteten ihn, liebten ihn aber nicht. Dennoch sollte er bis zum Ende des Krieges die Potomac-Armee erfolgreich kommandieren.

Meade verlor keine Zeit. Da er vermutete, dass Lee in den Norden gegangen war, ließ er bereits am nächsten Morgen die Truppen aufbrechen, überschritt den Potomac und machte sich auf die Suche nach Lee. Dessen Soldaten fühlten sich inzwischen in Maryland und Pennsylvania wohl; zwei Staaten, die vom Krieg bisher kaum betroffen waren und in denen für die konföderierten Soldaten Milch und Honig flossen. Zwar hatte Lee befohlen, dass alle requirierte Nahrung und Ausrüstung bezahlt werden musste und nicht geplündert werden durfte, allerdings erfolgte die Bezahlung großzügig in wertlosen konföderierten Dollars. Die Bevölkerung stand den Rebellen gleichgültig bis feindlich gegenüber. Nur Lee erreichte in seiner Haltung und in seinem Auftreten Bewunderung.

Die Konföderierten marschierten schnell. Frühstück in Virginia, Mittagessen in Maryland und Abendessen in Pennsylvania galt als Scherzwort unter den Soldaten, die sich über den Reichtum der zumeist deutschstämmigen Pennsylvanier wunderten. Allein Jubal Early, der an der Spitze von Ewells Korps stand, fiel aus der Reihe, als er die Caledonia-Stahlwerke, die einem bekannten Abolitionisten gehörten, bis auf die Grundmauern niederbrennen ließ.

Lee, der noch immer nicht wusste, wo die Unionsarmee stand, plante, in einem weiten Bogen nördlich um Washington herumzuschwenken und Baltimore zu erreichen, wo die Konföderation auf Unterstützung der Bevölkerung rechnen konnte. Zu seiner Überraschung erfuhr er, dass Meade der neue Kommandeur der Potomac-Armee war und dass dieser bereits am 28. Juni den Potomac überschritten hatte und Lees verstreute Armeen bedrohte.

Es war das eingetreten, was Lee immer gefürchtet hatte: eine vereinte Unionsarmee, die auf seine aufgesplitterten Truppen traf. Er gab die Anweisung an seine Korpskommandanten, sich auf keine Schlacht einzulassen, ehe nicht die gesamte Armee beisammen war und plante seine Truppen in Cashtown, 10 Meilen von Gettysburg entfernt, zusammenzuziehen.

Was ihm diesen Plan verdarb, war eine einzige konföderierte Brigade unter Johnston Pettigrew, den Heth am 30. Juni 1863 nach Gettysburg vorausgesandt hatte, um die dort in einem Armeedepot gelagerten 30.000 Paar Schuhe zu requirieren. Wäre es nicht um diese Schuhe gegangen, wäre Gettyburg heute ein wenig bekannter Ort, dann hätte die Entscheidungsschlacht des amerikanischen Bürgerkrieges wahrscheinlich in oder um Cashtown oder Harrisburg stattgefunden und dann hätte Robert E. Lee das Schlachtfeld wählen können.

Nach einem Sieg wollte Lee dann Lincoln in Washington einen vorbereiteten Brief überbringen, den ihm Jefferson Davis mitgegeben hatte und in dem ein Ende des Krieges und die Koexistenz zweier amerikanischer Staaten vorgeschlagen wurde. Es ist nicht klar, ob sich Lincoln dann – nach drei großen verlorenen Schlachten und unter dem zunehmenden Druck der Öffentlichkeit – hätte weigern können, diesem Vorschlag zumindest Aufmerksamkeit zu schenken. Gettysburg sollte für beide Staaten die Entscheidungsschlacht sein; wer auch immer siegen mochte, hatte einen gewaltigen Schritt zur Durchsetzung seiner Kriegsziele getan.

Johnston Pettigrew und seine Suche in Gettysburg nach den
Schuhen für die konföderierte Armee änderte alles.

7. Gettysburg – der erste Tag

Auch George Meade wusste um die Schwäche Lees, wenn
es darum ging, eine offensive Schlacht zu liefern. Weniger,
weil Lee nicht der Taktiker gewesen wäre, sein den Nord-
staatengenerälen überlegenes Können auch hier auszuspie-
len, sondern vielmehr, weil seine Truppenstärke dazu kaum
ausreichte. Um eine offensive Schlacht zu liefern, die stets mit
stärkeren Verlusten des Angreifers verbunden ist, sollte dieser
nach der Militärdoktrin des 19. Jahrhunderts dem Verteidiger
um mindestens ein Drittel überlegen sein. Auch Meade kannte
diese Zahlen und da er der erste Unionsgeneräle der Potomac-
Armee war, der mit realistischen Zahlen operierte, wusste er,
dass Lees Armee der seinen weit unterlegen war.

Meade marschierte nach Norden und plante eine Linie einzunehmen, die östlich des kleines Flusses Pipe Creek auf einer
Länge von fast 16 Meilen verlief. Auf dem erhöhten Ostufer
gedachte er mit einer Verteidigungsstellung einen Angriff Lees
zu erzwingen, der eine der drei durch die »Pipe-Creek-Linie«
gesperrten Straßen nach Baltimore und Washington benutzen
musste. Lees Absicht, seine Armee mit den Schuhen aus den
Depots bei Gettysburg auszustatten, sollten diesen Schlachtplan mit einem Schlag hinfällig machen.

Am Abend des 30. Juni 1863 hatte Unionsgeneral John Buford mit zwei Brigaden Kavallerie Gettysburg erreicht und war
überraschend auf Pettigrews Brigade gestoßen, die westlich
der Stadt lagerte und am nächsten Morgen vorstoßen wollte.
Buford erkannte schnell und vor den Konföderierten den Wert
der Stadt für die Union. Gettysburg liegt in einer kleinen Sen-
ke, die im Westen vom Doppelzug der McPhersons Ridge und
der Seminary Ridge, und im Südosten von den Anhöhen des
Cemetary Hill und des Culps Hill beherrscht wurde. Während
McPhersons Ridge und Seminary Ridge langgestreckte, nied-
rige Hügelzuge waren, ragte Cemetary Hill höher hinaus und
setze sich nach Süden und Osten fort. Wer immer einen der

beiden Hügel besaß, beherrschte Gettysburg, wobei Cemetary Hill die wichtigere der beiden Erhebungen war. Gelang es Lees Armee, Cemetary Hill zu besetzten und sich zu verschanzen, würde wie in Fredericksburg die Unionsarmee angreifen und die Hügel hinaufstürmen müssen. Lee hätte seine Absicht damit erreicht, eine defensive Schlacht zu kämpfen.

Buford plante für den Morgen des 1. Juli, Pettigrew einige Stunden aufzuhalten, um Meade Gelegenheit zu geben, aus der Pipe-Creek-Linie ein Korps unter Reynolds heranzuführen und die Hügel südlich der Stadt zu besetzten. Wenn dies gelang, war Meade in der Defensive und Lee würde angreifen müssen.

Buford verschanzte seine zwei Brigaden und sechs Kanonen auf McPhersons Ridge wenige hundert Meter vor Seminary Ridge, wo er auf dem Turm des Seminars einen Beobachtungsposten bezog. Er wusste, dass seine Kavallerie gegen die Infanterie der Rebellen nur wenige Stunden aushalten konnte, selbst wenn sie mit den neuen siebenschüssigen Spencer-Karabinern ausgerüstet war, die es erlaubten, im Vergleich zu den vier Schuss eines Vorderladers bis zu zwanzig Schüsse in der Minute abzugeben. Aber Buford rechnete damit, dass Reynolds mit 41.000 Mann nur wenige Stunden südlich stand und er nur ein langsames Rückzugsgefecht liefern und verhindern musste, dass die Konföderierten die Höhen von Cemetary Hill erreichten.

Als Pettigrew am Morgen des 1. Juli, einem strahlend schönen und heißen Tag, nach Gettysburg marschieren wollte, fand er seinen Weg versperrt und begann, Bufords Brigaden zu attackieren.

Am späten Vormittag war Bufords Linie knapp davor zusammenzubrechen. Pettigrew hatte Heth um Verstärkungen gebeten, die langsam über die Straßen von Norden und Westen nach Gettysburg kam und es ihm ermöglichten, Bufords Kavallerie immer weiter zurückzudrängen. Gegen 10 Uhr erschienen die ersten Brigaden der Unionsinfanterie aus dem Korps von Reynolds, die Bufords erschöpfte Kavalleristen ablösten. Reynolds führte sie selbst in die Kampflinie nach vorne und gab Anweisungen zu ihrer Aufstellung, als er von der Kugel eines Scharfschützen aus dem Sattel gerissen und sofort getötet wurde. Das Kommando ging an Abner Doubleday über, der zunächst einen Angriff von zwei Brigaden unter Joseph Davis und James Archer abzuwehren hatte, die nicht wussten, dass reguläre Infanterie die Kavallerie Bufords ersetzt hatte und aufgerieben wurden, wobei Archer gefangen genommen wurde. Als man ihn vor Doubleday brachte, der ein alter Freund Archers war, begrüßte ihn dieser überschwänglich, während Archer kühl blieb und die ihm angebotene Hand verweigerte.

Weiter im Westen war Heths Angriff erfolgreicher gewesen, er hatte Buford von der McPhersons Ridge vertrieben und stieß auf Seminary Ridge vor, wo die Truppen Doubledays laufend von Howards Korps, der nun das Kommando am Feld übernahm, verstärkt wurden. Kaum war die Schlacht hier zum Stillstand gekommen, trafen gegen Mittag von Norden her aus Carlisle neue konföderierte Truppen von Ewell ein und eröffneten im Norden von Gettysburg eine neue Kampflinie, der sich ein Unionskorps unter dem ehemaligen deutschen Revolutionär »Dutch« Schurz, eben erst aus dem Süden eingetroffen, entgegenstellen musste.

Was am Morgen als kleines Gefecht zwischen Pettigrews Brigade und Bufords Kavallerie begonnen hatte, entwickelte sich zur vollen Schlacht, wobei die Teilnehmer sowohl auf Konföderierter wie auf Unionsseite nur langsam über die Straßen herangeführt werden konnten. Die Schlacht war ein einziges Durcheinander, weil niemand bei der Union oder der Konföderation ihren Verlauf zu lesen verstand und auch niemand wusste, wo eigentlich die Ziele der Angriffe lagen und was verteidigt werden sollte. Dies änderte sich gegen Mittag, als Robert Lee am Schlachtfeld erschien und das Kommando übernahm.

Lee hatte am Morgen in Harrisburg den weit entfernten Donner der ersten Salven aus Bufords Kanonen gehört und die Order ausgegeben, keine Schlacht zu suchen, ehe die gesamte Armee versammelt war. Was er aber nun vorfand, ließ ihn seine Meinung ändern. Er sah, wie die beiden Flanken der Union langsam nachzugeben begannen und erkannte den Wert von Cemetary Hill hinter Gettysburg für die konföderierte Taktik. Um 2.30 Uhr nachmittags befahl er Heth, nochmals auf der linken Flanke anzugreifen. Dieses Mal gaben die Unionstruppen hier nach, flohen durch die Straßen von Gettysburg und pos-

tierten sich auf Cemetary Hill, das Howard mit einigen Feldgeschützen hatte befestigen lassen. Die rechte Flanke aufgelöst,
beschloss Howard, auch Seminary Ridge zu räumen und zog
sich mit allen ihm verbleibenden Truppen auf Cemetary Hill
zurück, Gettysburg gehörte der Konföderation.

Um vier Uhr nachmittag stand Lee auf Seminary Ridge und
überlegte seine weiteren Züge. Er wusste, dass er den Vorteil
gehabt hatte, seine Truppen schneller heranzubringen als die
Union und sie deshalb von den beiden Höhenzügen hatte vertreiben können, aber er sah mit Sorge nach Cemetary Hill hin-
über, der immer stärker von der Union befestigt wurde.

Lee ahnte, dass die Beherrschung von Cemetary Hill entscheidend war, und befahl Ewell einen Angriff mit der im Befehl unglücklichen Formulierung »wenn möglich«. Während
er darauf wartete, hielt er eine Besprechung mit Longstreet,
der seine Truppen in Harrisburg verlassen hatte, um sich
mit Lee zu treffen. Longstreet, ein entschiedener Gegner von
Frontalangriffen, fürchtete den Angriff auf Cemetary Hill und
schlug stattdessen vor, den Hügelzug östlich davon zu umgehen und sich zwischen die Truppen am Cemetary Hill und die
herankommende Unionsarmee zu schieben, um sie gleichsam
zu spalten. Das würde bewirken, dass sich Howards Truppen
von Cemetary Hill zurückziehen und nach Osten abziehen
mussten; am nächsten Tag konnte sich Lee dann vielleicht ein
neues Schlachtfeld wählen.

Lee war dagegen: »Der Feind ist hier«, sagte er, »und wir
werden ihn hier schlagen«. Er vertraute auf Ewell und dessen
Angriff. Ewell hatte im Moment die zahlenmäßig weit überlegenen Truppen; ein einziger entschlossen geführter Angriff
und die konföderierte Armee hätte Cemetary Hill erobert und
wäre in einer ausgezeichneten strategischen Position gewesen.
Ewell griff nicht an; die beste Chance der Konföderation wurde vertan, weil ein General nicht das Vertrauen in sich und
seine Truppen aufbringen konnte. Heth bat ihn dreimal, mit
wenigstens einer Brigade angreifen zu dürfen, was Ewell jedes
Mal ablehnte.

Ewell versagte zwei Stunden später nochmals, als er den
fast unverteidigten Culps Hill einnehmen sollte; allerdings
muss zu seinen Gunsten gesagt werden, dass seine Truppen
ungeordnet waren und weder er noch andere Generäle der

Konföderation einen Überblick über die tatsächliche strategische Situation in und um Gettysburg hatten.

Als die Nacht hereinbrach, strömten von Westen und Süden kommend immer mehr Unionstruppen auf das Plateau des Cemetary Hill, wo Hancock Howard abgelöst hatte und daranging, mit 12.000 Soldaten den Hügel zu einer Festung auszubauen. Er verlängerte auf der Ostseite die Linien der Union über die Cemetary Ridge bis zu zwei steinigen Erhebungen, Little Round Top und Big Round Top, die noch nicht besetzt wurden, und im Westen über den Baltimore Pike bis zur Erhöhung des Culps Hill, der seine rechte Flanke bildete, sodass die Unionsstellung am nächsten Morgen der Form eines Angelhakens ähnlich war, dessen Biegung gegen Gettysburg gerichtet war.

In der Nacht zogen beide Kommandanten die Bilanz des Tages. Hancok hatte eine gut ausgebaute und befestigte Stellung, die von oben herab den Feind kommandierte, wenngleich er noch immer zahlenmäßig unterlegen war und das am weitesten entfernt stehende Korps der Union unter Sedgwick erst am Nachmittag des 2. Juli ankommen würde.

Lee hingegen hatte einen Angriff zu planen und würde von zwei Seiten an beiden Flanken gleichzeitig angreifen. Er vertraute auf die Truppen Longstreets, die am nächsten Morgen ausgeruht zur Verfügung stehen würden. Noch konnte die Schlacht für die Konföderation gewonnen werden, wenngleich die große Chance, einen aufgesplitterten Feind zu schlagen und damit die gesamte Unionsarmee entscheidend zu schwächen, nicht genutzt worden war.

Es ist viel darüber diskutiert worden, ob der Tag anders verlaufen wäre, wenn Lee das Kavalleriekorps von Stuart zur Verfügung gehabt hätte. Lee kämpfte an diesem Tag praktisch blind. Er wusste nicht, wie schwach die Unionstruppen waren, wusste nicht, dass die einzelnen Korps der Union erst langsam heranrückten. Hätte er es gewusst, so ist anzunehmen, dass er entschiedener den Angriff auf Cemetary Ridge befohlen hätte; zahlenmäßig wäre es den Rebellen ein Leichtes gewesen, zwischen vier Uhr nachmittags und sieben Uhr abends den Hügel zu nehmen. Danach drehte sich das Gewicht der Zahlen zuungunsten Lees. Nie hat sich der Verlust Jacksons schmerzlicher für die Konföderierten ausgewirkt, als an diesem Tag. Wäre er statt Ewell an der Spitze des Korps' gestanden, hätte Jackson die Worte »falls möglich« mit Sicherheit anders interpretiert; für ihn hätte nur »möglich« gegolten und er wäre die Hügel hinaufgestürmt. Aber Jackson war für immer dahin und so war es an Lee, sich gegen seinen Willen in der Offensive zu versuchen.

8. Gettysburg – der zweite Tag

George Meade brauchte geraume Zeit, um zu realisieren, dass die von ihm geplante Verteidigung an der Pipe-Creek-Linie nun obsolet war und er seine Truppen schnellstens nach Gettysburg in Marsch setzen musste. Hancock war es doch gelungen, den als zögerlich bekannten Meade dazu zu bringen, von seinem vorgefassten Plan abzugehen und Gettysburg als Ort der entscheidenden Schlacht zu akzeptieren. Meade kam am Morgen des 2. Juli 1863 auf Cemetary Hill an und fand seine Truppen, dank Hancocks harter Arbeit, für den nächsten Tag gut vorbereitet. Drei Korps fehlten noch zu seiner Gesamtstärke. Hancocks Korps erreichte die Stellungen bei Tagesanbruch, Sykes Korps sollte noch einige Stunden brauchen und das größte Korps unter Sedgwick war im Anmarsch und wurde für den Nachmittag erwartet. Mit jeder ankommenden Truppe stieg die Moral der Unionstruppen, die sich in Stellungen sahen, die denen von Fredericksburg glichen, nur dass diesmal sie es waren, die auf den anstürmenden Feind hinabsehen und warten konnten.

Auf der Seite der Konföderierten war Lee um 3 Uhr morgens aufgestanden und besprach mit Longstreet und A.P. Hill die Pläne für den Tag, selbst wenn es ihm bewusst war, dass Teile seiner Armee erst am Abend ankommen würden. Longstreet vermisste George Pickett, der noch einen Marschtag entfernt stand: »*Ich liebe es nicht, ohne ihn in die Schlacht zu ziehen*«, sagte Longstreet, »*es wäre so, wie wenn man nur einen Schuh anhätte*«.

Dennoch stand Lees Plan zur Attacke fest. Während des Vormittages sollte Longstreet, gedeckt durch Seminary Ridge, ungesehen von der Union nach Süden entlang der Emmitsburg Road marschieren, über die offenbar unbesetzten Hügel von Big Round Top und Little Round Top die linke Flanke der Union umfassen und aufrollen. Der Plan sah vor, zunächst am äußersten Ende der Unionsstellungen anzugreifen und dann immer weitere Truppen nach Norden anschließend in den Kampf zu werfen. Sobald an einer Stelle ein Einbruch in die Unionslinien erzielt war, würde man nachstoßen, so die Unionstruppen auf Cemetary Ridge voneinander isolieren und dann einzeln vernichten.

Sobald er den Kanonendonner von Longstreets Angriff hörte, sollte Ewell Culps Hill und damit die rechte Flanke der Union angreifen, allerdings nur langsam und zögerlich, um den Feind zu verwirren und glauben zu machen, dass hier der Hauptangriff erfolgen würde. Sollte Ewells Angriff aber gute Fortschritte machen, so war es ihm freigestellt, den Scheinangriff in eine entscheidende Attacke umzuwandeln und energisch vorzugehen.

George Meade plante hingegen, die Hänge von Culps Hill hinab anzugreifen, als er aber erfuhr, dass diese Stellung sich besser zur Defensive als zur Offensive eignete, ging er wieder davon ab und wartete. Seine Unruhe wurde durch Dan Sickles gestört, der die linke Flanke kommandierte und besorgt war, dass die Round Tops nicht besetzt waren und Truppen verlangte, um seine Stellungen hier zu verstärken, was ihm aber von Meade verweigert wurde. Sickles musste auch feststellen, dass keine Kavallerie da war, um das Ende der linken Unionsflanke zu sichern und befahl seinen Truppen, sich weiter auseinander zu ziehen. Er marschierte ein Stück weiter vor den Kamm von Cemetary Ridge bis zu einem Pfirsichgarten, in dem er 10.000 Mann in einer V-förmigen Stellung platzierte.

Meade kam selbst, um sich die Lage anzusehen und fand, dass Sickles übervorsichtig und zu exponiert sei. Bevor er aber Sickles den Befehl geben konnte, die Truppen auf den Kamm von Cemetary Ridge zurückzuziehen und damit die Linien zu begradigen, begann um vier Uhr nachmittags der Angriff Longstreets mit einer gewaltigen Kanonade in den Pfirsichgarten und auf die dahinter liegenden Höhen von Cemetary Ridge.

Longstreet kam zwei Stunden zu spät. Es hatte Verzögerungen beim Marsch und bei der Koordination mit Ewell gegeben. Wäre Longstreet die zwei Stunden früher hier gewesen, hätte er die Hänge der Round Tops hinaufspazieren und die beiden Hügel einnehmen können. Damit wäre er zu einer ernsten Bedrohung der linken Unionsflanke geworden. So hatte er Dan Sickles die Zeit gegeben, Truppen heranzuführen und musste sich nun den Weg zum Hügelkamm freikämpfen.

Die Schlacht begann an beiden Flügeln der Union mit heftigen Kanonaden der Konföderation, gegen die sich die Kanoniere der Union stemmten. Diese setzten eine neue Taktik ein; statt einen Granatenteppich über den Feind zu legen, konzentrierte man sich mit allen Geschützen auf eine einzige feindliche Batterie. Erst wenn diese zum Schweigen gebracht war, wanderte das Feuer zur nächsten weiter. Im Gegensatz dazu ignorierten die konföderierten Kanoniere vor dem Pfirsichgarten die Unionsbatterien, senkten die Mündungen ihrer Kanonen, sandten Kanister um Kanister mit Schrapnellmunition in diesen hinein und richteten ein Blutbad unter Sickles Truppen an. Dann kam der Angriff der Infanterie, angeführt von Hoods Texanischer Brigade. Hood hatte mehrmals gegen diesen Angriff protestiert. Er hatte herausgefunden, dass die Round Tops noch immer unbesetzt waren und wollte hier angreifen. Longstreet hielt sich aber stur an Lees Befehle und befahl die Attacke an Ort und Stelle, noch immer nicht gewahr werdend, dass hier, statt wie erwartet eine Brigade, ein ganzes Korps Unionsinfanterie stand. Für mehr als eine Stunde kam es im Pfirsichgarten zu einem der blutigsten Gefechte des Bürgerkrieges, wobei Sickles Soldaten langsam zurückgetrieben wurden und sich auf den Kamm von Cemetary Ridge zurückziehen mussten.

Inzwischen waren vier konföderierte Brigaden weiter die Emmitsburg Road nach Süden vorgestoßen, hatten sich durch den Devils Den, ein Gewirr von Felsen und Baumstämmen, gekämpft und den Big Round Top erklommen. Von hier sah Lafayette McLaws nun deutlich, dass – wenn es ihm gelang auch nur eine einzige Batterie auf den Big Round Top zu bringen – er die gesamte linke Flanke der Union unter Beschuss nehmen konnte. Er wurde aber zurückbeordert und erhielt den Befehl, statt dessen Little Round Top anzugreifen.

Damit folgte er dem Schlachtplan Lees, der vorgesehen hatte, dass zunächst die äußersten Truppen mit dem Angriff beginnen sollten, der sich dann immer weiter nach links ziehen und so dem Zentrum der Unionsstellung nähern sollte.

Sickles hatte zum zweiten Mal Glück an diesem Tag. Hatte er zunächst seine Truppen entgegen Meades Befehl den Pfirsichgarten besetzen lassen und hier den Angriff Longstreets aufgehalten, so erhielt er aus der Reserve von Sykes Korps eine Brigade unter Strong Vincent, mit der er nur Minuten bevor McLaws Brigade hier angriff Little Round Top besetzen konnte. Den äußersten Flügel und die Spitze des Round Top hielt das 20th Main Regiment unter Joshua Chamberlain, eine der erstaunlichsten Figuren unter den Unionsoffizieren.

Als Professor für Ethik am Bowdoin College in Maine hatte er sich freiwillig gemeldet, in Fredericksburg zwei Nächte unter schwerem Feuer am Schlachtfeld überlebt und hielt nun mit wenigen Männern das Wohl der Unionsarmee in seinen Händen. Viermal rannten die Konföderierten gegen ihn an, mehr als Hälfte seines Regiments fiel und als ihm beim fünften Angriff die Munition ausging, führte er seine Männer mit leeren Musketen zu einer Bajonettattacke, welche die Rebellen endgültig vom Little Round Top vertrieb.

Als Vincent mit einer Kugel im Herzen fiel, sah es für kurze Zeit so aus, als ob es den Konföderierten nochmals gelingen sollte, die linke Flanke zu nehmen, aber diesmal war es der Union gelungen, sechs kleine Geschütze auf den Little Round Top zu bringen und diese brachten weitere Vorstöße der Grauen gemeinsam mit Verstärkungen durch Infanterie zum Stehen. Zudem konnte sie damit verhindern, dass konföderierte Infanterie durch das kleine Tal zwischen Little und Big Round Top vorstoßen konnte um Cemetary Ridge zu umgehen.

Nach Lees Schlachtplan griff nun Longstreet mit den Regimentern von William Barksdale nördlich vom Pfirsichgarten durch ein Weizenfeld die Unionsstellungen an und konnte die blauen Soldaten zurücktreiben, wobei Dan Sickles mit einem Schrapnell im Knie vom Schlachtfeld getragen werden musste. Auch hier stand die Schlacht auf Messers Schneide, als Barksdale einen Einbruch in die Linien der Union erzielen konnte, ehe seine Truppen von neu aufgefahrenen Unionskanonen zusammengeschossen wurden und Barksdale fiel.

Der nächste, der angreifen musste, war Dick Anderson mit seinen Alabama-Regimentern. Auch sie erreichten die Unionslinien und wurden blutigst abgewehrt. Zur selben Zeit, es war fünf Uhr nachmittags, ergab sich ein magischer Moment für die Konföderation, der die Schlacht hätte entscheiden können. Etwa in der Mitte der Unionslinien am Cemetary Ridge, nördlich von Barksdales Angriff, hatten einige konföderierte Regimenter unter Ambrose R. Wright die Unionslinien überrannt und sich am Hügelkamm festgesetzt. Alles, was es brauchte, war eine einzige Brigade, die hier nachstieß und die Unionsarmee in zwei Teile spaltete. Aber niemand kam Wright zu Hilfe. Der zuständige General für die Reserve, William D. Pender, hatte kurz zuvor sein Bein durch ein Schrapnell verloren und wurde abtransportiert, James Lane, an dem es gelegen hätte, weiter vorzurücken und den Erfolg auszubauen, zögerte zu lange und gab Hancock Gelegenheit, Verstärkungen vor den sich festsetzenden Konföderierten aufzustellen. A.P. Hill hätte Lane den Angriff befehlen können, aber Hill war nicht hier. Kurz zuvor war er nach hinten geritten, um sich mit seinen Offizieren zu beraten. Der magische Moment ging ungenutzt vorbei und Wright musste sich unter Tränen zurückziehen, die Unionslinien waren wieder geschlossen. Longstreet hatte damit alle seine Truppen in die Schlacht geworfen und war gescheitert. Nun lag es an Ewell, den Tag zu retten.

Ewell hatte wenig getan, um die Unionstruppen an der rechten Unionsflanke während des Tages zu binden. Erst um vier Uhr nachmittags, als er die Kanonade Longstreets im Süden hörte, ging er zum Angriff vor und sah sich überraschenderweise einer zahlenmäßig stark unterlegenen Unionstruppe gegenüber, da Meade alle möglichen Reserven nach Süden abgezogen hatte, um Longstreet abzuwehren. Ewells Angriff kam gut vorwärts. Er überrannte drei Unionslinien und machte zahlreiche Gefangene, die sich in der Deckung ihrer Gräben ergaben, als es auch hier zu einem jener Zufälle kam, die für die Schlacht von Gettysburg so typisch waren.

Als Ewells Truppen die Spitze von Culps Hill erreichten, aber wegen ihrer Verluste nicht weiter vorstoßen konnten, orderte der Kommandeur Harry Hays neue Verstärkungen nach vorne. Zur selben Zeit verstärkte auch Hancock mit Truppen unter Samuel S. Carroll seine Linien am Culps Hill. Als die Truppen aufeinandertrafen, hielt Hays irrtümlich Carrolls Männer für seine angeforderte Verstärkung. Erst als drei Salven der Union seine Linien aufgelöst hatten und in der Flucht den Hügel hinab sandten, bemerkte er seinen Irrtum; aber es war zu spät, Culps Hill blieb im Besitz der Union. Als die Nacht hereinbrach, bedeckten 9.000 Mann auf jeder Seite die Schlachtfelder, beide Armeen standen wieder dort, wo sie den Tag begonnen hatten.

Lee hatte an diesem Tag alles richtig gemacht, auch die konföderierten Soldaten waren tapfer und beherzt vorgegangen, dennoch hatte Lee nichts von dem erreicht, was er vorgehabt hatte. Zum einen waren es unglaubliche Zufälle und Zeitverzögerungen, die oft innerhalb von Minuten den Tag entschieden, zum anderen der schmerzliche Mangel an guten Kommandeuren auf Brigadeebene, welche die konföderierte Armee plagten. Der Verlust Jacksons war durch Ewell noch nicht ersetzt und Longstreet hatte am zweiten Juli nicht seinen besten Tag. Allerdings ist es kaum glaubhaft, wie man ihm nach dem Krieg vorgeworfen hat, dass er, da Lee seine Pläne abgelehnt hatte, nicht mit vollem Einsatz in die Schlacht gegangen war.

Abermals hatte sich das Fehlen von Jeb Stuart bemerkbar gemacht, der am Nachmittag in Gettysburg mit 125 erbeuteten Proviantwagen der Union eingetroffen war. Statt erfreut willkommen zu sein, erklärte ihm Lee wütend, dass diese nunmehr eine Belastung seien und Stuart ihm besser helfen solle, »diese Leute da«, und er deutete auf die Linien der Union, zu besiegen.

Die Schlacht war nicht so verlaufen, wie Lee sie geplant gehabt hatte, aber er gab sie noch nicht verloren. Am Abend des 2. Juli hatte George Pickett Gettysburg mit 5.000 Virginiern erreicht, die zu den erfahrensten und kampfesstärksten Soldaten der Konföderation zählten. Mit ihnen hoffte Lee, das Schlachtenglück am nächsten Tag erzwingen zu können.

9. Gettysburg – der dritte Tag

Am Morgen des 3. Juli 1863 standen Lee und Meade vor den wichtigsten Entscheidungen des Feldzuges: Angreifen oder verteidigen, und wenn angreifen, dann wo?

Trotz der schweren Verluste am 2. Juli – er hatte 9.000 Mann verloren – hatte Lee noch immer weniger als die Hälfte seiner Soldaten in den Kampf geworfen, noch hatte er gute Chancen, die Linien des Nordens am Cemetary Hill zu durchbrechen. George Picketts 5.000 Mann waren in der Nacht angekommen und lagerten drei Meilen von Seminary Ridge entfernt, Lee hatte nun auch Stuarts Kavallerie zur Verfügung. Lee traf eine einsame Entscheidung, er würde es am Morgen nochmals mit Ewell an der rechten Flanke der Union versuchen, der Hauptstoß würde aber mit einem massiven Angriff von 15.000 Mann auf das Zentrum der Union auf Cemetary Ridge geführt werden.

Weit weniger sicher darin, was zu tun sei, war George Meade, seit fünf Tagen Kommandant der Potomac-Armee, davon zwei Tage in den härtesten Kampf des Bürgerkrieges verstrickt. Meade überlegte in der Nacht vom 2. zum 3. Juli mit seinen Generälen, ob es nicht ratsam sei, sich wieder auf die Pipe-Creek-Linie zurückzuziehen. Seine Generale waren dagegen, hier in Gettysburg war der Feind, hier musste er bekämpft werden und General John Gibbons machte eine erstaunlich genaue Vorhersage des nächsten Tages: »Lee hat uns gestern an beiden Flanken angegriffen, heute versucht er es mit unserem Zentrum«. Meade zweifelte daran und verstärkte seine Flanken, im Zentrum blieben nur 5.600 Mann zur Verteidigung der Linie hinter einem Steinwall verschanzt.

Als Lee nach seiner Gewohnheit um drei Uhr morgens aufstand, fand er seine Befehle nur halb ausgeführt. Der Angriff auf das Zentrum der Union mit Picketts Truppen an der Spitze, den er für das Morgengrauen vorgesehen hatte, musste verschoben werden, da die Truppen noch nicht in Position waren. Nach Tagesanbruch ritt Lee los, um Longstreet zu suchen und sich mit ihm zu beraten. Zur selben Zeit begannen Ewells Truppen einen Angriff auf Culps Hill, der aber schlecht koordiniert war und nach kurzer Zeit abgebrochen wurde, Longstreets Angriff im Zentrum würde keine Unterstützung von der Flanke her bekommen.

Lee hatte Longstreet bereits am Vorabend von seiner Absicht informiert, mit 15.000 Mann in einem einzigen massiven Angriff gegen das Zentrum der Union vorzugehen. Longstreet war dagegen gewesen. Er sah, dass trotz der Masse an Soldaten diese eine Meile offenes Gelände zu überwinden hatten; dabei würden sie zuerst von den Langstreckengeschützen der Union, dann von den Feldgeschützen und am Ende vom Feuer der Musketen der Infanterie erfasst werden. Quer über das Schlachtfeld liefen zwei Zäune, die zu überwinden waren und die Linien in Unordnung bringen würden. Longstreet sah keine Chance, auch nur einen seiner Soldaten bis an die Linien der Union heranzubringen.

Lee ließ dies nicht gelten, zu groß war das Vertrauen in seine Soldaten, besonders in Picketts drei Brigaden, die aus Virginiern bestand. Er ließ Pickett hinter der Höhe von Seminary Ridge Aufstellung nehmen. Zu dessen linker Seite postierte sich Anderson mit zwei Brigaden, daneben anschließend Heths vier Brigaden, die unter dem Kommando von John Pettigrew standen, daran schlossen sich zwei weitere Brigaden unter Isaac Trimble an, der den tödlich verwundeten Pender ersetzte. Fünf Brigaden hielt Lee in Reserve, um den Rückzug bei einem Fehlschlag des Angriffes zu decken.

George Pickett, dessen Name in der Kriegsgeschichte als General von »Picketts Charge«, dem größten Einzelangriff von Infanterie im 19. Jahrhundert, fortleben sollte, war eine bunte Figur in der konföderierten Armee. Er hatte als letzter seiner Klasse 1846 in West Point graduiert, war in Mexiko dabei gewesen und galt mit seinen parfümierten Locken, seiner untadeligen grauen Uniform mit goldenen Tressen und goldenen Sporen als der eleganteste konföderierte General. Unter ihm dienten drei Brigadiere, die alle älter waren als er, was nicht immer zur Harmonie in seiner Truppe beitrug: Richard Garnett, der die Stonewall Brigade führte, James Kemper, der seit der ersten Schlacht von Bull Run dabei war und Lewis Armistead, der »Ladies Man«. Er war ein enger Freund von Winfield Scott Hancock und hatte ihm an jenem Abend in Kalifornien tränenreich Adieu gesagt, an dem sich die Offiziere nach Norden und Süden aufgemacht hatten. Armistead wusste, dass Hancock in Gettysburg war, was er nicht ahnte, war, dass er ihm heute beim Angriff gegenüberstehen würde. Um zehn Uhr vormittag waren die beiden Freunde genau eine Meile voneinander entfernt.

Lees Plan sah vor, um der Infanterie das Überqueren des etwa eine Meile breiten, offenen Geländes zu erleichtern, eine

bis dahin beispiellose Kanonade auf das Zentrum der Unionsarmee niedergehen zu lassen. Dazu hatte er 80 Kanonen von
Longstreets Korps und 60 Kanonen von A.P. Hill unter dem
Kommando von Edward Porter Alexander auf Seminary Ridge
auffahren lassen.

Porter galt als der beste Artillerist seiner Zeit und befehligte
seit 1861 die Artillerie der Virginia-Armee. Nun lag es an ihm,
die Schlacht vorzubereiten. Longstreet versuchte nochmals,
den Angriff zu verhindern. Er befahl Porter, ihn zu benach-
richtigen, wenn dieser der Meinung sein sollte, dass sein Feuer
nicht genügend Schaden unter der Unionsartillerie angerichtet hätte. Porter war allerdings so zuversichtlich, dass er nicht
darauf einging und höflich antwortete, er würde Pickett be-
nachrichtigen, wenn sein Feuer genug Schaden für den Angriff
bereitet hätte.

Um 1.07 Uhr nachmittags eröffneten mit einem Schlag 140
Kanonen der Konföderation in Gettysburg das Feuer auf den
ausgewählten Abschnitt der Union am Cemetary Ridge. Nach
wenigen Minuten brach hier Panik unter den Unionssoldaten
aus. »Nichts, das sich mehr als vier Fuß über dem Boden befand,
konnte dies überleben«, meinte ein Unionssoldat später. Selbst
Meade und sein Stab mussten den Hügel verlassen, nachdem
ihr Hauptquartier in wenigen Minuten zerschossen wurde.
Während sich alles dicht an die Erde schmiegte, ritt Hancock
auf seinem Rappen offen hinter den Linien auf und ab, um
seinen Soldaten ein Beispiel für Mut zu geben.

Die Unionsartillerie mit ihren 100 Geschützen hielt sich zurück. Da sie befürchtete, für einen bevorstehenden Angriff zu
früh ihr Pulver und ihre Munition zu verschießen, antwortete
sie nur sporadisch.

Porter hielt dies für ein Zeichen, dass es ihm gelungen war
die Unionsartillerie auszuschalten, ließ sein Feuer um 2.45 Uhr
nachmittags einstellen und gab Pickett das Zeichen, dass er mit
dem Angriff beginnen konnte. 15.000 Mann traten in einer eine
Meile breiten Linie aus dem Wald auf Seminary Ridge hervor,
hoben ihre Flaggen und folgten den Trommlern und ihren Offizieren. Longstreet war noch immer gegen den Angriff, musste aber zusehen, wie seine grauen Linien, ausgerichtet wie für
eine Parade, auf das Feld traten, das zwischen ihnen und der
Steinmauer auf Cemetary Hill lag.

Die konföderierten Soldaten rückten ruhig vor, einhundert Yards in der Minute. Sie würden bei diesem Tempo 16 Minuten brauchen, um die Linien der Union zu erreichen. Nach wenigen hundert Yards eröffnete die Unionsartillerie das Feuer und riss breite Lücken in die Formationen, die immer wieder Halt machen mussten, um sich erneut zusammenzuschließen und neu auszurichten. Halb auf dem Feld gerieten sie in das Feuer der Kanonen von Little Round Top. Dennoch marschierten die Grauröcke vorwärts und erreichten unter schweren Verlusten um 3.30 Uhr die Steinmauer, hinter der sich die Unionssoldaten verschanzt hatten und die sie an mehreren Stellen durchbrechen konnten.

An ihrer Spitze erklomm Lew Armistead den Wall, seine schwarze Mütze auf seiner Säbelspitze balancierend. Kurz danach wurde er tödlich getroffen. Fast gleichzeitig traf eine Kugel seinen alten Freund Hancock und verletzte ihn schwer. Auch die anderen Brigadegeneräle Picketts, Kemper und Garnett, fielen. Porter Alexander sandte 18 Kanonen vorwärts, um den Angriff zu unterstützen. Sie wurden aber von Unionsartillerie ausgelöscht.

Der konföderierte Angriff war mit 15.000 Mann gegen 5.700 Mann auf Seiten der Union vorgetragen worden. Nun standen sich am Steinwall noch zwei fast gleichstarke Truppen gegenüber. Um den Druck von Cemetary Hill zu nehmen, marschierten zwei Unionsbrigaden unter George W. Stannard vor und nahmen die nachdrängenden Konföderierten unter Flankenfeuer. Longstreet sandte ihm zwei Brigaden der Reserve unter Cadmus Wilcox entgegen, die ihn wieder vertrieben; dennoch hatte das Feuer Stannards den konföderierten Angriff weiter geschwächt.

Nach einer Stunde war der Angriffsmut der Konföderation gebrochen; von den 15.000 Rebellen, die in den Kampf eingegriffen hatten, waren 10.500 tot, verwundet oder gefangen, der Rest floh zurück auf Seminary Ridge. Pickett hatte seine drei Brigadegeneräle verloren, tot waren auch acht von dreizehn seiner Colonels und von den Offizieren über dem Rang eines Captains blieb nur einer unversehrt.

Als die geschlagenen Grauröcke zurückgingen, ließ sich Hancock, der vom Tode Armisteads erfahren und dem man die persönlichen Sachen seines Freundes übergeben hatte, auf

seiner Krankentrage zu Meade bringen und versuchte ihn zu
überzeugen, vorzustoßen und Lees Armee endgültig zu besiegen. Sykes Korps war bisher kaum zum Einsatz gekommen,
Sedgwiks Korps überhaupt nicht im Kampf gewesen. Meade
hatte alle Möglichkeiten, nun Lees zerschlagene und demoralisierte Armee auszuschalten.

Meade fehlten die Pläne für diesen Fall und er war mit sich
zutiefst zufrieden. Nach nur sechs Tagen Kommando hatte er
in einer der größten Schlachten des Krieges Lee Halt geboten.
Er wollte erst seine Armee wieder ordnen und dann den Feind
verfolgen. Seinen eigenen Generälen war dies zuviel an Vor-
sicht und Pleasonton, der am selben Tag Jeb Stuart gehindert
hatte, in den Rücken der Union zu gelangen, meinte: »*Sie haben
nun eine halbe Stunde Zeit, um sich als großer General zu erweisen.
Geben sie der Armee den Befehl zum Angriff, während ich Lee den
Rückweg abschneide, dann haben wir den Krieg in einer Woche hinter uns*«. Aber Mead hatte Angst, diese Vorgangsweise würde
Lee wieder in die Defensive treiben, und Meade hatte in Chancellorsville gesehen, wozu Lee in einer solchen Situation, selbst
mit geringen Kräften, fähig war.

Auf der anderen Seite übernahm Lee gegenüber Longstreet
und Pickett die volle Verantwortung für das Desaster. Er bereitete den Rückzug vor. Am nächsten Tag ließ er die Verwundeten abtransportieren, während seine Armee Meade in Gettysburg in Schach hielt, dann löste er sich aus der Stadt und
begann im strömenden Regen den Rückmarsch nach Virginia.
Lee wollte den Potomac bei Harpers Ferry überqueren. Dort
hatte allerdings eine Unionsbrigade unter William French die
Brücken zerstört, sodass Lee nach Williamsport ausweichen
musste. Auch hier hatte der ständig fallende Regen den Potomac anschwellen lassen und die Pontonbrücken weggerissen,
sodass Lee und seine noch 35.000 kampfbereiten Soldaten in
der Falle saßen.

Da Meade aber nur langsam nachstieß, konnte Lee die Höhen um Williamsburg befestigen. Obwohl die Unionsarmee
am 12. Juli vor Williamsburg stand, wartete Meade mit dem
Angriff zu lange und ließ Lee in der Nacht vom 13. auf den 14.
Juli über den Fluss entkommen. Lincoln war wütend darüber,
wollte aber die Stimmung im Norden nach Grants Eroberung
von Vicksburg am 4. Juli und Meades Sieg in Gettysburg nicht

stören. Zu seinen engsten Mitarbeitern sagte er aber, dass Meade einfach nur die Hand hätte ausstrecken müssen und der Krieg wäre gewonnen gewesen. Aber Lincoln wusste auch, dass sich das Kriegsglück gewendet hatte. Ab jetzt würde die Union auf dem Vormarsch sein.

Gettysburg war eine der verlustreichsten Schlachten der Bürgerkrieges: die Union verlor von den eingesetzten 93.534 Soldaten 23.049 Mann: 3.155 Tote, 14.529 Verwundete und 5.365 vermisste, zumeist Deserteure und Gefangene. Dagegen standen auf konföderierter Seite von 70.234 Kämpfenden 22.874 Mann an Verlusten: 4.637 Tote, 12.391 Verwundete und 5.846 Vermisste, Verluste, von denen sich die Virginia-Armee der Konföderation nicht mehr erholen sollte.

Die Invasion des Nordens, der verzweifelte Versuch der Konföderation, mit militärischen Mitteln eine Entscheidung zu ihren Gunsten herbeizubringen, war gescheitert. Lee, der Meister der Defensive, hatte wie bei Antietam abermals eine offensive Schlacht verloren. Selbst sein militärisches Genie konnte nicht über die Kriegsmathematik siegen.

Die Schlacht von Gettysburg und »Picketts Charge«, wie der letzte vergebliche Angriff genannt wurde, haben nach dem Krieg heftige Kontroversen ausgelöst. Männer mit Uhren und Maßbändern schritten das Schlachtfeld ab und untersuchten akademisch, wer wo versagt hatte und wer der Vater des Sieges war. Picketts Leben selbst stand ab Gettysburg unter einem Schatten. Während seine Brigadiere und die meisten seiner Offiziere gefallen waren, hatte er sich im Rücken seiner Soldaten auf einer Farm an der Emmitsburg Road aufgehalten. Zwar war es für ihn als Divisionskommandanten nicht vorgesehen, mit seinen Truppen in die Schlacht zu ziehen, als aber Longstreet den Reserven unter Cadmus Wilcox befahl vorzurücken, hätte es die militärische Ehrencodex der Zeit von Pickett verlangt, mit diesen mitzugehen und die Truppen anzuführen. Stattdessen ritt er alleine zu Longstreets Hauptquartier zurück um den Ausgang des Kampfes abzuwarten und galt bis an das Ende seines Lebens zwar nicht als Feigling, aber doch als der Mann, der am Höhepunkt der entscheidenden Schlacht seine Truppe verlassen hatte.

Wann immer man ihn fragte warum der Angriff fehlgeschlagen war, antwortete er nur kurz: »*Ich denke, dass die Uni-*

onssoldaten damit was zu tun hatten«. Mit seiner Karriere ging es bergab, wenige Tage vor Ende des Krieges wurde er von Lee seines Kommandos enthoben, als er 1875 starb, war er ein gebrochener Mann. Gettysburg hatte in ihm ein weiteres Opfer gefordert.

10. Der Fall von Vicksburg

Während sich Lee nach der Schlacht von Chancellorsville auf den Weg in den Norden machte, um die Entscheidung für die Konföderation in Gettysburg zu erzwingen, bahnte sich im Süden am Mississippi die zweite große Entscheidung des dritten Kriegsjahres an. Grant war es am 30. April gelungen, den Mississippi zu queren und sich südlich von Vicksburg festzusetzen. Sein Problem war, dass Vicksburg durch die Eisenbahnlinie über Jackson, Mississippi, 40 Meilen östlich von Vicksburg, von der Konföderation versorgt wurde, während seine eigenen Nachschublinien an den Kanonen von Vicksburg vorbei führten und ständig bedroht waren.

Grant plante eines der kühnsten Manöver des amerikanischen Bürgerkrieges; erstmals würde ein ganze Armee ihre gesicherten Nachschublinien aufgeben und versuchen, sich aus dem Land zu ernähren. Was zunächst als großes Risiko erschien, war in Wirklichkeit machbar. Es war der Beginn des Sommers, Plantagen, Obstgärten und Gemüsefelder waren bestellt und im warmen Klima des Südens reif zur ersten Ernte. Die Bevölkerung von Mississippi hungerte zwar, aber nicht, weil es einen Mangel an Nahrungsmitteln gegeben hätte, sondern weil Spekulanten die Ernten aufkauften und den kleinen Bürgern und den »armen Weißen« durch die Inflation das Geld fehlte, um die hohen Preise zu zahlen.

Letzteres Problem kannten Grants Soldaten nicht, sie nahmen, was an Vorräten und Nahrungsmittel vorhanden war. Als ein Farmer zu einem General Grants auf einem Muli geritten kam, um sich zu beschweren, dass ihm dessen Soldaten alles Essbare weggenommen hatten, meinte dieser, das könne nicht sein, denn wenn es seine Soldaten gewesen wären, dann hätte der Farmer auch kein Muli mehr.

Das Kräfteverhältnis zwischen John C. Pemberton, dem Verteidiger Vicksburgs, einem Mann aus Philadelphia, der in den Süden geheiratet und seinen Posten bekommen hatte, weil er ein persönlicher Freund von Jefferson Davis war, und U.S. Grant war fast ausgeglichen. Pemberton hatte 23.000 und Grant 33.000 Soldaten, außerdem hielt Joseph Johnston noch immer Jackson mit 6.000 Mann.

Grant wollte zunächst Jackson besetzen und damit Vicksburg von seiner Nachschublinie abschneiden. Am 12. Mai umging er Vicksburg im Osten, während Pemberton aus Vicksburg hervorkam, um in Grants Rücken dessen Nachschubwege abzuschneiden, aber feststellen musste, dass diese nicht existierten. Grants Truppen unter McPherson und Sherman unterbrachen die Jackson-Vicksburg-Bahnlinie, blockierten Pembertons Vormarsch und trieben Johnstons Konföderierte nach Osten zurück. Am 14. Mai schlugen sie Joe Johnston in Jackson und brannten die Stadt nieder, sodass sie den Namen »Rauchfangstadt (Chimneytown)« als Spitznamen bekam, weil die Rauchfänge das Einzige waren, das nach Shermans Angriff noch stand. Johnston erkannte, dass nicht die Verteidigung von Vicksburg wichtig war, sondern dass es Grants Armee war, die man aus den Weg räumen musste; Vicksburg konnte nach einem Sieg über Grant wieder erobert werden.

Er schlug Pemberton vor, die Truppen zu vereinigen und gemeinsam gegen Grant vorzugehen, was aber von Pemberton, der von Präsident Davis persönlich den Auftrag erhalten hatte, Vicksburg auf alle Fälle zu halten, gegen jegliche strategische Vernunft abgelehnt wurde.

Nachdem Grant Johnston nach Osten vertrieben hatte, wandte er sich wieder nach Westen, wo Pembertons Armee bei Champions Hill, am halben Weg zwischen Vicksburg und Jackson, Aufstellung genommen hatte. Grants aggressive Kommandeure McClernand und McPherson schlugen Pembertons Truppen an beiden Flügeln und trieben diese, die laut einem Zeitzeugen »mehr Mob als Armee« waren, nach Vicksburg zurück. Am 17. Mai stand Grant vor den Befestigungen der Stadt, die nun von allen Seiten eingeschlossen war. Ein Entsatz durch Johnstons Truppen wurde durch Sherman, der ihn östlich von Jackson blockierte, verhindert.

Grant war durch seine schnellen Erfolge — innerhalb einer

Woche hatte er Vicksburg von der Außenwelt abgeschnitten und zwei Schlachten gewonnen — zu siegessicher und ließ am 19. und 22. Mai die Befestigungen von Vicksburg stürmen, doch beide Male wurden die Blauen blutig zurückgewiesen. Pemberton hatte die letzten Monate gut genutzt, und um Vicksburg ein Befestigungssystem mit Kurtinen, Ravelins, Laufgräben, festen Geschützpositionen und sich überdeckenden Schussfeldern geschaffen, das im Sturm nicht einzunehmen war. Zudem waren wenige Tage vor der Einschließung zwei frische Divisionen in die Stadt gelangt und Pemberton hoffte noch immer, dass Johnston im Osten eine neue Armee aufbauen und heranführen würde.

Grant hingegen musste sich nach zwei Seiten absichern. Wie Cäsar vor Alesia ließ er eine doppelte Befestigungslinie bauen; eine, die nach außen gerichtet war, um Johnston abzuwehren und eine nach innen, um Vicksburg zu belagern. Der Mississippi wurde von seinen Kanonenbooten und Ironclads beherrscht. Johnston sollte nicht mehr angreifen, er wagte nicht mehr gegen Grant vorzugehen, Grant hingegen beschloss, die Stadt Vicksburg auszuhungern.

Zur selben Zeit versuchte südlich von Vicksburg Unionsgeneral Nathaniel Banks mit 30.000 Mann, darunter zwei Regimentern, die aus ehemaligen Sklaven rekrutiert waren, die Verteidigung von Fort Hudson, gehalten von Franklin Gardener mit 7.000 Rebellen, zu durchbrechen. Er scheiterte im ersten Angriff an den Befestigungen der Stadt, konnte aber deren Belagerung aufrechterhalten.

Grant richtete um Vicksburg eine Belagerungsroutine ein, die bald unerträglich für die Verteidiger wurde. Er ließ die Stadt tagelang mit Artillerie von Land und von seinen Kanonenbooten aus beschießen, er ließ Minen unter die Befestigungen graben und sprengen und blockierte die Nahrungsmittelversorgung, sodass sich die Ernährungslage in Vicksburg rasch verschlechterte und, nachdem man alle Pferde und Mulis aufgegessen hatte, auch Hunde, Katzen und Ratten ihren Weg in die Kochtöpfe fanden. Der Beschuss der Stadt ließ die Zivilisten und Soldaten die Häuser verlassen und sich Tunnels und Löcher in die Erde graben, sodass Vicksburg bald mehr »*einem Maulwurfshügel denn einer Stadt*« glich.

Der einzige Versuch, die Stadt zu entsetzen, kam von Westen, wo Richard Taylor versuchte, den nördlichen Vorposten Grants in Milliken's Bend einzunehmen und nach Vicksburg vorzustoßen. Milliken's Bend wurde von zwei Regimentern ehemaliger schwarzer Sklaven aus Louisiana gehalten, die tapfer kämpften und mit der Hilfe von Kanonenbooten der Union die Konföderierten zurückwerfen konnten. Nach der Schlacht stellte man aber fest, dass die konföderierten Soldaten unbarmherzig alle schwarzen Verwundeten ermordet hatten. Gefangene Schwarze wurden in die Sklaverei verkauft. Dennoch hatte sich erwiesen, dass Schwarze so gut wie Weiße kämpfen konnten und manche Unionsgeneräle, die bisher daran gezweifelt hatten, sahen nun die schwarzen Soldaten in einem anderen Licht.

Die Schlacht von Milliken's Bend hatte Pembertons letzte Hoffnung auf Entsatz begraben. Nachdem die Versorgungslage in Vicksburg immer kritischer wurde, forderten Soldaten und Zivilbevölkerung die Kapitulation. Pemberton zögerte, er wollte sich nicht Grant, der bis dahin stets die »bedingungslose Übergabe« verlangt hatte, ohne Widerspruch ergeben. Er überlegte einen gewaltsamen Ausbruch, musste aber einsehen, dass er mit seinen unterernährten und demoralisierten Männern nicht weit kommen würde.

Es kam ihm zu Hilfe, dass seine Ingenieure den »WigWag – Code«, der von den Semaphoren der Union verwendet wurde, geknackt hatten. So erfuhr er, dass es der US-Navy am Mississippi logistisch nicht möglich sein würde, nach einer Kapitulation Vicksburgs die gefangenen konföderierten Soldaten nach Norden zu transferieren, die Soldaten also auf Parole freigelassen werden würden. Zudem rechnete sich Pemberton bessere Bedingungen aus, wenn er am 4. Juli, dem Nationalfeiertag der Union und der Tag, den sich Grant unbedingt als Kapitulationsdatum wünschte, kapitulieren würde. Er schlug daher den 4. Juli als Datum der Übergabe vor, erhielt von Grant die von ihm erhofften Bedingungen und übergab an diesem Tag mit allen militärischen Ehren die Stadt; seine 29.500 Soldaten wurden auf Parole freigelassen.

Zwar war das Datum ein bewusste Beleidigung Grants der konföderierten Soldaten, die sich ja auch als Nachfolger der Revolutionäre gegen England sahen und die dem Datum ebenfalls nationale Bedeutung beimaßen, allerdings entschädigte sie das Verhalten der Unionssoldaten dafür. Als diese in Vicksburg mit Fahnen und Musik einrückten und ihre abgemagerten ehemaligen Gegner sahen, wurden diese großzügig mit Proviant versorgt. Die Blauen öffneten die Lagerhäuser der Nahrungsmittelspekulanten und luden die konföderierten Soldaten und die Zivilbevölkerung ein, sich selbst zu bedienen. Der Feldzug Grants hatte die Union 9.362 Mann gekostet, die konföderierten Verluste sind nicht bekannt.

In Washington erreichte die Stimmung einen neuen Höhepunkt, am 3. Juli hatte Meade Lee in Gettysburg zum Rückzug gezwungen, am 4. Juli Grant mit der Eroberung von Vicksburg die Konföderation in zwei Teile gespalten. »*Grant ist mein Mann*«, sagte Lincoln, »*und ich bin seiner für den Rest des Krieges*«. Als Gardener in Port Hudson vom Fall Vicksburgs erfuhr, strich er ebenfalls die Fahnen. Der gesamte Verlauf des Mississippi gehörte der Union. In Vicksburg hingegen würde man bis 1949 den 4. Juli nicht mehr feiern.

11. CHICKAMAUGA

Hatten die Zeitungen in Richmond von Gettysburg zunächst als einem überwältigenden Sieg des Südens berichtet, so traf die Wahrheit über die Niederlagen in Maryland und bei Vicksburg die Bevölkerung umso härter. Selbst James Longstreet war deprimiert wie viele seiner Stabsoffiziere »*... ich fühlte für mich selbst die letzte Hoffnung dahingehen, es war nur mehr eine Frage der Zeit, bis das Ende kommen würde.*« Alles, was Lee mit den ihm verbliebenen 45.000 Mann noch hoffen konnte, war, dass keine größere Invasion des Nordens bevorstand – dies umso mehr, als er das Korps von Longstreet nach dem westlichen Kriegsschauplatz abgeben musste.

Die Niederlagen trafen den Süden auch an anderen Fronten. Die Inflation stieg bis Mitte 1863 um 600 Prozent. Hatte man zuvor für drei Papierdollar einen Golddollar erhalten, so kostete dieser nun zwanzig und mehr. Um dem Geldverfall entgegen zu wirken, hatte die konföderierte Regierung bereits am 24. April 1863 ein Steuerprogramm in Kraft gesetzt, das eine zehnprozentige Steuer auf praktisch alles vorsah, von Käufen und Verkäufen über Bankkonten bis hin zur neu erfundenen Einkommenssteuer, die von einem bis 15 Prozent, je nach Vermögen, reichte. Man beklagte sich im Süden bitter über die neuen Steuern und Maßnahmen, war aber allgemein der Ansicht, da man bereits so viel an Geld und Blut in den Krieg investiert hatte, nun auch dies hinnehmen zu müssen, sollte nicht alles verloren sein.

Die größten Auswirkungen hatten Gettysburg und Vicksburg auf die Außenpolitik der Konföderation. Mit diesen Niederlagen erlosch die letzte Hoffnung auf Anerkennung der Konföderation durch die Großmächte Europas. Mehr noch, nachdem die Union nun stark im Vorteil war, überdachten Frankreich und England ihre Politik bezüglich der konföderierten Freibeuter, die schwer bewaffnete Kriegsschiffe in England und Frankreich gekauft hatten und einen Handelskrieg rund um die Welt gegen die Handelsschiffe der Union führten. Bis dahin konnten sie ihre Schiffe in englischen und französischen Häfen ausrüsten und reparieren lassen, nach dem 4. Juli 1863 machten beide Staaten dieser Praxis ein Ende. Diese Entwicklung kam den europäischen Staaten recht, die bisher ausgerüsteten Kaperschiffe waren zu erfolgreich gewesen und hatten zahlreiche Schiffe der Union gekapert. Jedes Mal folgte ein wütender Protest der Union in London und Paris und die Drohung, einen unbeschränkten Handelskrieg auch gegen die Schiffe der europäischen Mächte aufzunehmen, was diese unweigerlich in den Krieg hineingezogen hätte. Keine der europäischen Mächte wollte dies, man war im Moment mit eigenen Problemen beschäftig wie dem preußisch-österreichischen Gegensatz in Mitteleuropa, dem preußisch-dänischen Krieg, dem Risorgimento in Italien und den antirussischen Aufständen in Polen. Alles, was die delikate Balance der Kräfte in Europa aus dem Gleichgewicht bringen könnte, sollte vermieden werden. In Zukunft würde es keine Neubauten von Kaperschiffen für die Konföderation in Europa mehr geben und auch die Bestimmungen der Union, alle Waren, die über Drittländer wie Mexiko in die Konföderation gelangten, als Konterbande zu betrachten, engte die wirtschaftlichen Möglichkeiten der Konföderation weiter ein. In Europa hatte man sie schon abgeschrieben.

Inzwischen verlagerte sich in Amerika das Kriegsgeschehen vom Osten in den Westen, wo die Konföderation noch immer den Großteil von Ost-Tennessee kontrollierte, das wie das Shenandoah-Tal ein wichtiger Brotkorb für das Land war. Braxton Bragg war hier im Januar am Stones River schwer geschlagen worden und hatte sich nach Tullahoma südlich davon zurückgezogen, von wo aus er Ost-Tennessee kontrollierte. Von dieser Stellung beschützte er auch die Chattanooga, einen wichtigen Eisenbahnknotenpunkt, der die Konföderation mit dem Westen verband und der den Zugang nach Georgia blockierte.

Lincoln, Stanton und Halleck versuchten im Frühjahr 1863 Rosecrans, Kommandant der Cumberland-Armee mit 54.000 Mann, zum Vormarsch gegen Bragg zu bewegen. Rosecrans blieb stur und bereitete in Ruhe seine Truppen vor. Er blieb unbeeindruckt von den Kavallerievorstößen der konföderierten Morgan und Forrest. In diese Zeit fällt auch das Massaker von Lawrence, Kansas, wo der konföderierte Guerillaführer William Quantrill 150 Männer grausam töten ließ.

Erst als Lincoln drohte, Teile seiner Truppen abzuziehen und nach Vicksburg zu Grant zu senden, enthüllte Rosecrans seine Pläne und setzte sie ab dem 16. Juni 1863 mit erstaunlicher Geschwindigkeit und äußerst effektiv um. Mit einer Reihe von gewagten Flankenmanövern umging er weiträumig Braggs Truppen in Tullahoma und zwang diesen, sich immer weiter nach Süden zurückzuziehen. Bragg ging innerhalb von neun Tagen 85 Meilen nach Chattanooga zurück. Hier musste er sich Rosecrans stellen oder die Konföderation verlor ihren wichtigsten Zugang zu den westlichen Staaten.

Halleck forderte Rosecrans auf, rasch anzugreifen und den Feldzug abzuschließen, doch dieser zögerte abermals. Grund war, dass seine rechte Flanke nicht genügend gesichert war, da sich Ambrose Burnside verspätet hatte, Knoxville in Tennessee anzugreifen und weil Jeff Davis Bragg zwei weitere Armeekorps zu Hilfe geschickt hatte. Damit hatte Bragg um rund 12.000 Mann mehr zur Verfügung als Rosecrans.

Für sechs Wochen standen sich die Union und die Konföderation am Tennessee River gegenüber. Erst am 16. August, nachdem Burnside endlich Knoxville eingenommen hatte, beschloss Rosecrans zu handeln. Seit Wochen hatte er versucht, Bragg zu täuschen. Er ließ seine Soldaten zahlreiche Feuer des Nachts entzünden, um seine Armee größer darzustellen als sie war und er ließ angesägte Planken den Tennessee hinabtreiben, um vorzutäuschen, dass er den Fluss östlich von Chattanooga auf Schiffen überqueren würde.

Bragg bereitete sich darauf vor, Rosecrans den Übergang zu verwehren. Dieser teilte seine Armee auf, überschritt an vier Orten gleichzeitig den Tennessee und rückte auf die Stadt sowie gegen die Western Atlantic Railroad vor, die Chattanooga mit Atlanta verband und Braggs Nachschublinie war. Bragg war dadurch gezwungen, Chattanooga aufzugeben und sich weiter nach Süden nach La Fayette zurückzuziehen.

Bragg begann nun seinerseits mit einer Reihe von Täuschungsmanövern. Mittels ausgesuchter Deserteure machte er Bragg glauben, dass die konföderierte Tennessee-Armee völlig demoralisiert und in Auflösung begriffen sei. Rosecrans teilte darauf sein Heer und befahl die Verfolgung und Umfassung von Braggs Armee. Dieser sah die Chance, die Unionskorps einzeln zu schlagen, vereinigte seine gut organisierten und gut motivierten Truppen und versuchte, die weit voneinander entfernt stehenden Unionskorps anzugreifen. Zweimal ging diese Taktik durch schlechte Koordination nicht auf, aber dies brachte Rosecrans dazu, seine Truppen wieder zusammenzuführen und sie südlich von Chattanooga an den Nordufern des Chickamauga zu konzentrieren. Am 18. August griff Bragg hier an, erzwang den Übergang über den Fluss und drohte Rosecrans' Armee von Chattanooga abzuschneiden. Bragg wusste auch, dass Davis endlich seinem Drängen nachgegeben hatte, Longstreet mit einem Korps aus Virginia per Eisenbahn zu ihm unterwegs war und in der Nacht erwartet wurde. Mit diesen frischen Truppen und einer Überlegenheit von 60.000 zu 50.000 Soldaten wollte er Rosecrans schlagen und von Chattanooga abdrängen.

Der Morgen des 19. September begann für Bragg vielversprechend. Er hatte seine Armee in zwei starke Flügel aufgeteilt und ließ um 9 Uhr morgens seinen rechten Flügel angreifen. Die Linie der Union hielt zwar stand, der Angriff brachte aber Rosecrans dazu, von seinem rechten Flügel Truppen abzuziehen, um den linken Flügel zu verstärken. Inzwischen sammelte Longstreet seine Brigaden, um im Zentrum vorzumarschieren, als sich vor seinen Augen eine breite Lücke in der Front der Union auftat.

Durch missverständliche Nachrichten hatte Rosecrans den Eindruck gewonnen, dass auf seiner rechten Seite eine Öffnung in der Front war und er beorderte die dort stehenden Brigaden unter Thomas J. Wood weiter in Richtung Zentrum, um die Lücke zu schließen. Wood sah keine Lücke und glaubte, er solle nach dem linken Flügel marschieren und diesen verstärken. So positionierte er sich in einer zweiten Linie hinter den Brigaden, die die Front bildeten. Damit riss er die Lücke auf, die es vorher gar nicht gegeben hatte. Longstreet erkannte den Fehler der Union, marschierte energisch vorwärts und zwang die rechte Flanke von Rosecrans zur Flucht; dann machte er sich daran, das Zentrum der Union von der Seite her aufzurollen.

Hier traf er allerdings auf General George B. Thomas, der zwar aus Virginia stammte, aber auf Seiten der Union kämpfte, die Nerven behielt und bei seiner Truppe blieb, während sich Rosecrans und sein Stab mit der Hälfte der Truppen bereits zur Flucht wandten.

Thomas hatte als Jugendlicher den blutigen Sklavenaufstand des Nat Turner aus nächster Nähe miterlebt und war durch die Nacht geritten, um seine Nachbarn vor den marodierenden Sklaven zu warnen. Dafür bekam der 1816 geborene Farmerssohn ein Stipendium für West Point, das er 1840 als Leutnant verließ. Er wurde zum Experten für die Artillerie, diente in Mexiko und in West Point als Instruktor für die Kavallerie, wo er den Spitznamen »Old Slow Trot« bekam, da er wegen seiner Leibesfülle seine Pferde immer nur im leichten Trab gehen ließ. Zu seinen Schülern hatten Jeb Stuart, Phil Sheridan und Custis Lee gehört. Nach seiner Heirat 1852 wurde er ins Indianerterritorium versetzt und durch einen Komantschenpfeil in der Brust schwer verletzt. Noch während er seine Wunde ausheilte, spaltete sich die Nation. Thomas entschied sich für den Norden, seinen Eid für die Union höher haltend als seinen Heimatstaat Virginia. Man drohte ihn zu hängen, wenn er gefangen genommen würde, seine Familie und seine Schwestern wandten sich gegen den »Verräter« und rieten ihm, seinen Namen zu ändern. Thomas sollte sie nie wieder sehen oder mit ihnen sprechen.

Er galt als ruhiger und gesetzter Kommandeur. Als er Longstreets Truppen mit dem »Rebell Yell«, dem Schlachtgeschrei der Rebellen, auf sich zustürmen und den Großteil der Unionstruppen auf der Flucht sah, verschanzte er seine Truppe auf dem Snodgrass Hill und hielt den ganzen Nachmittag lang stand, »*selbst, wenn es notwendig sein sollte, von diesem Hügel direkt in den Himmel zu fahren*«. Er verhinderte damit zwar nicht die Niederlage, aber als »Felsen von Chickamauga« rettete er zumindest die Cumberland-Armee, die sich geordnet vom Feind lösen und des Nachts nach Chattanooga zurückziehen konnte. Thomas verließ als einer der letzten seine Stellungen. Selbst sein 12-jähriger Trommlerjunge war tapferer gewesen als Rosecrans und hatte mit den Worten: »*Ich lasse nicht gerne auf mich schießen, ohne zurückschießen zu können*« seine Trommel gegen ein Gewehr eingetauscht.

Der Süden war von diesem Sieg wie elektrisiert, obwohl Bragg mit 18.450 Mann an Verlusten um 2.000 Mann mehr verloren hatte als die Union. Allerdings sollte sich dieser Sieg bald zum Nachteil für die Konföderation entwickeln, denn nun rief Lincoln den Mann an die Front, dem er zutraute, Bragg zu schlagen – U.S. Grant.

12. Chattanooga

Als die Nachricht von der Niederlage bei Chickamauga Washington erreichte, war Lincoln zutiefst aufgebracht und handelte sofort. Nachdem er Grant das Oberkommando über die Cumberland-Armee und über alle Truppen westlich der Allegheny-Mountains mit Ausnahme von New Orleans übergeben hatte, beorderte er zwei Korps von Meades Potomac-Armee unter Joe Hooker nach Chattanooga und sandte ein Korps unter William T. Sherman von Memphis in die nun eingeschlossene und belagerte Stadt am Tennessee River.

Rosecrans hatte sich hierher nach der Schlacht von Chickamauga zurückgezogen und südlich der Stadt einen Verteidigungsring aufgebaut; die Nordseite wurde vom Tennessee River gebildet. Da seine Truppenstärke nicht ausreichte, um die beiden strategisch wichtigen Höhen von Missionary Ridge im Süden und Lookout Mountain im Westen zu besetzen, saß er mit dem Rücken zum Tennessee in der Falle und Bragg begann, ihn langsam auszuhungern. Braggs Konföderierte hatten Lookout Mountain besetzt, kontrollierten von dort aus die Nachschubwege und schon einen Monat nach Chickamauga litt die Cumberland-Armee Hunger. *»Die Männer stürmen die Vorratslager und lesen die wenigen verbliebenen Krumen von der Erde auf«*, schrieb General John Beatty, *»sie klauben von den Böden der Ställe, wo die Mulis und Pferde gefüttert werden, jedes noch so kleine Korn auf.«*

Grant erreichte Chattanooga am 23. Oktober, setzte Rosecrans als Kommandeur ab und ernannte Thomas zu dessen Nachfolger. Dann ging er daran, das Problem des Nachschubes zu lösen. Nachdem Hookers zwei Korps, die mehr als 1.200 Meilen in wenigen Tagen mit der Bahn zurückgelegt hatten, eingetroffen waren, gab er »Baldy« Smith, Kommandeur der Ingenieurstruppen am westlichen Kriegsschauplatz, den Auftrag, eine Nachschublinie zu öffnen.

Dazu war es notwendig, eine Verbindung zwischen Bridgeport westlich von Chattanooga über zwei Fähren am Tennessee und eine Straße über die Raccoon Mountains zu sichern, die das Lookout Valley kreuzte. Am 26. Oktober besetzte Smith Wauhatchie, den wichtigsten Kreuzungspunkt im Lookout Valley und ließ Pontonbrücken über den Tennessee schlagen. Chattanooga konnte wieder versorgt werden. Gegen diese »Cracker Line« sandte Bragg zwei Tage später in Verkennung der strategische Bedeutung dieser Maßnahme nur Teile von Longstreets Korps und Micah Jenkins South-Carolina-Brigaden, die versuchten, in einem Nachtangriff Wauhatchie zurückzuerobern, was aber an der entschiedenen Gegenwehr der deutschen Regimenter unter Adolf von Steinwehr und Charles »Dutch« Schurz scheiterte, die einen Bajonettangriff auf die Konföderierten unternahmen. Die »Cracker Line« blieb offen.

Nach dem Misserfolg von Wauhatchie begann sich im Lager der Konföderation Missstimmung breit zu machen. Das einzige, worüber sich die Kommandanten einig waren, war ihre Missachtung für Bragg. Bragg, der nicht gerne andere erfahrene Kommandanten neben sich sah, ließ daraufhin D.H. Hill und Leonidas Polk ablösen und versetzen und sandte Longstreet mit 15.000 Mann nach Norden in Richtung Knoxville, um die von Burnsides Unionsarmee gehaltene Stadt zurückzuerobern. Dies war eine unnötige Schwächung seiner

Truppen, die sich im Angesicht von Grant nur wenig später als fatal herausstellen sollte.

Burnside hatte am 2. September den Konföderierten Knoxville abgenommen und begonnen, von hier aus den Osten von Tennessee unter seine Kontrolle zu bringen; damit hatte er die einzige direkte Eisenbahnlinie von Virginia nach Chattanooga unterbrochen. Als er von Longstreets Anmarsch erfuhr, rief er seine Brigaden, die über Ost-Tennessee verstreut waren, nach Knoxville zurück, wobei er dem rasch anmarschierenden Longstreet um nur 15 Minuten zuvorkam. Er richtete sich hinter seinen Feldbefestigungen auf eine Belagerung ein, wohl wissend, dass dafür Longstreets Kräfte nicht ausreichen würden.

In der Zwischenzeit war Grant methodisch vorgegangen. Er wartete die Ankunft Shermans aus Memphis ab und begann dann, die strategisch wichtigen Punkte um Chattanooga von den Konföderierten zurückzugewinnen. Am 7. November war ein Angriff der Union, der Longstreet wieder nach Chattanooga zurück locken sollte, aus Mangel an Zugtieren gescheitert. Thomas konnte nicht genug Pferde aufbringen, um auch nur eine einzige Kanone zu bespannen, aber am 23. November sandte er Joe Hooker aus, den westlich von Chattanooga gelegenen Lookout Mountain zurüchzuerobern, der die Stadt beherrschte. Hooker stürmte den Berg, wobei der Pulverrauch im Tal darunter liegen blieb, was für die Kriegskorrespondenten so aussah, als sei der Berg von Wolken umgeben, dessen Spitze mit Tausenden kleiner leuchtender Punkte, dem Mündungsfeuer der Gewehre, erleuchtet sei, wonach die Schlacht den Beinamen »Battle over the Clouds (Schlacht über den Wolken)« erhielt. Bragg zog sich auf die Missionary Ridge östlich von Chattanooga zurück.

Am Morgen des 25. November befahl Grant frühmorgens den Angriff auf Braggs rechten Flügel, allerdings wurden hier die Brigaden Shermans von den gut verschanzten Konföderierten blutig zurückgewiesen. Zur selben Zeit stand im Zentrum der Union Phil Sheridan und ärgerte sich darüber, dass ihn eine konföderierte Kanonenkugel mit Dreck beworfen hatte und schwor, sich diese Kanonen vorzunehmen. Ohne einen Befehl dafür erhalten zu haben, ließ er seine Brigaden das Zentrum der konföderierten Linien auf Missionary Ridge stürmen, was bei Grant zunächst Entsetzen und Ärger hervorrief, dann aber

Begeisterung, als er sah, dass die Unionssoldaten mit Elan die
Linie der Konföderierten durchbrachen und diese in die Flucht
trieben. An der Spitze der Truppen, die den Hügel stürmten,
marschierte der junge Leutnant Arthur McArthur, der als Erster seine Fahne auf Missionary Hill aufpflanzen sollte und dafür die »Medal of Honor« des Kongresses bekam, die höchste
militärische Auszeichnung der Union, die sein berühmterer
Sohn Douglas McArthur 1942 erhalten sollte.

Bragg zog sich nach Georgia zurück. Vier Tage später versuchte Longstreet, die Befestigungen von Knoxville zu stürmen und wurde abgewiesen. Er führte darauf seine Truppen
in die Winterquartiere im Shenandoah-Tal; der Westen war für
die Konföderation endgültig verloren. Mit Chattanooga und
Knoxville hatte sich die Union zwei Brückenköpfe geschaffen,
die es ihr im nächsten Jahr ermöglichen würden, von hier aus
aktiv gegen den Süden der Konföderation in Georgia und gegen Atlanta vorzugehen.

Lincoln war zufrieden und konnte optimistisch auf das
Jahr 1864 sehen, für ihn ein entscheidendes Jahr, da im November die Präsidentenwahlen bevorstanden. Jene Partei, die
sich den Präsidenten sicherte, würde die Politik, Geschäfte
und Aufträge in einem besiegten Süden dominieren und an
ihre Parteigänger vergeben können. Umso wichtiger war es,
diese Wahlen zu gewinnen. Lincoln wollte Grant zum Oberkommandierenden der Unionsarmeen machen, hegte aber Bedenken, dass Grant, der nach seinen Erfolgen enorm populär
unter der Bevölkerung des Nordens war, ihm die Kandidatur
für die Präsidentschaft streitig machen konnte.

Lincoln musste um seine Popularität fürchten, da er am 1.
Februar 1864 weitere 500.000 Mann einziehen ließ, um die Verluste des Jahres 1863 zu ersetzen. Erst nachdem sich Lincoln
überzeugt hatte, dass Grant für die Dauer des Krieges keine
Ambitionen auf ein politisches Amt außer dem des Bürger-
meisters von Galena, Illinois, hatte, »... denn dann könne er die
Gehsteige zwischen seinem Haus und der Bahnstation pflastern lassen«, ließ er Grant am 2. März 1864 mit dem neu geschaffenen
Rang eines Lieutenant General auszeichnen und am 12. März
zum Oberbefehlshaber aller Unionsarmeen ernennen. Für das
Frühjahr 1864 stand nun die entscheidende Auseinandersetzung bevor, Ulysses S. Grant gegen Robert E. Lee.

13. Die Ansprache von Gettysburg (Gettysburg Address)

Der amerikanische Bürgerkrieg hatte bis Gettysburg viele Schlachten gesehen, über die von Kriegsberichterstattern detailreich berichtet wurde. Diese Berichte endeten stets mit der Nachricht über Sieg oder Niederlage. Gettysburg war anders. Diese kleine Stadt in Pennsylvania lag zu nahe an der Hauptstadt Washington, die Bedrohung und das Erleben waren zu unmittelbar gewesen, als dass die Schlacht nach dem 3. Juli zu Ende und abgetan gewesen wäre.

Schon bald nach Lees Rückzug erreichten erste Nachrichten über grauenhafte Zustände am Schlachtfeld die Presse. Verwundete wurden unzureichend geborgen und in verschmutzten Viehwaggons abtransportiert, es gab nicht genug Wasser, Personal und Verbandszeug. Diese Berichte führten zu Unruhe unter den Angehörigen der Soldaten in der Union und innerhalb kürzester Zeit ging man daran, die Verhältnisse zu bessern. Die Eisenbahngesellschaften wurden verpflichtet, saubere Waggons bereitzustellen, jeder Transport wurde von Ärzten und Schwestern begleitet, es gab Wasser und Bettpfannen. Insgesamt wurden innerhalb weniger Tage 16.000 Verwundete in verschiedene Spitäler der Union gebracht, 4.000 blieben in Feldlazaretten in Gettysburg.

Genauso unhaltbar waren die Zustände im Hinblick auf die Gefallenen, die man oft gar nicht oder nur unzureichend begraben hatte. Hunde und Raubvögel hatten sich über die Leichen hergemacht und als der Gouverneur von Pennsylvania wenige Tage nach der Schlacht Gettysburg besuchte, war er so entsetzt über diese Zustände, dass er mit den 18 Nordstaaten, deren Soldaten am Kampf beteiligt gewesen waren, den Bau eines großen gemeinsamen Soldatenfriedhofes beschloss.

Die Union kaufte ein Areal von 17 Hektar am Cemetary Hill, wo die Gefallenen in Sektionen nach ihren Herkunftsstaaten getrennt begraben wurden. Zur Eröffnung lud man den berühmten Redner Edward Everett aus Massachusetts, George Meade, der aber absagte und in einer kleinen Nebenrolle auch Präsident Lincoln, der einige höfliche Worte sagen sollte.

Die Feier fand am 19. November 1863 statt. Everett, ein berühmter Orator für solche Gelegenheiten, hielt eine zweistündige Rede reich an Zitaten, mythologischen Anspielungen und voller Bombastik, von der heute kaum ein Wort mehr in Erinnerung geblieben ist. Nach ihm ergriff Lincoln das Wort. Man hatte ihm diese Rede im Vorfeld der Veranstaltung übel genommen und ihn angeklagt, den Auftritt als politische Wahlwerbung für sich zu nutzen. Lincoln sprach daher nur zwei Minuten und hielt sich kurz:

»Vor 87 Jahren gründeten unsere Väter auf diesem Kontinent eine neue Nation, in Freiheit empfangen und dem Grundsatz geweiht, dass alle Menschen gleich geschaffen sind. Nun stehen wir in einem großen Bürgerkrieg, um zu erproben, ob diese Nation oder eine so empfangene und solchen Grundsätzen geweihte Nation dauerhaft bestehen kann. Wir haben uns auf einem großen Schlachtfeld dieses Krieges versammelt. Wir sind gekommen, einen Teil davon jenen als letzte Ruhestätte zu weihen, die hier ihr Leben gaben, damit diese Nation leben möge. Es ist nur recht und billig, dass wir dies tun. Doch in einem höheren Sinne können wir diesen Boden nicht weihen, wir können ihn nicht segnen, wir können ihn nicht heiligen. Die tapferen Männer, lebende wie tote, die hier kämpften, haben ihn weit mehr geweiht, als dass wir mit unseren schwachen Kräften dem etwas hinzufügen oder etwas davon hinwegnehmen könnten. Die Welt wird wenig Notiz davon nehmen oder sich lange an das erinnern, was wir hier sagen, aber sie kann niemals vergessen, was jene hier taten. Es ist an uns, den Lebenden, dem großen Werk geweiht zu werden, das diejenigen, die hier kämpften, so weit und so edelmütig voran gebracht haben. Es ist an uns, der großen Aufgabe geweiht zu werden, die noch vor uns liegt, auf dass uns die edlen Toten mit wachsender Hingabe erfüllen für die Sache, der sie das höchste Maß an Hingabe erwiesen haben, auf dass wir hier einen heiligen Eid schwören, dass diese Toten nicht vergebens gefallen sein mögen, auf dass diese Nation eine Wiedergeburt der Freiheit erleben und auf dass die Regierung des Volkes durch das Volk und für das Volk niemals von der Erde verschwinden möge«.

Die Mehrzahl der 15.000 Anwesenden konnte die Rede nicht hören, die Umstehenden waren im ersten Moment wenig beeindruckt und die Chicago Tribune hielt sie für eine Schande. Als die Rede aber wenige Tage danach in Druck erschien, erkannte die Nation sie als die richtige Sprache am richtigen Ort und selbst Everett musste eingestehen, dass Lincoln in zwei Minuten mehr gesagt hatte, als er in zwei Stunden.

In diese Rede hat Lincoln dargelegt, was bis heute von jedem amerikanischen Schulkind auswendig gelernt wird und durch sein Bekenntnis »der Regierung des Volkes für das Volk durch das Volk« als das Credo der westlichen Demokratien gilt. Die Rede von Gettysburg (Gettysburg Address) wurde damit — wie auch die von Lincoln zitierte Unabhängigkeitserklärung — im kollektiven Gedächtnis der Menschen der USA verankert und gilt als menschliche, rhetorische und politische Meisterleistung Lincolns.

E. DAS JAHR 1864

1. Grants Plan zur Beendigung des Krieges

Es ist eine der Anekdoten des amerikanischen Bürgerkrieges, dass Grant, als er nach seiner Ernennung zum Lieutenant General und zum Oberbefehlshaber der Unionsstreitkräfte das erste Mal nach Washington kam, im Willard Hotel, dem besten Hotel der Stadt, nicht erkannt wurde. Grant kam unrasiert nach mehreren Tagen Bahnfahrt in Begleitung seines Sohnes an und erhielt mit Mühe und Not ein kleines Zimmer unter dem Dach. Erst als er sich in das Gästebuch als U.S. Grant & Son, Galena, Illinois, eintrug, erkannte man am Empfangsschalter, wer in der abgetragenen Uniform steckte und gab Grant die beste Suite im Hotel.

Die nächsten Tage vergingen mit Empfängen im Weißen Haus und mit Besprechungen im Kriegsministerium, die besonders mit Halleck, der nun Stabschef war und sich von Grant an den Rand gedrängt sah, schwierig waren. Nach drei Tagen hatte Grant genug von den Ehren und Empfängen und nahm den Zug nach Cincinnati, Ohio, um sich mit Sherman zu treffen, dem er von seinen Generälen am meisten vertraute. Hier wurde in einem einfachen Hotelzimmer in wenigen Tagen jene Strategie entwickelt, die den Süden innerhalb eines Jahres zu Fall bringen sollte. Grant beschrieb seine Strategie kurz mit den Worten: »*Finde den Feind, greif ihn so schnell wie möglich an, triff ihn so hart du kannst und bleib in Bewegung*«.

Sherman hatte Angst, dass Grant in den Kabalen und Intrigen Washingtons untergehen würde und schlug ihm vor, das Hauptquartier der Unionsarmeen in den Westen zu verlegen. Grant entschied dagegen, sah aber auch keinen Sinn darin, in Washington zu residieren. Er wollte die Konföderation unterwerfen, aber um dies zu erreichen, musste er zunächst die beiden großen konföderierten Armeen entscheidend schlagen; die Virginia-Armee unter Robert E. Lee und die Tennessee-Armee unter Joseph Johnston, der Braxton Bragg nach der Niederlage von Chattanooga ersetzt hatte. Grant würde mit der Potomac-Armee, die offiziell weiter unter dem Befehl von George Meade stand, nach Virginia einfallen und in Richtung Richmond marschieren.

Wenn sich ihm Lee in den Weg stellte, würde er ihn immer wieder zur Schlacht zwingen. Die Union konnte sich Verluste leisten, die Konföderation nicht mehr. Grant würde sich immer östlich von Lee halten und so von Norden her seine Nachschublinien offen halten. Um Lees Versorgung von Süden abzuschneiden, sollte Sherman von Chattanooga aus nach Georgia einfallen, Atlanta erobern und so verhindern, dass Johnston von Süden her Lee zu Hilfe kommen konnte. Eine dritte Armee unter Franz Sigel sollte in das Shenandoah-Tal vorstoßen, eine weitere Front unter Ben Butler auf der York-Halbinsel errichtet werden, von wo aus dieser von Süden her nach Richmond vorrücken sollte. Zudem holte Grant aus dem Westen Phil Sheridan als neuen Befehlshaber der Unionskavallerie, um Jeb Stuart in Schach zu halten. Die Unionsarmee, die als erste ihr Ziel erreicht hatte, würde sich dann mit einer der anderen Armeen vereinigen und so die Konföderation durch die »Arithmetik der Kräfte« zu Fall bringen.

Für Grant, Sherman und Sheridan war es vorbei mit dem galanten Krieg gegen die Gentlemen des Südens. Was hier geplant wurde, war ein kalkulierter, industriell wirkender Krieg, der vorsah, die Infrastruktur des Gegners, seine Ernten, Straßen, Eisenbahnlinien und Städte so lange zu zerstören, bis er aus Erschöpfung aufgeben musste. Grant wollte den Krieg schnell beenden und nahm in Kauf, dass seine Art, Krieg zu führen die Zahl der Verluste auf Unionsseite drastisch erhöhen würde. Er sah aber auch, dass sich dadurch der Krieg verkürzen würde. Grants Strategie war ein Abnutzungskrieg in einer Größenordnung, die erst 60 Jahre später vor Verdun übertroffen werden würde.

Grant hatte allen Grund, optimistisch zu sein. Der harte Winter hatte Lees Armee, die entlang des Rapidan Rivers überwintert hatte, stark zugesetzt. Zahlreiche Männer waren desertiert, weil es nichts mehr zu essen gab und die Pferde der Artillerie und der Kavallerie waren zu Tausenden verendet. Als Longstreet im Frühjahr nach Georgia abmarschierte, konnte er seine Artillerie nicht mitnehmen und die Hälfte der Pferde in Jeb Stuarts Kavallerie war nicht mehr einsatzfähig.

Jefferson Davis sah, dass in den ersten Monaten des Jahres 1864 die Konföderation am Rande der Auflösung stand, einzelne Staaten verweigerten Zahlungen und Leistungen an den Staat, die Armeen schwanden durch Desertionen dahin und die Inflation erreichte bisher ungeahnte Ausmaße. In dieser Situation verlangte Davis vom konföderierten Kongress die Aufhebung der Habeas-Corpus-Akte, die bisher die verfassungsmäßigen Rechte der Menschen in der Konföderation geschützt hatten. Er plante, damit energischer gegen Deserteure und Kriegsspekulanten, aber auch gegen Menschen vorgehen zu können, die sich weigerten, ihre letzten Vorräte zu opfern oder in die Armee einzutreten. Drei Jahre zuvor war Lincoln denselben Weg gegangen, all die Zeit hatte ihn Davis dafür in jeder Rede öffentlich angegriffen, nun musste er selbst zu diesem drastischen Mittel greifen, das ihm der Kongress nach 12-tägiger, erbittert geführter Beratung für die Dauer von sechs Monaten zugestand.

Im Westen ließ Patrick Cleburn, der talentierteste Brigadegeneral der konföderierten Tennessee-Armee, mit einem Vorschlag aufhorchen, der allerdings schnell durch den entschiedenen Widerstand der Politiker des Südens beiseitegelegt wurde. Cleburn wollte den Sklaven und ihren Familien die Freiheit geben und sie dafür zum Kriegsdienst einziehen. Dies würde dem Norden das Argument der Sklaverei als Kriegsgrund nehmen und gleichzeitig die Armeen der Südstaaten mit frischen Soldaten auffüllen. Cleburns Vorschlag wurde vorläufig nicht weiter verfolgt, aber Davis wollte sich diese Option als letzte Möglichkeit offenhalten.

Die Soldaten des Südens, ohne Schuhe, unterernährt und mehr in Lumpen als in Uniformen gekleidet, waren dennoch zuversichtlich für das Jahr 1864. Lee hatte bisher in Virginia sechs Unionsgeneräle geschlagen, Grant war der siebente, der gegen ihn antrat. Warum sollte nicht auch er vor Lees meisterhaften Strategien kapitulieren müssen? Lee schätzte Grant trotz dessen Erfolge nicht allzu hoch ein und sagte von Grant: »*Sein Talent und seine Strategie bestehen nur darin, dass er stets mit überlegenen Kräften angreift.*« Der Einzige, der ahnte, was durch Grant auf die Konföderation zukommen würde, war James Longstreet, der Grant seit langen Jahren kannte und sein Trauzeuge und Freund war. Er plädierte für eine defensive Strategie des Südens, denn für ihn war Grant ein Mann, »*der uns jeden Tag und jede Stunde bis zum Ende des Krieges angreifen wird*«.

Lee dachte nicht daran, sich einzugraben und sich aus befestigten Stellungen heraus zu verteidigen. Er wollte den Bewegungskrieg, da er nur hier die Chance sah, den zahlenmäßig überlegenen Gegner ausmanövrieren und besiegen zu können. Lee war zuversichtlich, auch Grant zu schlagen und selbst seine Armee von »Vogelscheuchen«, die Anfang April 1864 Grants Truppen im Verhältnis von zwei zu eins unterlegen war, ließ sich von dieser Zuversicht anstecken.

Lee sandte zunächst P.T. Beauregard gegen Butler in den Süden von Virginia, um Richmond zu verteidigen. Dann kratzte er eine Armee zusammen, um das Shenandoah-Tal zu sichern. Er selbst wartete geduldig an der Südseite des Rapidan, hier würde es mit Grant aufnehmen, wenn dieser den Süden angriff.

Lee und Davies wussten, dass es um den Süden nicht zum Besten stand. Ihre Hoffnung waren die Präsidentenwahlen im Norden im November 1864. Gelang es bis dahin, den Krieg offen zu halten und dem Norden empfindliche Verluste beizubringen, dann könnte es sein, dass die Bevölkerung der Union kriegsmüde war und statt Lincoln einen gemäßigten Demokraten wählen würde, der mit dem Süden Frieden schloss und diesem eine eigene staatliche Existenz ermöglichte. Wenn Lee weiter erfolgreich blieb und auch Grant vom Süden fernhalten konnte, dann bestand hier noch Hoffnung für den Erhalt der Konföderation. War Grant siegreich, dann war Lincoln die Wiederwahl sicher und die Konföderation am Rande der Niederlage. Das Jahr 1864 würde in jedem Fall den Ausgang des Krieges entscheiden.

2. Grants Vorstoss nach Richmond: Wilderness, Spotsylvania, North Anna River, Cold Harbour, Petersburg

Am 3. Mai 1864 überschritt Grants Armee den Rapidan westlich von Chancellorsville und versuchte, in einem Tag das Waldgebiet der Wilderness zu queren. Drei Korps unter Sedgwick, Warren und Hancock bildeten die Spitze, Burnside sicherte die Furten über den Rapidan und Sheridan und begleitete, sehr zu seinem Missvergnügen, mit der Kavallerie den Wagenzug.

Wilderness

Der Angriff traf Lee um Tage zu früh, seine Truppen waren noch über fast 50 Meilen westlich der Wilderness verteilt. Aber als am 4. Mai die drei Unionskorps der Avantgarde halten mussten, um die anderen Korps, die Artillerie und den Nachschubzug, aufrücken zu lassen, hatte Lee die Zeit gewonnen, um seine Truppen heranführen zu können.

Die Unionskorps waren entlang der Brock Road über eine Strecke von fast sechs Meilen aufgestellt, als Lee sie von Westen her attackierte. Die Wilderness war ein Waldgebiet mit dichtem Wäldern und Unterholz, das nur ab und zu von Lichtungen durchbrochen war. Daher sollte sich der Kampf entlang der Straßen abspielen. Die Brigaden mussten eng aufrücken, Artillerie und Kavallerie konnten kaum effektiv genutzt werden. Am 5. Mai standen sich die Konföderierten und die Soldaten der Union in zwei langen Linien gegenüber. Wollten Grant und Meade weiter vorrücken, mussten sie erst Lee schlagen und aus der Wilderness vertreiben.

Zunächst ging Grant an seiner rechten Flanke vor und wurde von Ewell bei Saunders Field zurückgeschlagen, dann versuchte sich A.P. Hill an Hancocks Korps an der linken Flanke der Union und wurde zum Stehen gebracht, gleiches passierte auch Ewells Gegenangriff an der rechten Flanke gegen Sedgwick.

Der nächste Tag brachte weitere Truppen in die Wilderness. Am Morgen des 6. Mai griff Sedgwick A.P. Hill an und schlug ihn in die Flucht. Erst als James Longstreets Korps in letzter Sekunde am Schlachtfeld ankam, konnte Hancock zum Stehen gebracht werden. Lee hatte seine Linien konsolidiert und übernahm nun die Initiative. A.P. Hill und Longstreet gingen abermals gegen Hancock vor, der Angriff scheiterte aber am massiven Widerstand der Union und daran, dass Longstreet versehentlich von einem seiner eigenen Soldaten angeschossen wurde und das Schlachtfeld verlassen musste. Lee verlagerte nun den Angriff auf die rechte Flanke der Union, wo es John B. Gordon gelang, Warrens Korps kurzeitig zu umgehen. Als er beginnen wollte, die Unionsarmee wie bei Chancellorsville von der Seite her aufzurollen, kam Sedgwick Warren zu Hilfe und trieb Gordon wieder in seine Ausgangsstellungen zurück.

Am Abend des 6. Mai sah es für alle beteiligten Soldaten so aus, als ob die Union wieder einmal eine Schlacht verloren hatte. Ihre Verluste betrugen 18.000 Mann gegen 11.000 bei den Konföderierten; zahlreiche Verwundete beider Seiten lagen unentdeckt im dichten Wald und Unterholz, viele wurden durch Brände getötet, die die Artilleriegeschosse entflammt hatten. »Es war keine Schlacht«, schrieb ein konföderierter Soldat nach Hause, »es war ein ärgeres Durcheinander als in Chickamauga. Da gab es wenigstens ein Vorne und Hinten, aber hier war alles ein einziges Durcheinander. Und die beiden Armeen nichts anderes als ein heulender Mob«. Ähnlich auch ein Unionssoldat: »Das Kämpfen war einfach ein SichdurcheinDickichtHauen, nur in einem großen Ausmaß, alle Formationen lösten sich auf, an eine durchgehende Schlachtlinie zu denken, war unmöglich.«

Sowohl die Unionssoldaten als auch Lee dachten, dass sich Grant wie seine Vorgänger nach Norden hinter den Rappahannock oder Rapidan zurückziehen und in einigen Wochen einen neuen Angriff versuchen würde, aber Grant war anders. Er ließ um Mitternacht seine Brigaden abmarschieren, aber nicht nach Norden, sondern nach Süden, heraus aus der Wilderness in Richtung Richmond und er bedrohte damit Lees Flanke.

Ging es nach den Verlustzahlen, so hatte Lee die Schlacht in der Wilderness gewonnen, strategisch gesehen war Grant der Sieger. Mit seinem Vormarsch überraschte er Lee völlig und nahm ihm die Initiative aus der Hand. Lee konnte von nun an bis zum Ende des Krieges nur mehr auf Grants Maßnahmen reagieren. Eine eigene Strategie war ab dem 7. Mai 1864, dem Tag, an dem auch Sherman von Chattanooga aus seinen Angriff auf Georgia begann, für die Konföderation nicht mehr möglich.

Lee hatte in der Wilderness in Grant seinen Meister gefunden. Grant hat die Kriegsführung und Taktik im 19. Jahrhundert revolutioniert, Lee konnte ihm hier nicht mehr folgen. Grant hat neue Grundlagen geschaffen wie die Bevorzugung der Bekämpfung von feindlichen Armeen statt der Besetzung von Feindesland, weiträumige örtlich und zeitlich koordinierte Angriffe auf mehreren Kriegsschauplätzen gleichzeitig, Einsatz einer ausgeklügelten Logistik und Kommunikation, wenn nötig die Aufgabe der eigenen Nachschubwege und Versorgung aus dem Land und das Prinzip, bei Angriffen aus Versuch und Irrtum zu lernen.

Wenn es einen entscheidenden Moment im amerikanischen Bürgerkrieg gab, dann am 7. April 1864, als Grant und Meade trotz der schweren Verluste ihrer Armee in der Wilderness weiter nach Süden marschierten. Diese Entscheidung war das Ergebnis von allem, was Grant in diesem Krieg bisher gelernt hatte. Er würde erst stehen bleiben, wenn sich der letzte konföderierte Soldat ergeben hatte. Lincoln hatte den General gefunden, der den Süden in die Knie zwingen würde, Lee einen Gegner, den er nicht mehr verstehen und einschätzen konnte.

SPOTSYLVANIA

Als Lee merkte, dass Grant weiter nach Süden vorstieß, war ihm bewusst, dass die wichtige Straßenkreuzung von Spotsylvania Court House der Punkt war, den er verteidigen musste, wenn er Grants Vormarsch nach Richmond zum Stehen bringen wollte. Er sandte Jeb Stuarts Kavallerie aus, um den Vormarsch der »Yankees« zu verlangsamen, während er seine Armee in Gewaltmärschen nach Spotsylvania führte, wo sie sich in Feldbefestigungen eingrub. Am 8. Mai, nur wenige Stunden bevor die Union Spotsylvania erreichte, hatte Lee seine Truppen in Stellung gebracht. Seine stärkste Stellung war eine halbkreisförmige Feldbefestigung, genannt der Mule Shoe (Maultier-Hufeisen), welche die gesamte Umgebung kontrollierte.

Grant und Meade verloren keine Zeit. Am 9. Mai versuchten sie Lee auf der linken Flanke zu umgehen, wurden aber bei der Brücke über den Po River zum Stehen gebracht. Dann versuchten sie am 10. Mai einen Direktangriff auf den »Mule Shoe« mit Colonel Emery Upton, der mit 12 Regimentern ohne einen Schuss abzufeuern einen Bajonettangriff auf den »Mule Shoe« startete, in die konföderierten Linien eindrang, sich aber, weil die versprochene Unterstützung ausblieb, unter Tränen wieder zurückziehen musste.

Grant und Meade hatten aber gesehen, dass der »Mule Shoe« verwundbar« war, da er von drei Seiten angegriffen werden konnte. Am 12. Mai um 5 Uhr morgens stürmten sie Lees Linien mit einem ganzen Korps. Zwei Stunden lang ging es hin und her mit Angriff und Gegenangriff, bis die Konföderierten die Stellungen verlassen mussten und sich auf eine weiter rückwärtig gelegene Linie zurückzogen. Die Union hatte die strategisch wichtige Höhe von Laurel Hill erobert, Lee stand aber noch immer im Wege.

Lee hatte in Spotsylvania von einem für ihn unersetzlichen Verlust erfahren. Unzufrieden mit seiner Rolle als Begleitschutz für die Unionszüge hatte Phil Sheridan sich von Meade und Grant den Auftrag ertrotzt, aktiv mit seiner Kavallerie gegen die Nachschubwege des Südens und gegen Jeb Stuart vorzugehen. Ab dem 9. Mai stieß er mit 10.000 Mann in den Süden vor, wobei er von Stuarts 4.500 Kavalleristen verfolgt wurde. Am 11. Mai holte Stuart Sheridan bei Yellow Tavern ein, nur sechs Meilen nördlich von Richmond. In der folgenden Schlacht wurde Jeb Stuart tödlich verwundet – der Süden hatte seinen besten Reitergeneral, Lee seine besten »Augen«, wie er Jeb Stuart zu bezeichnen pflegte, verloren.

Sheridan stieß in den nächsten Tagen bis in die Vororte von Richmond vor, konnte aber seinen Erfolg nicht ausbauen und kehrte am 14. Mai wieder zum Haupttheer der Union zurück.

Während sich Lee noch in seinen neuen Stellungen um

Spotsylvania Court House einrichtete, planten Grant und Meade schon weiter. Sie rückten am 15. Mai mit drei Korps weiter gegen Osten vor und versuchten, Lee an seiner rechten Flanke zum umgehen, wurden hier aber von A.P. Hill aufgehalten. Nun versuchte Grant nochmals einen erfolglosen Angriff auf Lees Zentrum und verlegte dann den Hauptteil seiner Armee weiter nach Osten. Lee sah abermals eine Gelegenheit, Grants Armee im Westen zu umfassen und schickte Ewell los, dessen Brigaden aber bei Harris Farm von Unionsartillerie dezimiert wurde.

Am 19. Mai standen sich beide Armeen wieder in zwei weiten Linien gegenüber, Lee hielt Spotsylvania Court House und die Straßen, Grant stand östlich davon. Abermals hatte die Union höhere Verluste zu verzeichnen, 18.000 Mann gegen 12.000 Mann Konföderierte, aber wieder beschloss Grant, Lee weiterhin einfach stehen zu lassen und südwärts auf Richmond zu marschieren.

Er verließ Spotsylvania und stieß in Richtung des North Anna River vor. Lee musste seine Stellungen bei Spotsylvania verlassen und in Gewaltmärschen versuchen, vor Grant die Brücken über den Fluss zu sichern. Beim Verlassen von Spotsylvania schrieb Grant einen Bericht an Lincoln, der immer dann zitiert werden sollte, wenn es darum ging, diesen Mann zu charakterisieren. *»Ich denke es in dieser Art und Weise auszufechten, und wenn es den ganzen Sommer lang dauert«.*

Auch Lee war über Grant erstaunt: *»Wir haben diesmal einen Mann als Gegner, der entweder nicht weiß, wann er geschlagen ist oder dem es egal ist, wenn er seine gesamte Armee verliert. Wir müssen seine Armee vernichten, wenn er Petersburg erreicht, dann wird er uns belagern und dann ist es für uns bis zum Ende nur mehr eine Frage der Zeit«.*

NORTH ANNA UND COLD HARBOUR

Wieder war Lee schneller, da er weniger Truppen zu bewegen hatte. Innerhalb von Stunden zog er seine 55.000 Mann aus den Stellungen in Spotsylvania und erreichte die Südseite des North Anna River am 22. Mai. Bereits am nächsten Tag griffen Grant und Meade an und konnten die Brücken bei Jericho Mill und Telegraph Bridge nehmen, die etwa vier Meilen voneinander entfernt lagen. Lee, der seit einigen Tag krank war und die Truppenbewegungen von einem Lazarettwagen aus dirigierte, schob seine Truppen wie einen Keil zwischen die beiden Brückenköpfe und verhinderte eine Vereinigung der Unionstruppen an der Südseite des North Anna River. Am 27. Mai zogen sich die Unionssoldaten, ohne einen größeren Angriff auf Lees Stellungen unternommen zu haben, wieder zurück, marschierten 20 Meilen weiter nach Süden und überquerten den Pamunkey River bei Hanovertown, Grants Armee stand damit nur mehr zehn Meilen vor Richmond. Lee folgte Grant und als am 1. Juni Sheridans Kavallerie den wichtigen Eisenbahnknotenpunkt bei Cold Harbour einnahm, bewegten sich beide Truppen auf diesen Ort zu. Lee baute in drei Tagen eine Befestigungslinie auf und als am 3. Juni die Union angriff, marschierten ihre Soldaten in ein Desaster. Die Soldaten hatten es kommen gesehen, viele hatten Zettel mit ihrem Namen und ihrer Heimatadresse an ihren Uniformen befestigt, um die Identifizierung ihrer Leichen zu ermöglichen. Grant versuchte einen Frontalangriff und verlor innerhalb einer Stunde 7.000 Mann, die Konföderation 1.500. Grant hat später in seinen Memoiren den Angriff auf Cold Harbour bedauert und mit seinem ersten, ebenfalls vergeblichen Angriff auf Vicksburg verglichen. Er schreibt auch, dass es ihm in Cold Harbour bewusst geworden ist, dass eine Armee von Infanteristen auf offenem Felde keine Möglichkeit hatte, gut verschanzte und durch Artillerie unterstützte Truppen aus ihren Befestigungen zu vertreiben. Grant musste einen anderen Weg finden, um Richmond zu nehmen.

In der Union war man mit Grant zufrieden, innerhalb eines Monates hatte er Lee zurückgedrängt und stand vor Richmond. Gleichzeitig hatten die Angriffe auf Georgia durch Sherman und auf das Shenandoah-Tal durch Sigel begonnen, auch Ben Butler war gegen Petersburg, einen wichtigen Eisenbahnknotenpunkt südlich von Richmond, vormarschiert, hatte sich allerdings durch eine Niederlage gegen P.T. Beauregard in der Schlacht von Drewrys Bluff zurückziehen müssen und war auf der »Bermuda Hundred«-Halbinsel eingeschlossen worden.

Grant war die weitere Strategie klar. Da Richmond zu stark befestigt war, um es im Sturm zu nehmen, musste er es von der Versorgung abschneiden. Diese lief über die Eisenbahnlinien durch Petersburg, wenn es ihm gelang diese Stadt zu nehmen, dann musste sich Lee aus Richmond zurückziehen.

PETERSBURG

Mehrere Tage lagen sich die Truppen des Südens und des Nordens in Cold Harbour gegenüber, immer wieder kam es zu kleineren Gefechten und Artillerieduellen, die Lee glauben ließen, dass Grant von hier aus den Generalangriff auf Richmond planen würde.

Lee sah sich in so starken Stellungen, dass er Jubal Early mit einem Korps abzog und in das Shenandoah-Tal sandte, um dort den Vormarsch der Union unter Franz Sigel aufzuhalten.

Grant hatte aber etwas anderes vor. In einer gut geplanten Operation hielt er die Linien gegenüber Lee mit nur mehr zwei Korps, die anderen lösten sich aus Cold Harbour, umgingen Lees rechte Flanke und rückten zum James River vor, den die Armee am 15. Juni auf einer fast 700 Meter langen, der größten jemals im Bürgerkrieg gebauten Pontonbrücke, überschritt. Dieses Manöver verwirrte Lee, der nördlich des James Rivers stehen blieb. Die Verteidigung von Petersburg lag in den Händen von P.T. Beauregard.

Beauregard hatte nach seinem Sieg bei Drewrys Bluff am 16. Mai Ben Butler auf die »Bermuda Hundred«-Halbinsel zurückgetrieben, hier eingeschlossen und entlang der Eisenbahnlinie von Richmond nach Petersburg massive Befestigungen errichten lassen. Grant ließ William »Baldy« Smith am 15. Juni mit 16.000 Mann gegen 2.500 Mann Beauregards antreten, um nach Petersburg durchzubrechen. Schlechte Kommunikation und fehlende Koordination brachte es mit sich, dass die weit überlegenen Uniontruppen zwar immer weiter in Richtung Petersburg vorankamen, es ihnen aber nicht gelang, die Linien der Konföderation zu durchbrechen, die nun auch von Lee, der von Norden her heraneilte, verstärkt wurden. Mehrmals hatte Smith die Gelegenheit, Petersburg einzunehmen, doch jedes Mal zögerte er und die Chance, den gesamten Krieg zu verkürzen oder sogar zu beenden, wurde verloren.

Auch Butler erwies sich als unfähig. Als Beauregard die Belagerung von Butlers Truppen aufheben und nach Petersburg abziehen musste, hatte Butler die Gelegenheit, wenige Meilen vorzurücken und die Eisenbahnlinie zwischen Richmond und Petersburg zu unterbrechen, aber Butler war kein Mann schneller Entschlüsse und wartete auf Verstärkung. Als diese eintraf, hatte Lee die Bahnlinie längst befestigt und gesichert.

Beide Seiten führten vom 16. bis zum 18. Juni weitere Kräfte heran, die Konföderierten konnten allerdings Petersburg halten. Am 18. Juni gab Grant die direkten und verlustreichen Angriffe auf und ging zum Grabenkrieg über. Petersburg würde wie Richmond belagert werden. Wie lange die Belagerung dauern würde, hing von zwei anderen Generälen und deren Erfolgen oder Misserfolgen ab; Sherman in Georgia und Sheridan im Tal des Shenandoah.

3. Shenandoah

Das Shenandoah-Tal erstreckt sich in nord-südlicher Richtung über 250 Meilen im Westen Virginias, etwa 120 Meilen von Richmond entfernt. Im Norden abgegrenzt von Maryland durch den Potomac, im Westen begrenzt durch die Alleghenys, im Osten durch die Blue Ridge Mountains und durchflossen vom Shenandoah River, bildete das Tal mit seinen fruchtbaren Böden und dicht besiedelt von Farmen den Brotkorb Virginias. Von hier kam die Versorgung für Lees Armee mit Lebensmitteln und Pferden, hierher zogen sich die konföderierten Armeen in Winterquartiere und zur Auffrischung zurück. Wollte Grant Lee entscheidend schwächen, so musste die Union das Shenandoah-Tal kontrollieren.

Grant hatte am 1. Mai 1864 Franz Sigel mit 8.900 Mann losgeschickt, der nach Süden marschiert war, bis er auf den konföderierten General John C. Breckinridge traf. Mit 5.300 Mann und 247 Kadetten vom Virginia Military Institute in Lexington attackierte er Breckinridge und schlug am 15. Mai Sigel in der Schlacht von New Market, worauf sich dieser zurückzog. Breckinridge glaubte die Gefahr für das Tal gebannt und zog mit seinen Truppen zum North Anna River ab, um Lee zu verstärken.

Grant sandte nun Major General David Hunter mit 12.000

Mann, der das Tal bis nach Lexington eroberte und verwüstete, wo er das Virginia Military Institute, das konföderierte Gegenstück zu West Point, niederbrannte, ehe er von Breckinridge, der eiligst zurückgekehrt war, aufgehalten wurde. Lee, der glaubte in Cold Harbour sicher verschanzt zu sein, sandte ihm Jubal Early mit weiteren 14.000 Mann zu Hilfe und Hunter musste sich vor der annahenden Übermacht nach Norden zurückziehen.

Entscheidend für den Rückzug war auch, dass es Hunter nicht gelang, seine Nachschublinien nach Norden offen zu halten. Hier führte der konföderierte Colonel John Mosby mit seiner 43rd Virginia Kavallerie einen erbitterten Guerillakrieg gegen die Union, die das feindliche Land in »Mosbys Konföderation« umbenannten.

Lee plante sein nächstes Manöver. Er wollte vom Shenandoah-Tal aus mit Earlys Truppen nach Norden vorstoßen, den Potomac überqueren und Washington bedrohen. Das sollte Lincoln dazu bringen, die Truppen Grants zur Verteidigung der Hauptstadt aus Virginia zurückzurufen.

Am 9. Juli querte Early mit der Stonewall-Brigade den Potomac und marschierte gegen Washington. Unionsgeneral Lew Wallace musste ihm in der Schlacht bei Monocacy Creek weichen und am 11. Juli stand Early vor Fort Stevens, eines der 23 Forts, die Washington verteidigten. In der Hauptstadt hatte man aus Rekonvaleszenten, Bürosoldaten und Reservisten eiligst eine Truppe von 20.000 Mann zusammengestellt, der es gelang, Early einsehen zu lassen, nicht weiter vorzudringen.

Early ging zurück ins Shenandoah-Tal, verfolgt von Hunter und Crook; letzteren konnte er am 23. Juli in der zweiten Schlacht von Kernstown schlagen und zurücktreiben. Early marschierte darauf abermals bis Martinsburg am Potomac vor, wo er die Eisenbahnlinie von Washington in den Westen unterbrach, und stieß mit seiner Kavallerie bis nach Chambersburg vor, einem Ort westlich von Gettysburg. Hier verlangte General John McCausland von den Bürgern ein Lösegeld für die Stadt in der Höhe von 100.000 Golddollar als Kompensation für die Zerstörungen, welche die Union im Shenandoah-Tal angerichtet hatte. Als er das Geld nicht bekam, brannte er am 30. Juli die Stadt vollständig nieder.

Als Grant dies erfuhr, wollte er das Problem Shenandoah endgültig lösen. Er beauftragte am 5. August Phil Sheridan damit, das Tal unter die dauernde Kontrolle der Union zu bringen.

4. Shermans Marsch nach Atlanta

Grant hatte, und das nahm die Öffentlichkeit im Norden wahr, in kurzer Zeit große Erfolge erzielt. Aber es nahte die Präsidentenwahl im November und noch war es keineswegs sicher, ob Lincoln von der Republikanischen Partei nominiert, oder von der Nation gewählt werden würde. Was Lincoln fehlte, war ein großer, eindeutiger und überzeugender Sieg, der den Menschen die Hoffnung gab, dass die Union unter Lincoln siegreich sein und der Krieg bald vorbei sein würde.

Grant hatte mit seiner Kampagne militärisch das Fundament zur Niederlage der Konföderation gelegt. Was die Bevölkerung des Nordens aber sah, waren endlose Kämpfe und Schlachten mit Lee, der nicht aufgab, und immer längere Verlustlisten des Nordens. Es fehlte das Symbol, das Fanal, um das sich der Norden scharen konnte. Grant hatte dafür Vorkehrungen getroffen, als er Sherman aussandte, um die Schwachstelle des Südens in Georgia zu treffen. Atlanta, die aristokratische Hauptstadt des Südens, war das Ziel und der Name, der Lincoln die Wiederwahl sichern sollte.

Shermans Angriff war mit Grants Vorstoß in die Wilderness koordiniert. Vom ersten Tag an sollte Joseph E. Johnston keine Möglichkeit haben, Lee mit Truppen zu Hilfe zu kommen. Sherman hatte drei Armeen mit 100.000 Mann und 254 Kanonen in Chattanooga versammelt, die Cumberland-Armee unter Thomas, die Tennessee-Armee unter McPherson, der als der talentierteste der jungen Unionsgeneräle galt, und Schofields Ohio-Armee. Dazu kamen noch vier Kavalleriedivisionen. Rund 30 Meilen südlich in Dalton standen 55.000 Konföderierte unter Joseph Johnston, die in zwei Brigaden unter William J. Hardee und John B. Hood und einer Kavalleriebrigade unter Joseph

Wheeler organisiert waren. Ein weiteres Korps unter Leonidas Polk mit 25.000 Mann war aus Mississippi im Anmarsch.

Sherman war bewusst, dass sich Johnston in der überlegenen geographischen Position befand. Um die 250 Meilen nach Atlanta zurückzulegen, mussten die »Yankees« drei größere Flüsse überqueren und die gesamte Armee durch die Pässe der Rocky Face Ridge schleusen, die von Johnston gehalten wurde. Da ein direkter Angriff sinnlos erschien, begann Sherman mit einer Reihe von Flankenmanövern, die Johnston zwangen, seine Stellungen in den Bergen aufzugeben und sich nach Reseca zurückzuziehen, wo sich eine Pontonbrücke über den Oostanaula River befand.

Am 14. Mai griff Schofield Johnstons Armee in Reseca an. Hooker und Howard erneuerten den Angriff am 15. Mai, wurden aber zurückgeschlagen. Inzwischen überschritt Shermans Hauptarmee den Fluss. Johnston musste Reseca aufgeben und zog sich zum Etowah River zurück. Sherman verfolgte die konföderierte Armee und holte sie am 19. Mai in Cassville Station ein, wo Johnston einen Hinterhalt für die heranmarschierenden Unionssoldaten aufgebaut hatte, den er aber aufgeben musste, als Unionskavallerie in seinem Rücken auftauchte. Am 20. Mai überquerte er den Etowah River und baute den südlich davon gelegenen Ort Allatoona zu einer Festung aus.

In knapp drei Wochen hatte Sherman die Hälfte des Weges nach Atlanta ohne größere Schlacht zurückgelegt. In der Konföderation begann die Besorgnis zu steigen, dass Johnston vielleicht nicht der richtige Mann sei, um Atlanta vor den »Yankees« zu retten.

Sherman versuchte abermals, Johnston auszumanövrieren und umging ihn in südwestlicher Richtung, wurde aber von der konföderierten Armee in Gefechten bei New Hope Church, Picketts Mill und Lost Mountain aufgehalten. Da Sherman hier keine Gelegenheit hatte, seine Truppen durch die Eisenbahn versorgen zu lassen, zog er sich nach Norden zum Eisenbahnknotenpunkt Acworth zurück. Nachdem er seine Truppen versorgt und ergänzt hatte, griff Sherman wieder an. Vom 10. bis 19. Juni versuchte er vergeblich, Kennesaw Mountain einzunehmen, auf dem sich Johnstons Armee verschanzt hatte. Allerdings verlor die Konföderation hier am 12. Juni mit dem Tode von Leonidas Polk einen ihrer profiliertesten Generäle.

Nachdem Sherman bis zum 27. Juni in mehreren Angriffen vergeblich versucht hatte, Johnston aus seinen Stellungen zu vertreiben, umging er ihn, worauf sich Johnston mit seiner Armee auf die Nordseite des Chatahooche River, dem letzten Fluss vor Atlanta, in vorbereitete Befestigungen zurückzog. Sherman scheute abermals den direkten Angriff, umging Johnston und ließ seine drei Armeen den Fluss außerhalb der Reichweite der Konföderierten queren, worauf sich diese in die Befestigungen zurückzogen, die in Eile um Atlanta gebaut worden waren. Sherman querte mit allen Truppen am 9. Juli den Chattahooche River und stand nun nur mehr acht Meilen vor Atlanta.

Die Schlacht um Atlanta

Am 9. Juli erschien in Johnstons Hauptquartier eine Delegation von Präsident Davis, um ihm das Missfallen über seine Strategie auszudrücken. Johnston hatte sich zwei Monate permanent auf dem Rückzug befunden. Wo er versucht hatte, Widerstand zu leisten, hatte ihn Sherman mit seinen zahlenmäßig überlegenen Truppen ausmanövriert und wieder ein Stück weiter zurückgetrieben. Davis ließ Johnston unter anderem ausrichten, dass er, wäre er an seiner Stelle, Sherman vernichten würde.

Johnston war wütend darüber und antwortete: »*Ich weiß, dass Mr. Davis denkt, er könne größte Dinge vollbringen, vor denen andere Menschen zögern würden. Zum Beispiel hat er versucht, Dinge zu erreichen, vor denen sogar Gott gescheitert war, nämlich einen Soldaten aus Braxton Bragg zu machen und das Resultat kennen wir ja*«.

Acht Tage später wurde Johnston von Davis durch John Bell Hood ersetzt. Grant bemerkte dazu nur lakonisch, dass Davis mit dieser Entscheidung den Unionsarmeen einen großen Dienst erwiesen hätte, weil Hood zwar ein guter Korpskommandant war, niemals aber die Eignung zum Armeeführer besaß. Auch Sherman war begeistert, Johnston hätte ihn mit seiner Hinhaltetaktik noch Monate vor Atlanta bluten lassen, mit Hood würde der Angriff der Union auf Atlanta schneller vorbei sein.

Am 18. und 19. Juli überschritt Sherman mit seiner gesamten Armee den Chattahoochee und marschierte in zwei Kolonnen, eine unter McPherson und Schofield und die andere unter Thomas, auf Atlanta zu. Hood wollte die Teilung der Unionsarmee nutzen, sich dabei seinem Oberkommandierenden empfehlen und griff am 20. Juli Thomas an, nur um blutig abgewiesen zu werden. Weit davon entfernt aufzugeben, schickte er in der nächsten Nacht Hardees Korps um die linke Flanke von McPhersons Armee, um sie im Rücken anzugreifen. Ein Manöver, das Sherman überraschte, sodass Hood die Unionslinien in der Schlacht von Bald Hill durchbrechen konnte. In diesem kritischen Moment verlor Sherman seinen begabtesten Kommandeur. McPherson hatte sich zu nah an die konföderierten Linien herangewagt und war aufgefordert worden, sich zu ergeben. Er wendete sein Pferd und versuchte, im Galopp zu entkommen, worauf ihm ein konföderierter Scharfschütze durch das Herz schoss.

Für eine halbe Stunde war die Tennessee-Armee der Union führerlos und in Gefahr aufgerieben zu werden, Hood versäumte es aber nachzustoßen. Auf Unionsseite übernahm der talentierte General John Alexander Logan das Kommando, konnte die Linien schließen und halten. Hoods große Chance, Atlanta zu retten, war vorbei.

Hoods Angriffe hatten sich als genau und zielsicher erwiesen, seine Soldaten waren aber am Rande der Erschöpfung und konnten die ihnen gesteckten Ziele nicht erreichen oder halten. Dennoch konnte Hoods Kavallerie gegen Ende Juli noch zwei Kavalleriedivisionen der Union aufhalten, die versucht hatten, über die Macon & Western Railroad nach Andersonville, dem berüchtigten Gefängnis der Konföderation, vorzustoßen, wo 33.000 Unionssoldaten unter menschenunwürdigen Bedingungen gefangen gehalten wurden und wo bis zum Ende des Krieges 13.000 Soldaten sterben sollten.

Der nächste Monat brachte die Belagerung von Atlanta. Man schlug sich in den Befestigungen mit Attacke und Gegenattacke. Sherman bombardierte unbarmherzig die Stadt, in der es auch zivile Verluste gab.

Als man dies Sherman vorwarf, antwortete er: »*Wenn diese Leute aufschreien und meine Vorgangsweise als barbarisch und grausam bezeichnen, so kann ich nur sagen: Das ist Krieg und kein Wettkampf um Beliebtheit. Wenn sie in Frieden leben wollen, dann müssen sie und ihre Mitstreiter den Kampf aufgeben ... Krieg ist*

Grausamkeit und kann nicht verbessert werden; die, die ihn begonnen haben, bekommen nun alle Flüche und Verwünschungen des Volkes zu spüren.«

Anfang August hatte Sherman genug von der Belagerung, die nicht seinem Stil Krieg zu führen entsprach. Er zog seine Truppen aus den Belagerungsgräben heraus, schwang im Westen und Osten um die Stadt herum und bedrohte im Süden die beiden letzten Eisenbahnlinien, welche Hood und Atlanta noch versorgten.

Am 1. August kam es zur entscheidenden Schlacht bei Jonesboro. Sherman konnte die Konföderierten besiegen, weiter nach Süden treiben und die Eisenbahnlinien unterbrechen. Hood musste sich aus Atlanta zurückziehen, dessen Verteidigungsanlagen, Arsenale und Baumwolllagerhäuser er durch eigene Sprengtrupps zerstören ließ. Am 2. September marschierten die Unionssoldaten in das zerstörte Atlanta ein und Sherman schrieb seinen berühmten Bericht an Grant, der mit den Worten begann: *»Atlanta ist unser und fair gewonnen«*. Fair in den Augen Shermans, aber auf Kosten von 80.000 Soldaten, die Verluste »fair« aufgeteilt auf die beiden Armeen.

5. Sheridan erobert das Shenandoah-Tal

Als die Nachricht vom Fall Atlantas den Norden erreichte, war die Union begeistert. Mit einem Schlag verstummten die Kritiker, die Lincoln bei den Novemberwahlen gerne durch einen Präsidenten ersetzt hätten, der den Krieg mit »mehr Nachdruck« führen würde; gleichzeitig brachte er damit die Argumente der Demokraten zum Verstummen, die jahrelang gepredigt hatten, dass der Krieg nicht auf dem Schlachtfeld zu gewinnen sei.

Dennoch würde es noch einen weiteren Erfolg brauchen, um Lincolns Wiederwahl zu sichern und diesen sollte Phil Sheridan mit der Eroberung des Shenandoah-Tales liefern.

Das Tal steckte wie ein Stachel im Fleisch des Nordens, es ermöglichte immer wieder die Bedrohung Washingtons durch die Rebellen und war das Rückzugsgebiet der konföderierten Armeen. Sigel, Hunter und Crook hatten versucht, die Konföderierten daraus zu vertreiben und waren gescheitert. Nun sollte Sheridan für Grant diesen Auftrag erledigen.

Grant gab Sheridan freie Hand. Ziel war die Vernichtung und Vertreibung von Jubal Earlys Armee aus dem Tal und die Vernichtung der Landwirtschaft. Zwar sollte Sheridan die Farmen verschonen und nicht niederbrennen, er war aber der Meinung, wenn die Unionsarmee angegriffen würde, dann »...*sollte den Leuten nichts bleiben als ihre Tränen.*«

Als Sheridan Anfang September mit 20.000 Mann in das Tal marschierte, wurde er schon bald von Guerillas und irregulären Truppen angegriffen, worauf Sheridan zu einer Politik der verbrannten Erde überging, um diesen Truppen des Südens, die von den regulären Soldaten beider Seiten zutiefst verachtet wurden, weil sie nicht den Mut hatten, in einer Schlachtenlinie zu kämpfen, sondern heimlich in der Nacht angriffen, die Lebensgrundlage und ihre Verstecke zu nehmen. Er ließ Farmen und Ernten verbrennen, während er nach Süden zog. Sheridan marschierte langsam und vorsichtig. Er wartete darauf, dass sich ihm Jubal Early mit seinen 12.000 Mann stellte; ein Kampf ,den Sheridan nicht verlieren durfte, wollte er Lincoln die Wiederwahl sichern.

Am 19. September trafen die Armeen bei Winchester aufeinander und Sheridan schlug Early klar, der sich auf Fishers Hill, eine Höhe südlich der Stadt, zurückziehen musste. Zwei Tage später stürmen die Unionstruppen auch diesen Hügel, Early musste sich weiter zurückziehen und machtlos zusehen, wie Sheridan nach Süden vorstieß und eine Spur der Verwüstung hinterließ.

In Washington nahm man den Fortgang der Kampagne im Shenandoah-Tal mit Befriedigung zur Kenntnis. Auch der stärkste innerparteiliche Rivale Lincolns um die Präsidentschaft, John Charles Frémont, sah ein, dass sich der Präsident im Vorteil befand und zog seine Bewerbung zurück.

Sheridan begegnete nun denselben Schwierigkeiten wie Siegel und Hunter vor ihm, seine Nachschublinie wurde länger und er brauchte immer mehr Soldaten, um sie gegen Mosbys Reiter, die größte der Guerillagruppen, zu verteidigen.

Sheridan war sich zu sicher, dass Early nicht mehr zurückschlagen konnte, und wurde von einer konföderierten Attacke am 19. Oktober bei Cedar Creek völlig überrascht. Seine Truppen konnten sich nicht sammeln und wandten sich zur Flucht, als Sheridan erschien und die fliehenden Truppen mit einem verzweifelten Appell an ihre Tapferkeit zum Stehen und zum Gegenangriff brachte, dem Jubal Early nicht widerstehen konnte und seinerseits die Flucht ergriff.

Sheridan blieb im Shenandoah-Tal und hielt über den Winter die Reste von Earlys Armee in Schach, die er im März 1865 am Mount Crawford besiegte, worauf sich Earlys Armee völlig auflöste.

In Petersburg arbeitete sich inzwischen Grant gegen härtesten Widerstand der Konföderation jeden Tag ein Stück weiter um die Stadt herum nach Westen vor. Immer wieder versuchte er die Befestigungen zu durchbrechen, wobei er am 30. Juli eine strategisch wichtige Position mit einer Mine von vier Tonnen Pulver in die Luft sprengen ließ. Die darauf folgende Schlacht schlug aber fehl, als die Unionstruppen in den durch die Explosion gebildeten Krater drängten und dort von konföderierten Soldaten abgeschlachtet wurden, ohne sich wehren zu können.

Dennoch gelang es Grant, den Belagerungsring nach Westen auszuweiten. Lee musste ihm auf der anderen Seite folgen und damit seine Truppen immer weiter ausdünnen. Irgendwann würden dann alle nach Petersburg führenden Eisenbahnlinien unterbrochen sein und sich eine Lücke in der konföderierten Verteidigung auftun, Grant wollte darauf warten und den entscheidenden Schlag zielsicher führen.

Auch um Richmond wechselten sich Angriffe und Gegenangriffe ab, auch hier ein langsamer aber stetiger Vormarsch der Union. Lee konnte nur hoffen, dass der Winter früh hereinbrechen und seinen Soldaten eine Atempause geben würde.

Weiter im Süden gelang es Admiral Farragut, im August 1864 Mobile Bay im Süden von Alabama zu erobern und damit einen der drei noch verbliebenen Häfen für Blockadebrecher der Konföderation zu schließen.

Mobile, Atlanta, Shenandoah, diese Namen und Siege hatten die Wähler im Ohr als sie am 8. November 1864 zu den Urnen der Präsidentenwahlen schritten. Auf der einen Seite stand Lincoln, der nun die Erfolge vorweisen konnte, auf die er vier lange Jahre hatte warten müssen und der den Wählern mit Zuversicht sagen konnte, dass der Krieg im nächsten Jahr siegreich beendet sein würde.

Auf der Seite der Demokraten stand George McClellan, der den Krieg zwar fortführen und die Union erhalten wollte, dabei aber gegen seine eigene Partei, die von den Copperheads unter Vallandigham dominiert war, auftreten musste. Diese waren für einen sofortigen Waffenstillstand und für einen Verhandlungsfrieden mit dem Süden. McClellans Wahlkampagne konnte den Wählern keine Aussicht auf eine stabile Politik bieten und daher entschied sich die Union am 8. November mit großer Mehrheit für die Wiederwahl Lincolns.

Damit war die letzte Hoffnung der Konföderation dahin, mit McClellan als Präsident der Union vielleicht doch noch die nun vorhersehbare Niederlage zu verhindern. Davis wollte es noch nicht wahrhaben, Lee und seine Generäle wussten es. Aber jetzt schon zu kapitulieren, kam noch nicht in Frage.

6. Hoods Angriff auf Tennessee

Nachdem er am 2. September 1864 Atlanta hatte aufgeben müssen, war Hoods Situation verzweifelt. Es fehlten ihm die Männer und Waffen, um Sherman auf Dauer in Atlanta festzuhalten. Zugleich verlangte Davis von ihm, alles Notwendige zu unternehmen, damit sich Sherman nicht nach Norden wenden und mit Grant vor Petersburg vereinigen konnte.

Hood plante nun, Sherman im Norden zu umgehen und dessen lebenswichtige Nachschublinie über die Western & Atlantic Railroad, die Atlanta mit Tennessee und Chattanooga verband, zu unterbrechen und so den Rückzug Shermans zu erzwingen.

Zunächst war Hood erfolgreich. Er überquerte den Chattahoochie River und konnte mehrere Meilen der Eisenbahnlinie zerstören, dann kam aber Sherman, vertrieb Hood nach dem Norden von Alabama und sicherte sich so seinen Nachschubweg. Sherman kehrte nach Atlanta zurück und begann, sich auf seinen Marsch zur Küste vorzubereiten. Als Hood dies erfuhr, plante er einen Vorstoß nach Nashville, Tennessee, um

Sherman von seinem Vorhaben abzubringen und zur Rückkehr in den Westen zu zwingen.

Hood fiel Anfang November in Tennessee ein. Sherman
sandte Thomas mit 55.000 Mann aus, ihn zu vertreiben. Er sel-
ber brach am 15. und 16. November zu seinem Marsch von
Atlanta nach Charleston auf.

Thomas ließ seine Truppen Befestigungen um Nashville
beziehen und sandte Schofield aus, Hoods Truppen zu schwächen und ihm Zeit zu verschaffen. Schofield lieferte Hood
hinhaltende Gefechte am 27. November bei Spring Hill und
am 30. November bei Franklin, südlich von Nashville, die den
Sinn hatten, tagsüber die konföderierten Soldaten gegen seine Feldbefestigungen anrennen zu lassen. Jede Nacht zog sich
Schofield ein Stück zurück.

Hood glaubte, hier die Hauptmacht des Feindes vor sich
zu haben und ließ stets frontal angreifen. Als er am 1. Dezember endlich vor Nashville stand, hatte er 7.000 Mann und 12
Generäle seiner Streitmacht von 45.000 Mann eingebüßt und
stand nun der Hauptarmee unter Thomas gegenüber. Unter
den toten Generälen war auch Patrick Cleburn, der ein Idol
des Südens war und von seinen Soldaten geliebt und verehrt
wurde.

Hoods Lage war militärisch hoffnungslos. Er wusste, dass
seine Kräfte nicht ausreichten, um die gut verschanzten Unionssoldaten in Nashville direkt anzugreifen. Sein Plan war,
auf eine Attacke zu warten, diese zurückzuschlagen und dann
»... auf den Fersen der fliehenden Unionssoldaten die Stadt zu stürmen«.

Thomas ließ sich Zeit mit dem Angriff. Erst am 15. Dezember trat er an und trieb nach einem Täuschungsmanöver gegen
Hoods Zentrum dessen rechte Flanke zurück. Am nächsten Tag wiederholte er die Taktik mit der linken Flanke, und
obwohl sich die Rebellen verzweifelt wehrten, wohl wissend,
dass vom Ausgang der Schlacht vielleicht der gesamte weitere
Verlauf des Krieges abhing, musste Hood seine Stellungen verlassen und fliehen.

Die Konföderierten waren außerordentlich hartnäckig und
stur gewesen und Thomas 55.000 Mann hatten zwei ganze
Tage gebraucht, um 35.000 Konföderierte zu besiegen. Auch
Schofield war beeindruckt und meinte »... dass es auf der ganzen

*Welt keine anderen Soldaten gäbe, die so schwer davon zu überzeu-
gen seien, dass sie eine Schlacht verloren hätten, wie die Konföderierten.«*

Thomas verfolgte Hood bis nach Mississippi, wobei nur die
konföderierte Kavallerie unter Nathan Bedford Forrest dessen
völlige Vernichtung verhinderte. Aber ab diesem Zeitpunkt
hatte die konföderierte Tennessee-Armee aufgehört, eine militärische Rolle im Bürgerkrieg zu spielen. In keiner Phase des
Feldzuges sah Sherman Hood als so große Bedrohung, dass
ihn dieser von seinem Vorhaben, von Atlanta zum Atlantik zu
marschieren, abgebracht hätte. Sherman wusste, dass die Konföderation nur mehr eine »hollow shell« (hohle Schale) war
und er hatte Thomas vertraut, mit der Situation alleine fertig
zu werden. Für seinen weiteren Vormarsch hatte er außerdem
einen Plan entwickelt, bei dem eine Sicherung seiner Nachschubwege keine Rolle mehr spielte; ein militärisch revolutio-
närer Plan, der auf Grants Erfahrungen vor Vicksburg basierte
und den Hood nicht erkannte, da er sonst seinen Angriff auf
Tennessee aufgegeben hätte.

7. Shermans Marsch zum Meer

Shermans Plan orientierte sich an dem, was ihm Grant bei
der Eroberung von Vicksburg vorgezeigt hatte. Er wollte seine Armee von den Nachschubbasen lösen, 400 Meilen durch
Feindsland marschieren und sich, obwohl es inzwischen November war, allein aus dem Land heraus ernähren. »*Georgia hat
eine Million Einwohner, da kann es 80.000 Soldaten zusätzlich leicht
versorgen*«, meinte Sherman. Erreichte er Savannah, konnte er
durch die Flotte der Union wieder versorgt werden. Zugleich
war sich Sherman bewusst, dass ein solches Manöver die Moral des Südens brechen würde. Gelang es der Konföderation
nicht, ihn aufzuhalten, so würde auch dem letzten Verfechter
der »Sache« klar werden, dass die Rebellion gescheitert war.

Sherman verließ am 15. November 1864 Atlanta und gab
den Auftrag, die militärisch wichtigen Installationen in der
Stadt wie Fabriken, Bahnhöfe und Lagerhäuser zu zerstören.
Allerdings »*...waren seine Soldaten ein wenig sorglos im Umgang*

mit Feuer und Pulver«, sodass ein Großteil der Stadt den Flammen zum Opfer fiel.

Shermans Armee von 62.000 Mann marschierte in drei Kolonnen und kam in ein Land, das bisher vom Krieg verschont worden war. Die Ernten waren eingebracht und die Scheunen gefüllt, zu Beginn des Winters hatte man die Mastschweine geschlachtet und die Räucherhäuser waren voll mit Schinken und Fleisch und auf den saftigen Wiesen graste das Vieh.

Jede Kompanie entsandte am Morgen eine Abteilung, die zu beiden Seiten des Marschweges die Farmen durchkämmte. Was nicht mitgenommen werden konnte, wurde vernichtet; die Farmen und Herrenhäuser der Plantagen niedergebrannt. Die befreiten Sklaven verließen die Plantagen und schlossen sich den Unionstruppen an. Eisenbahnschienen wurden aus den Gleisbetten gerissen, erhitzt und um Telegrafenmasten gebogen, Telegrafenleitungen zerstört.

Shermans Truppen marschierten 10 Meilen am Tag und ließen einen 80 Meilen breiten Pfad der Vernichtung zurück, wobei es zu zahlreichen Übergriffen auf und Grausamkeiten gegen die Zivilbevölkerung wie zu unnötigen Zerstörungen kam. Frauen wurden gefoltert, um das Versteck ihres Familiensilbers zu verraten, Mobiliar wurde sinnlos zerstört und das Vieh abgeschlachtet: »*Krieg ist eine grausame Sache und lässt sich nicht veredeln*«, meinte Sherman dazu und ließ seine Soldaten gewähren, um die Machtlosigkeit der Konföderation zu demonstrieren. Die Zerstörungen waren so umfangreich, dass nach Meinung seiner Soldaten eine Krähe, wenn sie das von Shermans Truppen verwüstete Gebiet überquerte, ihren Proviant mitnehmen musste.

Am 10. Dezember erreichte Sherman die Außenbezirke von Savannah. Drei Tage später stürmten seine Soldaten Fort McAllister, die letzte Verteidigungslinie des Südens vor der Stadt und stellten die Verbindung zu Admiral Farraguts Flotte her. Am 21. Dezember marschierten die Truppen der Union in Savannah ein. Sherman sandte ein Erfolgstelegramm an Lincoln, um ihm Savannah als Weihnachtsgeschenk anzubieten.

Shermans Marsch war einer der spektakulärsten Feldzüge im Bürgerkrieg, wenngleich er zumeist überbewertet wird. Weit vernichtender für die Moral des Südens und militärisch bedeutender war die Niederlage Hoods in Tennessee. Aber

Sherman hatte mit der Eroberung von Savannah den vorletzten freien Hafen der Konföderation geschlossen. Nur Wilmington in North Carolina, verteidigt durch Fort Fisher, blieb als Verbindungslinie der Konföderation mit dem Rest der Welt. Aber auch die Tage von Fort Fisher waren gezählt. Als es am 15. Januar 1865 von einer Unionsflotte unter Admiral Porter und einer Infanterietruppe unter Alfred Terry erobert wurde, war die Konföderation endgültig eingeschlossen.

Als sich das Jahr 1864 dem Ende zuneigte, war der Union klar, dass es nur mehr einen Feldzug zur endgültigen Niederlage des Südens brauchte. Nur noch Robert E. Lee und seine Virginia-Armee verhinderten das Ende des Krieges.

F. DAS JAHR 1865

1. Der Beginn des Jahres 1865

Das Jahr 1865 begann im Süden mit einer Resolution über eine Frage, die im Jahr zuvor noch bittere Diskussionen zwischen der Konföderation und der Union ausgelöste hatte: das Problem der Behandlung und Freilassung von Kriegsgefangenen. 1862 hatten beide Staaten ein Abkommen unterzeichnet, das einen Austausch von gefangenen Soldaten vorsah. Dies hatte bis zu dem Zeitpunkt gut funktioniert, als die Union begann, auch ehemalige schwarze Sklaven, die von den Unionsarmeen befreit worden waren, in eigenen Regimentern einzusetzen. Die Konföderation erließ darauf eine Proklamation, in der festgestellt wurde, dass Schwarze nicht als Soldaten, sondern als entflohene und rebellierende Sklaven behandelt werden würden. Sollte man auch ihre weißen Offiziere gefangen nehmen, so würden diese zum Tode wegen der Begünstigung einer Sklavenrebellion verurteilt werden. Diese Haltung führte zu einem Aufschrei im Norden und die Konföderation wagte diese Resolution niemals in die Tat umzusetzen, wenngleich bei mehreren Gelegenheiten schwarze Soldaten nach ihrer Gefangennahme grausam ermordet wurden. So ließ Nathan Bedford Forrest am 12. April 1864 nach der Eroberung von Fort Pillow in Tennessee alle schwarzen Gefangenen hängen und erschießen, wobei auch einige weiße Offiziere und Soldaten den Tod fanden.

Die Frage der Behandlung von Kriegsgefangenen zog sich durch die gesamte Kriegszeit. Der amerikanische Bürgerkrieg war der erste Krieg mit hohen Gefangenenzahlen. Bis dahin hatte man gefangene Soldaten zumeist nur entwaffnet und dann freigelassen. Nachdem 1863 bekannt wurde, dass die Konföderation den Schwarzen den Status als Soldaten verweigerte, suspendierte Lincoln den Vertrag zum Austausch von Gefangenen, unter anderem auch deshalb, da die Union feststellen musste, dass zahlreiche der 25.000 Soldaten, die Grant in Vicksburg auf ihr Ehrenwort entlassen hatte, in der Schlacht von Chickamauga erneut in die Gefangenschaft der Union gerieten.

Man begann nun auf beiden Seiten mit dem Bau von Kriegsgefangenenlagern, in die besonders nach den heftigen Kämpfen vom Sommer 1864 Zehntausende Soldaten eingeliefert wurden. Die Behandlung der Kriegsgefangenen war schlecht. In Unionslagern starben 12 % der Konföderierten an Krankheiten, im Süden waren es 16 %, die vor allem an Hunger und Mangelkrankheiten zugrunde gingen. Die Konföderation, die ihre eigenen Soldaten kaum versorgen konnte, war nicht fähig, für ihre Gefangenen genügend Rationen zur Ernährung bereit zu stellen.

Kein Kriegsgefangenlager war berüchtigter als das Lager Andersonville der Konföderation in Georgia. Auf 26 Hektar waren hier von Februar bis Dezember 1864 33.000 Unionssoldaten zusammengepfercht. 13.000 davon fanden den Tod durch schießwütige Wächter, Hunger, Krankheiten und das Klima, da sie keine Zelte oder Baracken hatten. Im Sommer 1864 starben bis zu 100 Soldaten am Tag.

Der Kommandant des Lagers, Henry Wirz, ein Schweizer Auswanderer auf Seiten der Konföderation, war einer von zwei konföderierte Soldaten, die nach dem Krieg wegen Kriegsverbrechen verurteilt und 1865 in Washington hingerichtet wurden. Ob er tatsächlich die Ermordung von Gefangenen befohlen hat oder stellvertretend für alle konföderierten Lagerkommandanten, in deren Lagern es nicht besser zugegangen ist als in Andersonville, gehängt wurde, ist Gegenstand der historischen Diskussion.

Die im Norden bekannte schlechte Behandlung der Unionssoldaten im Süden übte den gesamten Sommer 1864 starken politischen Druck auf Lincoln aus. Man warf ihm vor, die Frage der schwarzen Soldaten höher zu bewerten, als das Schicksal der weißen gefangenen Unionssoldaten. Lincoln war kein Präsident, der Populismus vor eine moralische Grundsatzfrage stellte, aber unmittelbar nach seiner Wiederwahl wandte sich die Regierung der Union in der Frage der Kriegsgefangenen zur Aufnahme von Verhandlungen an die Konföderation.

Lee hatte noch im Herbst 1864 jede Diskussion über die

Frage der schwarzen Unionssoldaten mit dem Argument abgelehnt, man könne nicht von Regierungs wegen über das
ehemalige Eigentum von Bürgern des Südens verhandeln. Mit
Beginn des Jahres 1865 mussten aber er und die Regierung der
Konföderation ihre Meinung revidieren und den schwarzen
Soldaten der Union stillschweigend den Status von Soldaten
zubilligen.

Grund dafür war, dass man im Süden das plante, was man
zwei Jahre lang als die unglaublichste Entgleisung der Union
angesehen hatte – die Rekrutierung von Schwarzen als Soldaten. Man versprach ihnen dafür nach dem Krieg die Freiheit,
ein Versprechen, das die Sklavenhalter im Kongress der Konföderation empörte, da man »ja schließlich auch Krieg führte, um
sein Eigentum zu behalten.«

Die Diskussion dauerte an. Erst am 13. März passierte das
Gesetz den konföderierten Kongress, der sich aber auflöste,
ehe noch die ersten schwarzen Regimenter formiert werden
konnten. Damit bleibt die Frage unbeantwortet, wie viele Sklaven bereit gewesen wären, um ihre Freiheit und damit dafür,
dass andere Schwarze Sklaven blieben, zu kämpfen.

Lee war noch immer gegen die Bewaffnung der Sklaven:
»Wir versprechen ihnen nach dem Krieg die Freiheit, dabei brauchen
sie in der Schlacht nur die Seite zu wechseln, um sie sofort zu bekommen«.

Im Januar 1865 wurde auch klar, dass sich Lincoln auf
Grants Linie der »bedingungslosen Kapitulation« des Südens
einschwor. Als nach dem Fall von Fort Fisher am 15. Januar
die Lage der Konföderation immer ernster wurde, versuchte
Davis nochmals, seinen Staat durch Verhandlungen zu retten
und vereinbarte Gespräche von Unterhändlern mit Lincoln.
Dieser traf die Emissäre an Bord eines Kriegschiffes der Union
in Hampton Roads.

Er legte ihnen dar, dass für ihn der Krieg nur zu beenden
war, wenn die Konföderation die Waffen niederlegte, die Sklaven befreite und in die Union zurückkehrte. Dies war für die
Konföderation unannehmbar und trotz der schwierigen politischen, militärischen und wirtschaftlichen Lage hielt Davis daraufhin eine flammende Rede vor den Bürgern von Richmond,
in der er den Süden beschwor, niemals auf die demütigenden
Forderungen einzugehen, und die er in völliger Verkennung

der Lage mit den Worten schloss: »*Lincoln und Seward haben ihre Meister gefunden*« und dass »*die Yankees in weniger als zwölf Monaten die Konföderation um Frieden zu den Bedingungen Richmonds würden bitten müssen.*«

Grant, Sheridan und Sherman lasen die Worte in den konföderierten Zeitungen und müssen sich gewundert haben. Sie wussten, dass die Konföderation besiegt war; ein letzter Stoß, ein letzter Feldzug und sie würde fallen.

2. Shermans Carolinas-Kampagne

Am Beginn des Jahres 1865 trafen sich Grant und Sherman in City Point vor Petersburg, um das Finale der Konföderation vorzubereiten. Der ursprüngliche Plan hatte vorgesehen, die Truppen Shermans, nachdem sie die Atlantikküste erreicht hatten, einzuschiffen und nach Virginia zu transportieren. Mit den 100.000 zusätzlichen Soldaten wäre der Krieg dann, so berechnete Grant, bis Ende Februar gewonnen.

Grant änderte diese Pläne. Statt die Truppen Shermans einzuschiffen, sollten sie durch South Carolina nach Norden ziehen und damit jenen Staat bestrafen, von dem aus die Rebellion der Konföderation ausgegangen war. Sherman sollte South Carolina und dann North Carolina als Nachschubbasen Lees ausschalten und die Moral der Konföderation schwächen. Dann würde er von Süden her auf Virginia, Petersburg und Richmond marschieren, womit Lees Virginia-Armee von beiden Seiten bedroht und ihr der mögliche Rückzug nach Westen und Süden abgeschnitten wäre.

Am 1. Februar 1865 setzte Sherman 60.000 Mann, geteilt in zwei Kolonnen, in Marsch. Es war keine leichte Aufgabe. Johnston, der die Reste von Hoods Armee um sich versammelt hatte, versuchte Widerstand zu leisten und den Marschweg zu sperren. Er hatte Straßen, Eisenbahnlinien und Brücken zerstört, aber die blaue Armee marschierte unbeirrt vorwärts. Wenn man eine Brücke brauchte, baute man sie, war eine Straße zerstört, wurde sie neu errichtet, ganze Regimenter waren damit beschäftigt, per Hand Wagen durch das Sumpf- und Marschland der Carolinas zu ziehen. Selbst Johnston musste die Leistung der Unionssoldaten anerkennen und meinte: »... *dass es seit den Zeiten von Julius Cäsar keine gleichwertige Armee mehr gegeben hatte.*«

Hatte man Georgia aus militärischen Gründen zerstört, so kam in South Carolina der Gedanke der Rache hinzu. Man plünderte das Land in einem Korridor von fast 80 Meilen Breite aus und brannte nieder, was noch übrig war. Ein Soldat aus Illinois schrieb darüber nach Hause: »*Die Reichen schlafen ab nun in den Sklavenhütten, ihr Vieh und ihr Korn versorgen unsere Armee, ihre Zäune sind unser Brennholz und ihre Scheunen und Baumwollmühlen sind Scheiterhaufen. Es scheint, dass South Carolina, das den Wind der Sezession gesät hat, nun Sturm erntet.*«

Charleston war das natürliche Ziel von Shermans Truppen. Große Teile der Bevölkerung flohen aus der Stadt und flüchteten nach der Hauptstadt Columbia. Sherman besetzte kampflos Charleston und ließ in einer feierlichen Zeremonie durch Robert Anderson, ehemaliger Verteidiger von Fort Sumter und nun ein invalider Zweisternegeneral der Union, jene zerschlissenen »Stars and Stripes« wieder über dem Fort aufziehen, die dieser vier Jahre zuvor hatte streichen müssen.

Shermans nächstes Ziel war Columbia, das unverteidigt in seine Hände fiel und niederbrannte. Jede Seite gab dafür der anderen die Schuld. Jahre später beschrieb der Unionsgeneral Henry W. Slocum die Szene: »*Ein betrunkener Soldat mit einer Muskete in der Hand ist nicht der sanfteste Besucher in einem dunklen Haus in einer stürmischen Nacht, noch dazu, wenn man ihn jahrelang spöttisch dazu eingeladen und ihm angedroht hat, an ihm bei dieser Gelegenheit eine bestimmte chirurgische Operation vorzunehmen.*«

Als Shermans Armee Anfang März North Carolina erreichte, änderte sich das Verhalten der Soldaten. Sherman ließ wieder auf strengste Disziplin achten, Plünderungen und Brandstiftungen waren nicht mehr erlaubt. Johnston hatte begonnen, mit 21.000 Mann Widerstand zu leisten und stellte sich Shermans Truppen in den Weg. Dreimal versuchte er die Unionstruppen aufzuhalten, doch musste er trotz der Tapferkeit seiner Soldaten, die um jeden Preis verhindern wollten, dass Sherman Virginia erreichte, jedes Mal zurückweichen. Er verlor Gefechte bei Kinston, Averasboro und bei Bentonville und konnte nicht verhindern, dass sich Sherman am 23. März mit Schofield bei Goldsboro an der Südgrenze Virginias vereinigte und damit seine Truppenstärke auf 100.000 Mann erhöhte.

Am 28. und 29. März trafen sich Sherman, Grant und Lincoln abermals in City Point vor Richmond. Diese drei Männer wussten, dass das Ende der Konföderation gekommen war und die Generäle wollten vom Präsidenten wissen, zu welchen Bedingungen sie die Kapitulation der Konföderation entgegen nehmen konnten. Lincoln war für ein barmherziges Vorgehen, sobald die Rebellen die Waffen niedergelegt hatten, wären sie wieder als Bürger der Vereinigten Staaten von Amerika mit allen Rechten und Pflichten zu betrachten. Lincoln wollte unmittelbar darauf mit der Rekonstruktion des Südens beginnen, um ungestört vom Kongress, der von den Scharfmachern der Republikanern dominiert war, aber erst wieder im Juli zusammentreten würde, ein Programm der nationalen Versöhnung zu verkünden.

Zur selben Zeit gab Johnston den Widerstand gegen Shermans Truppen auf. Frustriert schrieb er an Davis: »*Ich kann nicht mehr tun, als ihn ein wenig stören*«. Seine letzte Hoffnung war, sich mit Lees Truppen zu vereinigen. Das Ende des Krieges durch Lees Kapitulation bei Appomattox am 9. April machte dies unmöglich und Joseph Johnston kapitulierte vor Sherman am 26. April in Dunham Station mit allen militärischen Ehren.

Er hatte zwar die Vereinung von Shermans Truppen mit Grant verhindert, sein Widerstand war aber militärisch genauso sinnlos wie Shermans gesamter Feldzug, der allein die Zerstörung von konföderierten Ressourcen und das Brechen der Moral des Südens beabsichtigte. Shermans Marsch durch die Carolinas war zwar militärisch spektakulär und gilt bis heute als taktische und logistische Meisterleistung, hatte aber kaum einen Einfluss auf das Ende des Krieges. Die letzte Schlacht sollte weiter im Norden um Petersburg und Richmond ausgefochten werden.

3. Richmonds Fall und das Ende bei Appomattox

Im Februar 1865 war die Konföderation am Ende ihrer Kräfte und Möglichkeiten angelangt. Der Westen war verloren, im Süden marschierte Sherman durch die Carolinas in Richtung Virginia, das Shenandoah-Tal gehörte Sheridan und es gab keinen offenen Hafen mehr, der die Reste der Konföderation mit der übrigen Welt verband.

Lees Armee in Petersburg und Richmond schwand von Tag zu Tag dahin, der Nachschub blieb aus und Lee verdammte die Politiker der Konföderation die »... *nicht fähig schienen, etwas zu tun, außer Erdnüsse und Tabak zu kauen, während seine Armee hungerte*«. Die Soldaten waren der Kälte ausgesetzt, hungerten und froren und desertierten in immer größerer Zahl, einerseits, um zu ihren bedrängten Familien in den Carolinas zurückzukehren, andererseits um zu verhindern, dass die Staatskommissare der Konföderation und die »Home Guard« alles Essbare auf ihren Farmen beschlagnahmten und ihre Familien dem Hunger preisgaben.

Davis dachte noch immer nicht daran, aufzugeben, wenngleich seine Popularität im Süden immer weiter fiel. Lee setzte auf ein letztes, verzweifeltes Manöver, um seine Armee zu retten. Er wollte aus Petersburg ausbrechen, nach Süden marschieren und sich mit Johnston vereinigen. Gemeinsam konnten sie vielleicht Sherman schlagen, sich dann wieder gen Norden wenden und in einer letzten Schlacht, die den Krieg entscheiden sollte, Grant vernichten. Ein höchst spekulativer Plan, an den auch Lee kaum selbst geglaubt haben dürfte.

In den Gräben vor Petersburg und Richmond war der Winter ruhig gewesen, nur am 5. Februar hatte Grant Kavallerie und Infanterie nach Westen gesandt, um den konföderierten Nachschub auf der Boydton Plank Road zu unterbrechen. Lee hatte darauf reagiert und die Unionstruppen aufgehalten, musste allerdings seine Befestigungslinien weiter verlängern und geriet damit an die Grenzen seiner militärischen Möglichkeiten. Lee plante, Ende März auszubrechen und befahl am 25. März das Unionsfort Stedman, welches Teil des Einschließungsringes von Petersburg war, anzugreifen. Damit wollte er Grant zwingen, Truppen von der Westseite Petersburgs nach Osten zu verlegen und so eine Lücke in den Unionslinien öffnen, durch die sich seine Armee nach Westen absetzen konnte. Der Angriff schlug fehl, Fort Stedman sollte die letzte offensive Aktion der konföderierten Armee im Bürgerkrieg sein.

Nun handelte Grant. Am 31. März ließ er Sheridan die rechte Flanke der konföderierten Linien bei Five Forks angreifen. Sheridans Angriff drang zwar nicht durch, allerdings mussten sich die Verteidiger von Five Forks, Pickett, Johnson und Fitz Lee zurückziehen. Sheridan besetzte Five Forks, womit der Union nach Norden der Weg bis zum Appomattox River offenstand. Petersburg war eingeschlossen, seine für den Nachschub für Richmond lebenswichtigen Bahnlinien endgültig unterbrochen.

Beim ersten Tageslicht am Sonntag, den 2. April, griff Grant Petersburg mit allen Truppen an. Innerhalb einer halben Stunde erzielten die überlegenen Unionssoldaten breite Einbrüche, A.P. Hill fiel mit einer Kugel im Herzen, als er sich an der Front einen Überblick über die Lage verschaffen wollte. Damit war ein weiterer von Lees großen Generälen gefallen.

Lee rief nach Longstreets Truppen, doch auch diese konnten den Vormarsch der Blauen nicht aufhalten und Lee musste eine schwere Entscheidung treffen. Wollte er nicht seine gesamte Armee verlieren, musste er Petersburg und Richmond aufgeben und versuchen, sich nach Süden zu Johnston durchzuschlagen.

Lee informierte Davis, den die Nachricht in der Kirche erreichte. Nur wenig später sahen die Bürger von Richmond die konföderierte Regierung auf der Flucht und wussten um ihr Schicksal. Viele Bewohner Richmonds flohen, man brachte den noch verbliebenen Staatsschatz von einer halben Million Dollar in Gold in Sicherheit und begann mit der Sprengung militärisch wichtiger Installationen; eine zu diesem Zeitpunkt bereits nutzlose Maßnahme, die zum Brand und zur Plünderung der konföderierten Hauptstadt führte.

Am Morgen des 3. April besetzten zwei weiße und ein

schwarzes Regiment Unionstruppen Richmond, löschten die
Feuer, vertrieben die Plünderer und stellten die Ordnung wieder
der her. Als die Nachricht in Washington und in der Union
bekannt wurde, brach Jubel aus, man feierte in den Straßen,
das Kapitol wurde festlich beleuchtet und die Zeitungen
überschlugen sich in ihren Schlagzeilen. Der Ton der Artikel
reichte von »Brennt sie für immer nieder« über »Hängt Jeff
Davis zwanzig Mal« bis zu moderaten Tönen, die bereits zur
freudigen Wiederaufnahme der verlorenen Brüder im Süden
rieten.

Robert E. Lee hatte sich mit den ihm verbliebenen 30.000
ausgehungerten Soldaten einen Tag Vorsprung verschafft und
versuchte Danville, Virginia, zu erreichen, das von Johnston
gehalten wurde und wohin Jeff Davis die Regierung verlegt
hatte. Am 3. April erreichte er Amelie Court House, etwa 20
Meilen westlich von Richmond. Lee hatte gehofft, dort die
nötigen Rationen zu finden, um seine Truppen zu versorgen,
fand aber nichts vor, musste für einen Tag Halt machen und
seine Truppen aussenden, um in der Nachbarschaft nach Vorräten
zu suchen. Dieser eine Tag reichte Grant aus, um Lees
Vorsprung aufzuholen, Unionskavallerie bedrängte die fouragierenden
Soldaten und drei Korps Unionsinfanterie waren
im Anmarsch auf Amelia Court House. Sheridan, zurück aus
dem Shenandoah-Tal, wollte schneller sein und versuchte in
der Nacht des 4. April einen Angriff auf Lees Truppen, wurde
aber abgewiesen.

Lee schrieb nach dem Krieg in einem Brief an Davis, dass
dieser eine Tag Verzögerung, der dadurch entstand, dass seine
Truppen in Amelia keine Vorräte vorfanden, das Schicksal seiner
Armee besiegelt hatte.

Als am Morgen des 5. April die Proviantwagen Lees zurückkamen,
waren sie fast leer, die konföderierte Virginia-Armee
musste mit leeren Mägen weitermarschieren. Lee wollte
sich weiter nach Westen durchschlagen und fand seinen Weg
durch Unionstruppen versperrt. Er versuchte auszuweichen
und in einem Nachtmarsch Farmville zu erreichen, wo er
hoffte, Rationen aus Lynchburg zu erhalten. Die Märsche
der Virginia-Armee wurden zum Albtraum für die unterernährten
Soldaten, sie fielen vor Erschöpfung und Hunger
um, desertierten oder wurden von Unionstruppen gefangen.

Grant war hinter Lee her. Dieses Mal würde er ihn nicht entwischen lassen wie McClellan nach Antietam oder Meade nach Gettysburg.

Lee versuchte, dem Griff der Union zu entkommen. Am 6. April stellte ihn Grant aber bei Saylors Creek. Die Unionstruppen überwältigten hier General Gordon, der Lees Wagenkolonne sicherte, und erbeuteten die gesamten noch vorhandenen Vorräte und Munition, die Reste von Ewells und Andersons Korps lösten sich auf. Als Lee, der auf seinem Pferd Traveller saß und eine konföderierte Fahne in der Hand hielt, die gebrochenen Soldaten an sich vorbei flüchten sah, rief er aus: »*Mein Gott, hat diese Armee aufgehört zu existieren?*« Er ritt vor, um an der Spitze seiner Soldaten selbst anzugreifen, als General Mahone erschien und ihm mit den Worten: »*Das ist meine Arbeit, Sir*« die Fahne aus der Hand nahm und seine Truppen nochmals zum Angriff führte.

Lee verlor an diesem Tag weitere 8.000 Mann, die letzte Armee der Konföderation war nun ein durcheinandergewürfelter Haufen von 15.000 Mann gegen 80.000 Verfolger, sie war unorganisiert, die einzelnen Regimenter und Korps waren aufgelöst und vermischt, eine geordnete Kommandostruktur hatte aufgehört zu existieren.

Lee marschierte dennoch weiter. Am 7. April erreichten seine ausgehungerten Soldaten Farmville, wo sie erstmals seit Tagen wieder versorgt werden konnten, Lee überquerte hier den Appomattox River und verbrannte die Brücken hinter sich, konnte aber die Unionskavallerie, die seine Nachhut bedrängte, nicht abschütteln.

In der Nacht vom 7. zum 8. April erhielt er eine erste Aufforderung Grants zur Kapitulation und gab sie wortlos an Longstreet weiter, der den Kopf schüttelte und sagte: »*Noch nicht*«.

Lee hatte noch Hoffnung. Er hatte erfahren, dass in Appomattox Station vier Züge mit Rationen, Waffen und Munition auf ihn warteten. Erreichte er sie vor der Union, konnte er seine Truppen versorgen und mit den Zügen in Sicherheit bringen. Aber es war zu spät. Sheridan umging an diesem Tag Lees Armee im Süden, erreichte Appomattox Station und nahm die Züge in Besitz. Dann stellte er seine Truppen Lee auf der einzigen Straße nach Westen in den Weg. Als die Nacht kam, ließ Lee seine Truppen in Appomattox Court House halten, der nächste Tag würde den weiteren Fortgang des Krieges entscheiden. Konnte er Sheridans Kavallerie durchbrechen, konnte er vielleicht noch einmal entfliehen. Stand hinter der Kavallerie aber bereits Unionsinfanterie, so war das Schicksal der konföderierten Virginia-Armee besiegelt.

Am Morgen des 9. April, dem Palmsonntag, kleidete sich Lee besonders sorgfältig. Er legte eine neue graue Uniform mit einer Binde aus roter Seide an, gürtete sich mit einem juwelenbesetzten Säbel, den ihm englische Ladies geschenkt hatten, schlüpfte in bestickte Stiefel und legte lange graue Handschuhe an. Ein Offizier, der Lee stets nur in der abgetragenen Uniform eines Colonels gesehen hatte, drückte ihm sein Erstaunen aus. Lee meinte, dass er an diesem Tag der Gefangene Grants werden könne und dann wolle er ihm anständig gekleidet gegenübertreten.

Zehn Meilen davon entfernt ritt ein übernächtigter Grant in der schmutzbespritzten Uniform eines einfachen Soldaten auf Appomattox Court House zu. Er litt unter heftigen Kopfschmerzen, hatte des Nachts seine Füße in heißem Wasser gebadet und Senfpflaster aufgelegt. Grant war müde und doch voller Hoffnung, dass dieser Tag das Ende von vier Jahren Bürgerkrieg bringen würde.

Am 9. April um 9 Uhr vormittags griff General Gordon mit allem, was er noch an Truppen hatte, Sheridans Kavallerie an, die den Weg nach Appomattox Station versperrte. Die Kavallerie gab schnell nach und zog sich zurück, aber dahinter tauchten im Morgennebel Reihen um Reihen blauer Linien und funkelnder Bajonette auf; die Unionsinfanterie war rechtzeitig eingetroffen. Gordon stoppte den Angriff, verschanzte seine Soldaten und sandte an Lee die Bitte um Unterstützung, aber es gab keine Soldaten mehr, die er hätte in die Schlacht werfen können. »Nun«, sagte Robert E. Lee, »bleibt mir nichts anderes übrig, als zu gehen und General Grant aufzusuchen, lieber würde ich tausend Tode sterben.«

Seine Generäle protestierten mit Tränen in den Augen, Porter Alexander beschwor ihn, die Truppen aufzulösen und als Guerilla weiter zu kämpfen, aber Lee wusste, wann es genug war. Ein Guerilakrieg würde für Jahre Opfer unter der Zivilbevölkerung und die Verwüstung des Südens bedeuten. Er war bereit, seinen Stolz zu opfern, um weitere Verluste unter seinen Soldaten zu vermeiden.

Auf der anderen Seite wurde Sheridan ungeduldig. Er war bereit, in einem letzten großen Angriff die konföderierte Virginia-Armee endgültig zu vernichten. Er ließ zum Angriff blasen und seine Truppen gegen die fast verteidigungsunfähigen Konföderierten vorrücken. Es drohte ein Massaker, als im letzten Moment ein konföderierter Offizier mit einer Parlamentärsflagge zwischen die Linien ritt und Sheridan mitteilte, dass Lee auf dem Weg zu Grant war. Sheridan war skeptisch, ließ aber den Angriff abbrechen und beide Armeen setzten sich in der warmen Frühlingssonne in Sichtweite voneinander nieder.

Dann erschien Grant und ritt mit Sheridan den Weg hinunter nach dem Haus von Wilmer McLean, in dem die Kapitulation Lees stattfinden sollte.

Wilmer Mclean hatte eine eigene Geschichte im amerikanischen Bürgerkrieg. Er stammte aus North Virginia und 1861, während der ersten Schlacht des Bürgerkrieges in Bull Run, hatte P.T. Beauregard in der Küche seines Hauses sein Hauptquartier aufgeschlagen. McLean hatte daraufhin seine Farm verkauft, um der Nähe des Krieges zu entfliehen und in Ruhe zu leben und hatte sich in South Virginia angesiedelt; nun hatte ihn der Krieg eingeholt.

Als Grant ankam, erwartete ihn Lee bereits mit zwei Adjutanten auf der Veranda des McLean'schen Hauses. Grant schüttelte Lee die Hand. Er war sich, wie er später in seinen Memoiren schrieb, seiner schmutzigen Uniform wohl bewusst, die so im Gegensatz zu Lees Pracht stand. Beide Männer setzten sich im Salon an einen Tisch, umgeben von einem Dutzend von Grants Generälen. Alle wollten dabei sein, um diesen historischen Augenblick zu erleben. Lee ließ sich nicht anmerken, ob es ihn störte.

Grant ergriff als erster das Wort. »*Ich habe Sie bereits einmal getroffen*«, sagte er zu Lee, »*während wir in Mexiko dienten. Sie kamen von General Scotts Hauptquartier, um Garlands Brigade zu besuchen, zu der auch ich gehörte. Ich konnte mich immer an Ihr Auftreten erinnern und ich denke, ich hätte Sie überall wiedererkannt.*«

»*Ja*«, antwortete Lee, »*ich weiß, dass ich Sie bei dieser Gelegenheit getroffen habe und ich habe oft darüber nachgedacht und ver-*

sucht mich zu erinnern, wie Sie ausgesehen haben, aber ich konnte mich niemals an ein besonderes Merkmal erinnern«.

Grant war sichtlich nervös und versuchte weiterhin, Konversation über Mexiko zu machen. Er war unsicher, wie er mit Lee umzugehen hatte, aber dieser war bestrebt, seine unangenehme Pflicht so rasch wie möglich hinter sich zu bringen und brachte die Sache auf den Punkt.

»Ich denke General Grant, dass der Sinn unseres Treffens uns beiden klar ist. Ich möchte Sie fragen, zu welchen Bedingungen Sie die Kapitulation meiner Armee entgegennehmen wollen«.

Ohne über diese Wendung erstaunt zu sein und ohne Bewegung in der Stimme, begann Grant die Bedingungen aufzuzählen: *»Die Offiziere und Mannschaften kapitulieren und werden zunächst vorläufig entlassen und es wird ihnen untersagt, wieder zu den Waffen zu greifen, bis sie offiziell entlassen werden, alle Waffen, Munition und Vorräte werden ausgeliefert und gelten als beschlagnahmtes Eigentum.«*

Grant setzte sich nieder um die Bedingungen niederzuschreiben. Lee las sie, korrigierte schweigend einen Rechtschreibfehler und stimmte zu. Er brachte nur einen Einwand vor: In seiner Armee besaßen viele Artilleristen und Kavalleristen privat ihre Pferde; wäre es erlaubt, dass diese Männer ihr Eigentum behalten könnten? Zuerst meinte Grant, dass man dies nur den Offizieren gestatten könne, aber als er sah, wie viel dieser Punkt Lee bedeutete, versprach er ihm, dass *»alle Männer, die Anspruch auf ein Pferd oder ein Maultier hätten, dies mitnehmen könnten, um zu Hause ihre Farmen zu bewirtschaften«.*

Lee war erleichtert und dankbar, *»dies ist sehr befriedigend und wird viel zu Versöhnung unserer Leute beitragen«,* er war beeindruckt von Grants Großzügigkeit, die nicht die Rachsüchtigkeit, sondern das Mitgefühl eines siegreichen Feldherrn darstellte.

Lee wusste, dass damit der Krieg und die Konföderation verloren waren. Zwar konnte legal nur die Virginia-Armee kapitulieren und an manchen Fronten gingen die Kämpfe bis zum 26. Mai weiter, aber die Rebellion der Südstaaten hatte am Palmsonntag des Jahres 1865 in Appomattox geendet.

Nachdem er die Kapitulationsurkunde unterschrieben hatte, stand Lee auf, schüttelte Grant die Hand, verbeugte sich vor den Unionsgenerälen im Raum und schritt zur Tür. Auf der Veranda verhielt er schweigend, um auf Traveller zu warten und sah nachdenklich auf die Hügel, hinter der seine geschlagene Armee wartete. Zweimal schlug er mit der geballten Faust in die andere Hand, dann stieg er auf sein Pferd und ritt davon, zwar besiegt, aber als einer der größten Generäle und Heerführer der Neuzeit in die Geschichte eingehend.

Er ritt durch ein Spalier von Unionssoldaten, die schweigend seinen Weg säumten und ihm damit den ihm zustehenden Tribut zollten. Er war ein großer, gefährlicher aber stets ritterlicher und galanter Gegner gewesen, ein General der alten Schule. Lee ging zurück nach Richmond, lehnte zahlreiche lukrative Posten ab und lebte bis zu seinem Tode 1870 als Rektor des Washington College in Lexington, Virginia. Er bemühte sich, seinen ehemaligen Soldaten ein Beispiel zu sein, wie man sich in das Schicksal zu fügen habe und wurde in seiner Haltung von beiden Seiten hoch anerkannt.

Als Lee gegangen war, brandete Jubel auf und man feierte Grant, den neuen Typ des Generals, der mit industrieller Präzision und mit der nötigen Brutalität gegen den Gegner, aber auch gegen seine eigenen Soldaten den Krieg in Appomattox zu einem Ende gebracht hatte.

Unmittelbar nach der Kapitulation ließ Grant die Virginia-Armee mit Rationen versorgen und die Ärzte der Union kümmerten sich um die zahlreichen Verwundeten. Die formelle Kapitulation der konföderierten Regimenter am 12. April beschrieb Josuah L. Chamberlain, der Ethikprofessor aus Bowdoin, Maine, Verteidiger von Little Round Top in Gettysburg und seit 18. Juni 1865 selbst Brigadegeneral. Chamberlain hatte die Ehre erhalten, die Truppen der Union bei der offiziellen Kapitulation zu kommandieren.

»Jede einzelne Division hielt an, stand uns Auge in Auge in zwölf Fuß Entfernung gegenüber. Sie begradigten ihre Linien wie in der Schlacht, dann falteten sie sorgfältig ihre Flaggen zusammen, zerschlissen in Schlachten, zerrissene, blutbefleckte, herzzerreißende Fahnen, und legten sie nieder, manche verließen die Linien, drückten die Fahnen nochmals auf ihre Lippen unter brennenden Tränen. Und dann grüßte nur mehr die Flagge der Union den Himmel.«

4. Lincolns Ermordung

Als die Nachricht von der Kapitulation Lees in Appomattox Washington erreichte, war dies erneut Anlass für Feiern. Am Abend des 11. April 1865 hielt Lincoln vor dem Weißen Haus eine Ansprache, in der er das Problem der Rekonstruktion des Südens ansprach und auch laut über die Frage nachdachte, wieweit man den ehemaligen Sklaven das Wahlrecht zugestehen könne. Unter den Zuhörern war der 27-jährige Schauspieler John Wilkes Booth, ein glühender Verfechter der Sezession, für den es nach Lincolns Ansprache klar war, dass er den Präsidenten beseitigen würde.

Booth, 1838 in Maryland geboren, war der Sohn einer berühmten Schauspielerfamilie und schon in jungen Jahren zum Star auf den Bühnen des Südens geworden. Er hatte sich mit der Pflanzeraristokratie angefreundet, die den schönen Künsten traditionell mehr zugeneigt war als die Arbeiter des Nordens. So hatte Booth eine tiefe Zuneigung für den Süden und für die Sache der Sezession entwickelt.

Booth war ein Träumer. Als die Erfolge der Union 1864 immer deutlicher wurden, glaubte er Lincoln schon als Tyrannen und Diktator über Amerika herrschen, sah sich selbst in der Rolle des Befreiers der Nation und entwickelte einen Plan, um Lincoln zu beseitigen. Mit einigen Komplizen wollte er das Weiße Haus stürmen, den Präsidenten entführen und als Geisel in den Süden bringen, um ihn gegen alle gefangenen Soldaten der Konföderation auszutauschen.

Dafür rekrutierte er einen bunten Haufen von Versagern und Abenteurern. John Surrat war ein ehemaliger Seminarsstudent, Georg Atzerodt ein gescheiterter deutscher Immigrant, Samuel Arnold und Michael O'Laughlin waren ehemalige Soldaten der Konföderation. Davy Herold war der Drogist, bei dem die Lincolns ihre Medikamente kauften, und Lewis Powell gab damit an, bei Gettysburg gekämpft zu haben und einer von Mosbys Reitern gewesen zu sein.

Mehrere Versuche, den Präsidenten zu entführen, schlugen fehl, weil Lincoln nicht dort erschien, wo ihn die Verschwörer überfallen wollten. Daher beschloss Booth, Lincoln zu ermorden.

Am 14. April erfuhr er, dass der Präsident am Abend eine Vorstellung im Ford-Theater besuchen würde, zu dem er als Schauspieler ungehinderten Zugang hatte. Man spielte an diesem Karfreitag »Our American Cousin«, ein Lustspiel von Tom Taylor. Lincoln saß mit seiner Frau Mary und Major Henry Rathbone und dessen Verlobter Clara Harris in der für den Präsidenten reservierten Loge. Um 8 Uhr abends trafen sich die Verschwörer in Mary Suratts Pension, und es wurde vereinbart, dass sie versuchen würden, die drei führenden Politiker der Union, Lincoln, Johnson und Seward, an diesem Abend zu ermorden.

Booth wollte Lincoln töten. Nach dem Treffen ritt er, ganz in Schwarz gekleidet und mit einem Derringer und einem Dolch bewaffnet, zum Ford-Theater. Da man ihn im Theater gut kannte, wurde er ohne Ticket eingelassen, ging ungehindert bis zur Loge des Präsidenten, öffnete sie leise und schoss Lincoln mit dem Derringer in den Hinterkopf. Rathbone versuchte, den Präsidenten zu verteidigen und wurde von Booth mit dem Dolch verletzt. Booth, ganz Schauspieler, wollte nicht auf einen großen Auftritt verzichten. Er sprang von der Loge auf die Bühne, brach sich dabei den Knöchel, stand aber dennoch auf und rief »Sic semper Tyrannis« (So soll es den Tyrannen ergehen) und »Der Süden ist gerächt«, dann entfloh er.

Im Theater brach Panik aus. Zwei Ärzte kümmerten sich um Lincoln. Charles A. Leale, Chirurg bei den US-Freiwilligen, erst 23 Jahre alt, aber schon ein Experte für Schusswunden, sah sofort, dass der Präsident verloren war. Die Kugel war am Hinterkopf eingetreten, durch den Kopf gegangen und hinter dem rechten Auge stecken geblieben.

Die Ärzte und vier Soldaten brachten Lincoln in das dem Theater gegenüberliegende Peterson-Haus und legten ihn diagonal auf ein viel zu kleines Bett. Mehr Ärzte erschienen, darunter der Generalchirurg der US-Armee. Sie alle waren aber hilflos und am 16. April 1865 um 7.22 morgens starb Abraham Lincoln, 16. Präsident der Vereinigten Staaten, nur vier Tage nachdem er die Union gerettet und wiedervereinigt hatte. Mit ihm starb auch die einzige Hoffnung des Südens, nach dem langen Kampf in Ehren und mit finanzieller Hilfe für die

Rekonstruktion wieder in die Union aufgenommen zu werden. Mit seinem Tod starben auch alle Hoffnungen auf einen sanften Kurs der Union gegenüber der ehemaligen Konföderation, denn nun hatten die Scharfmacher im Norden das Wort. Die Tat von John Wilkes Booth sollte für den Süden genauso viel Schaden anrichten wie der Krieg selbst.

Lincoln hinterließ als sein wichtigstes Vermächtnis die Befreiung der Sklaven. Victor Hugo schrieb dazu in sein Tagebuch: *»Zwei Männer haben die Sklaverei zu Fall gebracht, was mit John Browns Tod begann, brachte Lincolns Tod zur Vollendung.«*

Als Lincoln starb, hatte Stanton bereits zur größten Menschenjagd in der Geschichte der USA aufgerufen. Unmittelbar nach Lincolns Tod richtete er ein erstes Hauptquartier neben dessen Sterbezimmer ein und befragte Zeugen. Als er erfuhr, dass auch Seward des Nachts von einem Attentäter attackiert worden war, aber glücklich überlebt hatte, ließ er Eisenbahnlinien und Brücken sperren und alarmierte die Truppen um Washington. Weil er Brandstiftung befürchtete, alarmierte er die Feuerbrigaden und ließ die Grenzen zu Kanada sperren. Er bediente sich in den nächsten Stunden und Tagen aller Ressourcen von Kriegsministerium, Zivilisten und Geheimdiensten. Innerhalb einer Woche waren Powell, der Seward attackiert hatte, Atzerodt, der den Vizepräsidenten Andrew Johnson hätte töten sollen aber die Nerven bereits vorher verloren hatte und geflohen war, wie auch Arnold O'Laughlin in Haft. Nur Booth und Davy Herold waren noch auf der Flucht.

Nach der Ermordung Lincolns hatte sich Booth nach Maryland abgesetzte, hier Herold getroffen und beide versuchten, über die Mason-Dixon-Linie in den Süden zu fliehen. Sympathisanten der Konföderation halfen ihnen auf der Flucht mit Nahrung und Unterkunft. Dr. Samuel A. Mudd aus Bryantown, ein Anhänger des Südens, richtete Booths Fuß wieder ein und gab ihm ein Paar Krücken. Immer stärker von den Verfolgern bedrängt, gelang es Booth und Herold, über den Potomac zu kommen und in der Scheune von Richard H. Garretts Tabakfarm bei Port Royal am Rappahannock unterzukriechen.

Am Morgen des 26. April hatten sie die Verfolger gefunden und umstellten mit Detektiven und Armee die Scheune. Herold kam kampflos heraus, aber Booth begann auf die Truppen zu feuern. Man setzte die Scheune in Brand, um ihn heraus zu treiben. Als er mit einem Karabiner in der einen und einem Revolver in der anderen Hand ins Freie kam, wurde er angeschossen und überwältigt. Zwei Stunden später starb er theatralisch mit den Worten: »*Sagt meiner Mutter, ich starb für mein Land.*« Um der Konföderation nicht das Grab eines Märtyrers für die »Sache« zu geben, wurde Booths Leichnam zunächst heimlich unter dem Boden eines ehemaligen Kriegsgefangenenlagers im Arsenal von Washington begraben. 1869 wurden seine sterblichen Reste exhumiert, seiner Familie übergeben und am Green-Mountain-Friedhof in Baltimore beigesetzt.

Dr. Mudd und Mary Surratt, in deren Pension sich die Verschwörer getroffen hatten, wurden ebenfalls verhaftet. Das Verfahren gegen die Verschwörer fand vor einem Kriegsgericht statt, Powell, Atzerodt, Herold und Mary Surratt wurden für schuldig befunden und am 7. Juli 1865 gehängt. Besonders die Hinrichtung von Mary Surratt erregte Aufmerksamkeit, da sie die erste Frau in der US-Geschichte war, die durch die US-Regierung hingerichtet wurde und es unüblich war, Frauen, noch dazu in einem höheren Alter, zu hängen. Aber der neue Präsident Andrew Johnson war in diesem Fall ohne Mitleid und verweigerte eine Begnadigung. Dr. Mudd, O'Laughlin und Arnold wurden zu lebenslanger Zwangsarbeit auf einer Insel vor Florida verurteilt. Nur John Surratt, der nach Europa geflohen war, blieb unbehelligt, als er nach einigen Jahren zurückkehrte und zugab, dass er zwar an der Verschwörung, Lincoln zu entführen, beteiligt war, nicht aber an seinem Tode.

Lincolns Leichnam wurde mit der Eisenbahn am 21. April nach Springfield, Illinois, überführt. Tausende Menschen säumten die Gleise, um den mit Fahnen dekorierten Zug vorbeifahren zu sehen. Lincoln fand seine letzte Ruhe neben seinem geliebten Sohn Willie. Mary Todd Lincoln sollte ihren Gatten bis 1882 überleben, litt aber an Depressionen und galt zeitweilig als geisteskrank.

Es kann nicht gesagt werden, wie die Politik der Union und der Rekonstruktion des Südens ausgesehen hätten, hätte Lincoln weitere vier Jahre an der Spitze der USA gestanden. Wahrscheinlich wäre es ihm allein durch sein Ansehen und seine politische Stärke nach seinem Sieg über die Konföderation gelungen, die Auswirkungen der Niederlage für den Süden zu mildern. Andrew Johnson hatte diese Kraft nicht, er galt als ein Mann, der auf Einflüsterer hörte, zumeist auf den Letzten, der bei ihm gewesen war und der die Rekonstruktion den Scharfmachern der Republikaner und den für Korruption anfälligen Politikern der Demokraten im Süden überließ. Vielleicht hätten sich die USA den Gegensatz von Nord und Süd weitgehend erspart, der bis in das 20. Jahrhundert noch spürbar war, hätte an der Spitze der Rekonstruktion eine auch im Süden akzeptierte Integrationsfigur wie Abraham Lincoln gestanden.

G. DIE FAKTEN DES KRIEGES

1. DIE KOSTEN DES KRIEGES

Der amerikanische Bürgerkrieg war bis dahin der für die beteiligten Soldaten blutigste Krieg der Geschichte. Es kann wie in allen Kriegen nicht genau gesagt werden, wie viele Opfer er exakt gefordert hat, aber nach den verfügbaren Quellen in Thomas H. Livermores, »Numbers and Losses in the Civil War« betrugen die Verluste bei etwa 3,5 Millionen eingesetzten Soldaten auf beiden Seiten gesamt 623.026 Tote und 471.427 Verwundete. Für Amerika war es der blutigste Krieg seiner Geschichte, die Zahl der Toten ist größer als die gesamten Verluste in den beiden Weltkriegen, Korea, Vietnam und Irak zusammengerechnet.

In den Armeen der Union dienten zwischen 2.500.000 bis 2.750.000 Männer. Die Verluste betrugen 110.070 Tote in Kämpfen und Schlachten, 250.152 starben durch Krankheiten, Unfälle oder ähnliches, gesamt also 360.222. Die Konföderation hatte zwischen 750.000 und 1.250.000 Soldaten in ihren Diensten, davon verzeichnete sie 94.000 Tote in Schlachten und 164.000 Tote durch Krankheiten und dergleichen, gesamt 258.000.

Legt man die Verlustzahlen auf die Gesamtzahlen um, so wurden bei der Union von jeweils 1.000 Soldaten 112 getroffen, etwa jeder 8. Soldat wurde verwundet, jeder 22. Soldat starb. Bei der Konföderation wurden 150 von 1000 Soldaten getroffen, jeder 6. wurde verwundet und es starb jeder zehnte Soldat, wobei diese höhere Mortalitätsrate bei den Soldaten der Konföderation durch die schlechtere medizinischen Versorgung zu erklären ist.

Die größten Verluste verzeichnete die Union in Grants Frühjahrskampagne gegen Lee mit den Schlachten von Wilderness (17.666), Spotsylvania (10.920), Drewry's Bluff (4.160), Cold Harbour (12.000) und Petersburg (16.596), eine Gesamtzahl von 61.342 Toten und Verwundeten nur in der Zeit vom 5. Mai bis zum 30. Juni 1865.

In den letzten zehn Tagen vor dem Ende der Konföderation in Appomattox verzeichnete die Union rund 11.000 Mann an Verlusten, die Konföderation verlor 6.500 Soldaten, musste sich aber mit Lees verbliebenen 26.765 Mann am 9. April ergeben.

Es gab allerdings eine Anzahl kleinerer und weniger bekannter Gefechte mit einem unvergleichlich höheren Blutzoll als in den berühmten Schlachten Lees gegen die Unionsgeneräle in den Jahren 1861 bis 1863. Vor Franklin, Tennessee, verlor am 30. November 1864 John B. Hood in nur zwei Stunden 6.000 seiner 21.000 Mann, wobei auch sechs Generäle der Konföderation den Tod fanden. Die eher unbedeutende Schacht am 10. August 1861 von Wilsons Creek, Missouri, brachte der Union bei 5.400 eingesetzten Mann 1.200 Mann an Verlusten. Die Konföderierten, die mit 11.0000 Mann angetreten waren, verloren etwa dieselbe Anzahl.

Dagegen brachte die erste große Schlacht des Bürgerkrieges bei Bull Run (Manassas) relativ geringe Verluste: 2.708 für die Union, 1.981 für die Konföderation.

Die Verluste trafen oft einzelne Familien schwer. So erwähnt der konföderierte General John B. Gordon eine Familie in Christiansburg, Virginia, die 18 Familienmitglieder im Krieg verlor.

Auch einzelne Einheiten konnten schwer getroffen werden. Die 1st Maine Heavy Artillery verlor am 18. Juni 1864 beim Angriff auf Petersburg in nur sieben Minuten 635 ihrer 900 Mann; noch höher waren die Verluste der 26th North Carolina, die in Gettysburg 718 ihrer 800 Mann verlor, in Prozenten der größte Verlust einer Einheit im amerikanischen Bürgerkrieg. Am ersten Tag zählte das Regiment bereits 584 Mann an Toten und Verwundeten und beim Morgenappell der G-Kompanie am nächsten Tag war nur ein Mann anwesend. Und dieser auch nur deshalb, weil er am Tag zuvor von einer Granate bewusstlos geschlagen worden war. Den Morgenappell führte ein Sergeant aus, der mit einer Fußwunde auf einer Trage lag.

Aber auch der direkte Gegner der 26th North Carolina, die 24th Michigan, hatte hart gelitten und 362 ihrer 496 Mann verloren.

Zahlreiche Regimenter verzeichneten bis zu ihrer Heimkehr

aus dem amerikanischen Bürgerkrieg Verlustraten von über 50 Prozent; manche wie die 1st Texas hatte 82,3 %, die 1st Minnesota 82 % und die 1st Georgia 76 % ihrer gesamt eingesetzten Mannschaften verloren. Bedenkt man, dass der berühmte Angriff der leichten Brigade im Krimkrieg bei Balaklava 1854 eine Verlustrate von 36 % gebracht hatte, so können die hohen Verlustraten der amerikanischen Regimenter nur damit erklärt werden, dass diese Soldaten im Kampf motivierter waren, länger unter heftigem Feuer standhielten und sich eher abschlachten ließen, als zurückzugehen und die Ehre ihres Heimatstaates oder ihres Landes durch Rückzug oder Flucht zu beflecken.

Die Verlustlisten sagen auch aus, dass am amerikanischen Bürgerkrieg 3.530 eingeborene Indianer beteiligt waren, wovon 1.018 ums Leben kamen, eine Todesrate von fast 30 % und damit weit höher als die Sterberate der amerikanischen Soldaten auf beiden Seiten. Von den nur auf Unionsseite eingesetzten 178.975 Soldaten schwarzer Hautfarbe verloren rund 36.000 oder 20 % ihr Leben.

Die Union, welche genaue Listen über das Schicksal ihrer Soldaten führte, listete noch eine Anzahl weiterer Todesarten auf: Tod in Gefangenschaft: 24.866, Ertrinken: 4.944, Unfalltote: 4.144, Ermordete: 520, Selbstmorde: 391, Sonnenstich: 313, militärische Hinrichtungen: 267, getötet nach Gefangennahme: 104, exekutiert durch feindliche Soldaten: 64 und nicht bekannte Todesursachen 14.155.

Insgesamt werden in den Annalen des US-Kriegsministeriums 10.455 militärische Begegnungen von den großen Schlachten bis zu kleinsten Scharmützeln inklusive Seeschlachten verzeichnet. Die Kosten dafür waren enorm. 1863 schätzte das Kriegsministerium der Union die Ausgaben auf 2,5 Millionen Golddollar täglich; eine Zusammenfassung der Kosten im Jahre 1879 brachte das Ergebnis von 6,1 Milliarden Dollar allein für den Norden, für den Süden werden 2.1 Milliarden Dollar veranschlagt. Bis 1906 wurden weitere 3.3 Milliarden Dollar für Soldatenpensionen von Unionssoldaten ausgegeben. Wie viel die ehemaligen Südstaaten und wohltätige Organisationen auf beiden Seiten für die Soldaten nach dem Krieg aufwendeten, ist unbekannt, dürfte aber die reinen Kriegskosten bei Weitem überstiegen haben.

Auch die Wirtschaft der USA hatte hart gelitten, wenngleich der Süden stärker betroffen war. Beide Seiten litten unter der Inflation, die ihren Tiefpunkt in der Union erreichte, als ein Golddollar 2,59 Papierdollar wert war. Im Süden erreichte sie solche Ausmaße, dass 60 bis 70 Papierdollar einem konföderierten Golddollar entsprachen.

Den größten Verlust aber hatte der Süden erlitten, seine Wirtschaft und seine Gesellschaft lagen in Trümmern und mussten mühsam, stark behindert durch die Rekonstruktionspolitik des ehemaligen Feindes, wieder aufgebaut werden.

2. Der Süden und der Norden nach dem Krieg

Der Süden war nach der Kapitulation Lees bei Appomattox ein gebrochenes Land. Die einst stolzen Plantagen waren zerstört und heruntergekommen. Die ehemaligen Sklaven, die Milliarden Dollar an Vermögenswerten dargestellt hatten, waren durch die Sklavenemanzipation Lincolns, für die es keinen finanziellen Ausgleich gegeben hatte, freigelassen worden. Dazu kamen die sozialen und psychologischen Probleme, dass die Menschen im Süden von einem Tag zum anderen die ehemaligen Sklaven als gleichwertig und als freie Arbeiter, die ihre Arbeitskraft verkauften, anerkennen mussten. Das in Banken angesammelte Kapital in konföderierten Dollars verschwand, die Kriegsanleihen der CSA waren wertlose Papiere, Banken krachten, Firmen und Fabriken gingen bankrott, der gesamte Handelsverkehr kam zum Erliegen. Wichtige Städte wie Richmond, Atlanta, Mobile und Columbia waren niedergebrannt.

Besonders Georgia und South Carolina hatten durch den Durchzug von Shermans Armee hart gelitten: ein fast 80 Meilen breiter Streifen Land bestand nur noch aus niedergebrannten Farmen, zerstörten Herrenhäusern, von denen nur noch die gemauerten Kamine standen, und verwüsteten Plantagen. Die Felder waren vom Unkraut überwachsen, nur ab und zu fanden sich kleine Farmen, die von ehemaligen Sklaven als Neusiedler bewirtschaftet wurden. Das Tal des Tennessee bestand nach Meinung eines englischen Reisenden aus »... *Plantagen, die halb zerstört und aus Plantagenn die ganz zerstört waren, man sieht verbrannte Baumwollmühlen, ruinierte Brücken, Mühlen und Fabriken ... und niemand da, der durch Verluste, Schulden und angehäufte Steuerlasten das Kapital gehabt hätte, all dies wieder aufzubauen. Die ehemals Reichen hatten das Land längst verlassen und es gab nur wenige, die bisher ihren Platz eingenommen hatten.«*

Viele Menschen hatten ihre Häuser verloren, im Shenandoah-Tal gäbe es »... *von Winchester nach Harrisburg keine Ernten, Zäune, Hühner, Pferde, Schweine, Kühe ... eine extreme Armut hat das gesamte Tal erfasst ... alle arbeitsfähigen Schwarzen sind gegangen, zurückgeblieben sind nur die, die nicht mehr arbeiten können, das gesamte Land zwischen Richmond und Washington gleicht einer Wüste.«*

Dazu kam noch, dass für viele Monate der Süden über keine gültige Papierwährung verfügte. Die Reichen hatten ihre Vermögen in konföderierten Kriegsanleihen angelegt, die nun wertlos waren. Prominente Südstaatler, darunter auch die höchsten Militärs und Generäle, fragten sich, was sie tun könnten, um ihren Lebensunterhalt zu verdienen.

Zwar versuchte der Norden in den ersten Monaten zu helfen, diese Hilfe erreichte aber nur die großen Städte wie Richmond. Kurz nach der Eroberung hatte sich ein Komitee der Union zur Versorgung der Stadt gebildet, man teilte die Stadt in 30 Distrikte und ging von Haus zu Haus, um festzustellen, wer Hilfe brauchte. Bis zum 21. April 1865 hatte man 128.000 Standardrationen der Armee als Ersthilfe ausgeteilt, 15.000 Personen waren völlig von dieser Lebensmittelversorgung abhängig, ebenso 35.000 Personen in und um Atlanta. Unter den Empfängern waren auch viele heimgekehrte konföderierte Soldaten, die sich darüber wunderten, dass »... *eine Regierung, die uns bis vor Kurzem noch mit Feuer und Schwert bekämpft hatte, nun großzügig die Armen und Verzweifelten ernährte.«* Man erkannte auch an, dass diese Verhaltensweise viel dazu beitrug, den bitteren Stachel der Niederlage zu mildern.

Wie viele zivile Opfer der Krieg im Süden gefordert hat, ist nicht bekannt. Man hatte zwar genau die militärischen Opfer verzeichnet, die Leiden der Zivilbevölkerung aber kaum beachtet.

Nach dem Krieg wurden die Staaten der ehemaligen Konföderation als besetztes Feindesland betrachtet und die Bundesregierung stationierte selbst in kleinen Orten Truppen als Besatzungssoldaten. Viele Soldaten waren Schwarze und ehemaligen Sklaven und trugen zur Irritation der Menschen im Süden bei; allerdings gab es zunächst auf beiden Seiten kaum gewaltsame Übergriffe. Die Menschen im Süden waren schockiert und gedemütigt alleine durch den Umstand, dass sie nun gezwungen waren, vom Bürgersteig in den Schmutz herabzusteigen, wenn ihnen Unionstruppen entgegen kamen, und sie darunter oft ehemalige Sklaven oder Bedienstete erkannten.

Es sollte daher nicht lange dauern, bis sich der Widerstand unter der weißen Bevölkerung des Südens regte und Geheimbünde entstanden, welche im Untergrund gegen die schwarzen Unionstruppen agierten, wobei dies in vielen Fällen auch von den Menschen im Norden, die der vollen Emanzipation der ehemaligen Sklaven durchaus oft kritisch gegenüberstanden, als Selbstverteidigung akzeptiert wurde.

Ein Problem, welches den Wiederaufbau stark behinderte, war das zerstörte Transportwesen des Südens. Der Süden hatte auch vor dem Krieg nur über wenige Eisenbahnlinien und eher schlechte Straßen verfügt; nun lag auch diese Infrastruktur durch den Krieg oder durch mangelnde Wartung in Trümmern. Die Eisenbahnlinien mit ihren Brücken, Stationen, Depots und dem rollenden Material waren zerstört, der Transport beschränkte sich auf Pferd, Muli und Wagen. Die von der Union für den Wiederaufbau der Infrastruktur bereitgestellten Gelder versickerten zum Großteil in obskuren Projekten oder verschwanden in den Taschen korrupter Politiker.

Viele dieser Politiker waren das, was man am Ende des 20. Jahrhunderts als »Wendehälse« bezeichnen würde. Sie waren zunächst für die Sache des Südens eingetreten, hatten es vermieden, als Soldaten zu kämpfen und erklärten nun, dass sie immer im Geheimen die Sache des Nordens unterstützt hätten, um so die Stimmen der Schwarzen zu gewinnen. Ihre Unterstützung für die Konföderation während des Krieges versuchten sie damit zu erklären, dass sie sich damit besser für das Schicksal der Soldaten oder soziale Belange einsetzen konnten.

Es gab aber auch viele Konföderierte, denen der Gedanke

erneut in einer gemeinsamen Union zu leben, zutiefst zuwider war. General Jubal Early, der Verteidiger von Shenandoah gegen Sheridan, emigrierte nach dem Krieg nach Mexiko und Kanada und organisierte später die Auswanderung von ehemaligen konföderierten Soldaten nach Neuseeland. Der Politiker Judah P. Benjamin ging nach England wo er es bis zum Berater von Königin Victoria brachte. Der ehemalige Vizepräsident der USA und General Breckinridge ging ebenfalls nach Europa.

Der konsequenteste Konföderierte war Edmund Ruffin, ein glühender Hasser des Nordens, dem man nachsagte, er habe den ersten Schuss auf Fort Sumter abgefeuert. Er verübte nach der Niederlage des Südens Selbstmord. Wie er schon 1861 angekündigt hatte, wollte er lieber sterben, als unter der Unionsfahne zu leben.

Der Norden nach dem Krieg

Der Sieg des Nordens war vor allem den zahlreichen jungen Männern zu verdanken, die bereit waren, in den Krieg zu ziehen, weil sie sonst in vielen Fällen keine oder nur schlecht bezahlte Jobs gefunden hätten, den ankommenden Emigranten, die hier eine Gelegenheit sahen, schnell in Amerika naturalisiert zu werden, und der breiten industriellen Basis.

Die Wirtschaft des Nordens sollte sich in den Kriegsjahren von einer landwirtschaftlich dominierten zu einer industriell bestimmten wandeln. 1860 hatten die gesamten USA über 128.300 Industriebetriebe verfügt, davon lagen 110.274 in den Nordstaaten, die meisten in den am stärksten industrialisierten Staaten wie Pennsylvania und New York, die jeder mehr Industriebetriebe hatten als der gesamte Süden. Der Norden investierte 1860 zehn Mal soviel in die Industrie wie der Süden und trug 91 % zum gesamten Bruttonationalprodukt bei.

Während der Krieg im Süden einen Niedergang der gesamten Produktion, besonders von Baumwolle brachte, stieg die Industrieproduktion im Norden stetig an. Besonders Industrien, die für die Rüstung wichtig waren und die Armeen versorgten, wie Betriebe zur Herstellung von Bekleidung, Stoffen und Tüchern, Schuhen, aber auch Waffen, Schießpulver, Stahl oder Wagenmacher, erlebten eine Ausweitung ihrer Produkti-

on um 100 %. Am Ende des Krieges war die gesamte Industrieproduktion des Nordens um 29 % gestiegen.

Als im Verlauf des Krieges immer mehr junge Männer die
Farmen und Werkbänke verließen, um in den Krieg zu ziehen,
weil sie eingezogen wurden oder es bei den Frauen und Mädchen als feige galt, das Soldatenleben nicht wenigstens versucht zu haben, mussten die Produktionsmethoden umgestellt
werden. Man erfand neue Maschinen und Geräte. So kam es
zum Durchbruch der Nähmaschine, weil mit ihr die Fertigung
von Uniformen beschleunigt werden konnte. Auch führte man
das System der standardisierten Ersatzteile ein, um Repara-
turen bei Maschinen schneller vornehmen zu können. Selbst
die Landwirtschaft erlebte eine industrielle Revolution; man
erfand die Kondensmilch, die in der Versorgung der Soldaten
eine wichtige Rolle spielte, Mähdrescher und rotierende Pflü-
ge ersetzen die fehlenden Kräfte in der Landwirtschaft. Dazu
kam, dass der Norden seine Industrieproduktion durch Zölle
schützte und so steigern konnte.

Andere Industrien verharrten hingegen auf dem Vorkriegs-
stand oder verlangsamten ihren Ausbau wie die Eisenbahnen,
die Rohstahl-Produktion und die Rohstoffproduktion. Grund
war der hohe Finanzbedarf dieser Industrien, die vielen Anle-
gern in Kriegszeiten als zu riskant erschienen. Dazu kam, dass
kein Staat es sich in Kriegszeiten mit seinen Arbeitern ver-
derben kann, was in den Zeiten des Bürgerkriegs im Norden
zur Entstehung der Gewerkschaften beitrug, die umso mehr
an Macht gewannen, als in den Kriegszeiten deutlich weniger
Menschen im Norden einwanderten und so billige Arbeitskräfte knapp wurden.

Das Resultat des gewonnenen Krieges war für den Norden
langfristig positiv. Man hatte im Norden bis auf Maryland und
Pennsylvania keinen Durchzug feindlicher Heere erlebt, die
Infrastruktur war intakt und man hatte gelernt, wie schnell
man mit entsprechenden Maßnahmen die Industrieproduktion steigern konnte. Im Krieg war es notwendig gewesen, viele
Beschränkungen der Industrie abzubauen und Zölle einzuführen. All dies ermöglichte dem Norden in den Jahren nach dem
Krieg einen rasanten wirtschaftlichen Aufstieg.

Dazu kam eine Generation von kriegsmüden jungen Männern, die genug vom politischen Streit der Vorkriegsjahre

hatten und sich dem Geschäft und ihrem eigenen Wohlstand widmen wollten. Mit den Republikanern, die den siegreichen Präsidenten Lincoln gestellt hatten, kam für viele Jahre eine Partei an die Macht, welche das freie Unternehmertum förderte. Für die Eroberung des Westens mit seinen gewaltigen Bodenschätzen und dessen bald unersättlichem Appetit für Industrieprodukte stand ein Heer an kampferprobten Veteranen als Soldaten und Siedlern bereit. All dies schuf ein wirtschaftliches Klima im Norden, welches die USA am Ende des 19. und während des gesamten 20. Jahrhunderts weltweit zur wirtschaftlichen Vormacht werden ließ.

3. Die Zeit der Rekonstruktion

Als Zeit der Rekonstruktion wird in der Geschichte der USA die Epoche von 1865 bis 1877 bezeichnet. Mit dem Ende des Bürgerkrieges lag der Süden in Trümmern, die Zerstörungen durch die Unionstruppen waren enorm, die alten sozialen und wirtschaftlichen Systeme hatten aufgehört zu funktionieren und eine neue Ordnung war noch nicht in Sicht. Aber es war klar, dass es notwendig war, für die ehemaligen Staaten der Konföderationen einen neuen Platz in der Union zu finden und sie mit loyalen Staatsregierungen auszustatten; ebenfalls musste die Rolle der ehemaligen Sklaven in der Gesellschaft der USA definiert werden.

Präsidentielle Rekonstruktion (1865–1866)

Man hatte in der Union bereits lange vor dem Sieg begonnen, darüber nachzudenken, wie der Süden nach dem Krieg aussehen sollte. Lincoln hatte aus dem Wunsch heraus, die Republikanische Partei für lange Jahre zur führenden Partei im Süden nach dem Krieg aufzubauen und um die Bitterkeit im Süden gegen den Norden zu beenden, am 8. Dezember 1863 eine Proklamation erlassen, welche den von den Unionstruppen zu dieser Zeit besetzten Südstaaten eine Amnestie mit gewissen Ausnahmen versprach. Diese betrafen Staatsfunktionäre und Beamte; allerdings sah der Pardon auch vor, dass die Bürger einen eisenfesten (ironclad) Schwur auf die Union zu leisten hatten. Hatten mehr als 10 % der Bevölkerung den Schwur geleistet und der Staat die Sklaverei abgeschafft, dann hatte er das Recht, sich wieder selbst zu regieren (Home Rule).

Was dieser Plan außer Acht ließ, war die Frage der moralischen und politischen Erziehung der ehemaligen Sklaven zu vollwertigen Bürgern sowie die Durchsetzung ihrer Akzeptanz unter den weißen Bewohnern des Südens. Manchen Senatoren wie Sumner und Stevens war aber bewusst, dass die ehemaligen Sklaven nicht auf ihre neue Rolle in einer kapitalistischen Gesellschaftsordnung vorbereitet waren. Die Mehrzahl der Liberalen glaubte, dass mit der Befreiung der Sklaven auch das Ende der Probleme der Schwarzen gekommen sei. Man glaubte, dass die ehemaligen Sklaven unmittelbar in das kommunale und staatliche Leben eingebunden werden und gleichwertig neben den anderen Bürgern existieren könnten. Jeder Gedanke an finanzielle Hilfe bei der Eingliederung erzeugte Feindseligkeit von Liberalen und Konservativen gleichermaßen.

Frederick Douglass erkannte das Problem und beschwerte sich darüber, dass man die Ex-Sklaven mit leeren Händen in die neue Welt entließ. Im Süden hatte der Krieg, der auch um die Frage der Sklaverei geführt worden war, bittere Ressentiments gegen die Schwarzen erzeugt, da man ihnen die Schuld am Krieg gab. Zugleich hatten die Sklaven noch keine vollen Bürgerrechte, unterlagen aber auch nicht mehr den alten Besitzrechten, standen damit in einem rechtsfreien Raum und waren weit anfälliger gegen Übergriffe als zuvor.

Lincolns Plan erregte den hartnäckigen Widerstand der Radikalen im Kongress, die glaubten, er würde damit die Vorherrschaft der alten Pflanzeraristokratie wiederherstellen. Dagegen verabschiedete der Kongress im Juli 1864 das Wade-Davis-Gesetz, welches verlangte, dass 50 % der Bewohner eines Staates der ehemaligen CSA den »Ironclad-Schwur« zu leisten hatten und dass in diesem Schwur auch der Satz enthalten sein musste, dass sie niemals wissentlich oder aktiv die Konföderation unterstützt hätten. Lincoln legte sein Veto dagegen ein und verfolgte weiter seinen eigenen Plan. Zur Zeit von Lincolns Ermordung stand es in dieser Frage zwischen dem Präsidenten und dem Kongress unentschieden und niemand wollte von seiner Meinung abrücken.

Lincolns Nachfolger, Andrew Johnson, versuchte die Radikalen für sich zu gewinnen, indem er öffentlich die Pflanzeraristokratie attackierte und darauf bestand, dass die Rebellion bestraft werden müsse. Am 29. Mai 1865 erließ er eine Verordnung, die dem Süden schwerere Bedingungen auferlegte als sie Lincoln vorgesehen hatte. Alle ehemaligen Armeeoffiziere und Zivilbeamte der Konföderation und alle, die ein Eigentum von mehr als 20.000 Dollar aufwiesen, wurden vom Wahlrecht ausgeschlossen, ihr Besitz konnte konfisziert werden. Der Sinn hinter dieser Maßnahme war es, die politische Kontrolle des Südens von der alten Pflanzeraristokratie zu den kleinen Farmern und Handwerkern zu verschieben und dies sollte die Gesellschaft des Südens revolutionieren. Dafür sollten im Gegenzug die ehemaligen konföderierten Staaten die Home Rule erhalten.

Während des Jahres 1865 setzte Johnson seinen Plan um. Er ernannte provisorische Gouverneure in den Staaten der ehemaligen CSA, diese hielten Konvente ab, in denen die Gesetze der Sezession für nichtig erklärt wurden, schafften die Sklaverei ab und verwarfen mit Ausnahme von South Carolina die Anerkennung von Schulden der Konföderation. Die neu gewählten gesetzgebenden Versammlungen mit Ausnahme von Mississippi unterzeichneten den 13. Zusatz (Amendement) zur amerikanischen Verfassung, welcher die volle Anerkennung der Freiheit der Schwarzen garantierte. Mit Ende 1865 hatte, abgesehen von Texas, jeder der ehemaligen konföderierten Staaten eine zivile Regierung erhalten.

Solches ermöglichte diesen Staaten, 1866 bei den Kongresswahlen zahlreiche ehemalige konföderierte Politiker in den Bundes-Kongress zu wählen, die eigentlich vom Wahlrecht ausgeschlossen waren. Johnson hätte einen neuen Konflikt mit den ehemaligen konföderierten Staaten riskiert, wenn er dies nicht akzeptiert und Neuwahlen verlangt hätte. Stattdessen begnadigte er die Mehrzahl der eigentlich vom passiven Wahlrecht ausgeschlossenen aber gewählten Politiker des Südens. Ebenso wurden zahlreiche Ex-Politiker der Konföderation in die einzelnen Parlamente der Staaten gewählt und sahen ihre erste Aufgabe darin, den neuen Status der Schwarzen festzulegen. Jeder Staat verabschiedete so genannte »Black codes«, die den Bestimmungen aus den Tagen der Sklaverei sehr ähnlich waren. Schwarze durften vor Gericht nicht gegen Weiße aussagen, wenn sie versuchten, eine Arbeitsstelle zu kündigen, konnten sie wegen Vertragsverletzung ins Gefängnis geworfen werden, jeder Schwarze ohne Arbeit kam ins Gefängnis und erhielt eine Strafe von 50 Dollar. Wer seine Strafe nicht bezahlen konnte, wurde strafweise an Personen in der Gemeinde vermietet, die seine Strafe zu bezahlen hatten, dadurch entstand eine neue Art von Zwangsarbeit. Schwarze duften kaum Land besitzen oder ihre Arbeitskraft frei verkaufen, konnten bestraft werden, wenn sie beleidigende Gesten gegen Weiße machten, wenn sie für Schwarze eingeführte Ausgangssperren verletzten oder Feuerwaffen besaßen; eine Einflussnahme auf das persönliche Leben, das der Sklaverei nahe kam. Auch wenn der 13. Zusatz zur Verfassung die Sklaverei als unrechtmäßig erklärt hatte, versuchten die ehemaligen konföderierten Staaten diese »spezielle Institution« im Sinn und unter anderen Bezeichnungen wieder aufleben zu lassen, nur dass die Schwarzen offiziell als frei galten.

Radikale Rekonstruktion (1866–1873)

Die »Black codes« riefen einen Aufschrei der Entrüstung im Norden hervor, dessen Bevölkerung sich um die Früchte des Sieges und damit auch um die geleisteten Opfer betrogen sah. Als der Kongress am 4. Dezember 1865 zusammentrat, verweigerte er den Abgeordneten des Südens das Recht, ihre Plätze einzunehmen. Johnson attackierte darauf öffentlich seine eigenen Parteifreunde und legte ein Veto gegen deren Rekonstruktions-Pläne ein. Alles, was er damit erreichte, war, dass er die bisher moderaten Republikaner in das Lager der Radikalen trieb.

Die radikalen Republikaner im Kongress waren außer sich wegen des hinhaltenden Widerstandes des Südens und wegen Johnsons Plänen für die Rekonstruktion und ergriffen unter dem noch immer geltenden Kriegsrecht, das dem Kongress weitgehende Befugnisse verlieh, Maßnahmen, um die Gleichstellung der Schwarzen sicherzustellen. Man verabschiedete den 14. Zusatz zur amerikanischen Verfassung (14th Amendement), welcher besagte, dass allen in den USA geborenen Menschen dieselben Rechte zuzugestehen sind und niemand ein öffentliches Amt bekleiden dürfe, der an einer Rebellion gegen die USA teilgenommen habe. Johnson versuchte abermals, ein Veto dagegen einzulegen, wurde vom Kongress aber überstimmt und einem Amtsenthebungsverfahren (impeachement) unterworfen, welches sein Ziel um nur eine Stimme verfehlte.

In der Folge richtete der Kongress im April ein Komitee betreffend der Rekonstruktion des Südens ein (28. April 1866), welches die wahren Verhältnisse im Süden untersuchen sollte. Man stellte fest, dass die Südstaaten sich in völligem Chaos befanden und noch keine gültigen Wahlen abgehalten hatten. Man dokumentierte, dass im Süden eine weitverbreitete Armut herrschte und dass die Schwarzen mit unglaublicher Brutalität behandelt wurden. So untersuchte man Rassenunruhen in Memphis und New Orleans und stellte fest, dass es sich dabei um von der Polizei veranstaltete gezielte Massaker an der schwarzen Bevölkerung gehandelt hatte. Als die Südstaaten mit Ausnahme von Tennessee die Ratifizierung des 14. Zusatzes zur Verfassung verweigerten und von den »Black codes« nicht abgehen wollten, beschloss der Kongress weitergehende Maßnahmen; die Rekonstruktion musste von Neuem beginnen.

Am 2. März 1867 verabschiedete der Kongress unter dem Kriegsrecht, welches ihm erlaubte am Präsidenten vorbei zu regieren, den »Reconstruction Act«, der den Süden, mit Ausnahme von Tennessee, in fünf Militärbezirke unterteilte und diese der Armee unterstellte. Als Kommandanten der Militärbezirke wurden die großen Generäle des Nordens eingesetzt wie Dan Sickles für die Carolinas, John Pope für Georgia, Alabama und Florida, Edward Ord für Arkansas und Mississippi und Phil Sheridan für Texas und Louisiana, der aber wegen seiner Härte nach kurzer Zeit abgelöst und durch Winfield Scott Hancock ersetzt wurde. Das Land wurde bis in kleinste Orte militärisch besetzt und vom Militär verwaltet. Es kam zu keinen größeren Auseinandersetzungen. Man hielt den Süden unter Kriegsrecht, wobei das Militär die lokalen Behörden, die Wahlen und Amtsinhaber vor Übergriffen beschützte. Schwarze und »arme Weiße« konnten sich ungehindert in die Wählerlisten eintragen, ehemalige deklarierte Konföderierte wurden vom Wahlrecht ausgeschlossen. Man schrieb neue Verfassungen für die ehemaligen konföderierten Staaten. Die »Home Rule« wurde aufgehoben und auch die bisher begnadigten Südstaatler mussten einen neuen Eid auf die Verfassung leisten um ihr Wahlrecht zu behalten.

Die neuen Verfassungen wurden von Verfassungskomitees erarbeitet, in denen zumeist neue schwarze Wähler, Weiße aus dem Norden, die aus geschäftlichen Gründen in den Süden gekommen waren (Carpetbaggers), und Südstaatler, die beweisen konnten, dass sie stets loyal zur Union gestanden waren (Scallawags), saßen. Jedes Mitglied hatte einen Eid zu schwören, dass es stets loyal zur Union gewesen war, was die ehemaligen Politiker und Beamten der Konföderation von der Teilnahme ausschloss.

Diese Komitees reformierten das wirtschaftliche Leben des Südens, man investierte in neue Straßen und Eisenbahnen, schuf ein gerechtes Steuersystem, ein neues Justizsystem, Schulen und Colleges für Schwarze und Weiße, garantierte die Rechte der Schwarzen und ermöglichte ihre gleichwertige Teilnahme am politischen Leben.

Man akzeptierte die Rassentrennung (Segregation) von weißen und schwarzen Schülern, weil dies zahlreiche Arbeitsplätze für schwarze Lehrer schuf. Beim Bau neuer Eisenbahnen, die großzügig vom Staat subventioniert wurden, versickerten hingegen Millionen von Dollars durch Bestechung und Korruption. Die hohen Ausgaben für den Wiederaufbau des Südens führten zu massiven Steuererhöhungen in den Südstaaten, die eine Revolte der Steuerzahler zur Folge hatten und die Staaten zu einer Verlangsamung ihrer Wiederaufbauprogramme zwangen.

Im August 1868 wurden Arkansas, South Carolina, North Carolina, Louisiana, Alabama und Florida wieder zur Union zugelassen, nachdem ihre Legislative den 14. Verfassungszusatz unterzeichnet hatte. Virginia, Mississippi, Texas und Georgia erreichten dies erst 1870, nachdem sie auch den 15. Verfassungszusatz, der die Rechte der schwarzen Wähler gesichert hatte, annahmen.

Die konservativen Weißen im Süden waren über die neue Rekonstruktion empört und sahen ihr Vorrecht »als weiße Rasse« gefährdet. Sie organisierten sich in Geheimgesellschaften wie dem von Nathan Bedford Forrest in Pulaski, Tennessee, mitgegründeten Ku Klux Klan, der offen gegen Schwarze und deren weiße Sympathisanten auftrat und sie mit Brand und Mord bedrohte. 1869 wurde der Klan von Präsident Grant verboten, militärisch verfolgt und offiziell als aufgelöst erklärt, existierte aber im Untergrund bis 1905 weiter, angeblich, um Frauen, Kinder und die öffentliche Moral vor den Schwarzen zu schützen. Neben der Unterstützung, die er von den Weißen im Süden, besonders von ehemaligen Offizieren der Konföderation, erhielt, erwies sich seine Verfolgung oft als schwierig, da auch manche Besatzungssoldaten des Nordens im Geheimen mit dem Gedanken der »weißen Überlegenheit« sympathisierten.

Zwar hatte die Rekonstruktion zunächst die Rechte der Schwarzen gesichert, sie hatte aber wenig getan, um deren wirtschaftliche und gesellschaftliche Situation zu verbessern. Die Freiheit der Schwarzen bedeutete nun auch die Freiheit zu verhungern, die Landreform zu ihren Gunsten, die versprochen hatte, jedem Ex-Sklaven 40 Hektar Land und ein Muli zu schenken, fand nicht statt. Stattdessen mussten sich die Schwarzen, um wirtschaftlich überleben zu können, in die Abhängigkeit von Pächtern oder Großgrundbesitzern begeben, welche diese als freie Arbeitskräfte ausbeuteten. Man vergab Kredite an Schwarze, damit sie sich Saatgut und Werkzeuge kaufen konnten. Diese Kredite waren aber so gestaltet, dass sie eine permanente Abhängigkeit der Schuldner bedeuteten. Beliebt war auch das »Sharecropping«, bei dem die Schwarzen in der Landwirtschaft produzierten und dem Landbesitzer dafür ein Teil der Ernte zustand. Als Konkurrenz gegen die Arbeit der Schwarzen wurde das Sträflingssystem eingeführt, bei dem Grundbesitzer Kolonnen von Sträflingen (Chain Gangs) mieten konnten, die billiger produzierten als die ehemaligen Sklaven. Damit war es möglich, die Schwarzen auf einem niederen sozialen und wirtschaftlichen Niveau zu halten und ihnen in der Gesellschaft eine Rolle als billige Farmer und Landarbeiter aufzuzwingen.

Da Schwarze in den Norden auswichen, um dort in Freiheit zu leben und einen wirtschaftlichen Aufstieg durch das Erlernen eines Handwerkes oder als Industriearbeiter zu suchen, errichteten auch die Arbeiter des Nordens, welche die billigen Arbeitskräfte aus dem Süden fürchteten, neue Schranken. Schwarze wurden zwar 1866 zu den Gewerkschaften zugelassen, aber bereits 1869 gründete man eine neue Gewerkschaft nur für Schwarze. Auch im Norden wurde versucht, die schwarzen Arbeiter auf die Stufe eines armen und damit billigen Industrieproletariates herabzustufen.

Mit der Zeit verloren die Schwarzen wieder alle Vorteile, die sie aus ihrer rechtlichen Gleichstellung erzielt hatten. Im Norden starben die bedeutendsten Vertreter der radikalen Republikaner wie Thaddäus Stevens und Charles Sumner und die Öffentlichkeit des Nordens wurde müde im steten Kampf um die Rechte der Schwarzen. Man hatte sie befreit, war aber nun nicht bereit, sie sozial, gesellschaftlich und wirtschaftlich gleichzustellen, da auch im Norden eine Mehrzahl der Bevölkerung der Idee von der Überlegenheit der »Weißen Rasse« anhing.

Im Süden hingegen hatte sich eine neue Gruppe von Demokraten zusammengefunden, die sich als »Redeemers« bezeichneten, die Rekonstruktion mit allen Mitteln bekämpften und versuchten, über Wahlen auf legalem Wege die Kontrolle über die Staaten zu erhalten. Man wechselte die Wahlprogramme von der Rassenfrage zu Steuern, Wirtschaft und Korruption und übernahm nach der Wirtschaftskrise von 1873, welche besonders die kleinen Farmer hart traf, die politische Macht in der Mehrzahl der Staaten.

Das Auslaufen der Rekonstruktion (1873–1877)

Die Industriellen des Nordens wollten den Süden endlich befriedet sehen, um ihre Geschäfte auszuweiten und die Sicherheit für Investitionen im Süden zu haben. In der Regierungszeit Grants (1869–1877) wurden die USA von zahlreichen Korruptionsfällen erschüttert, welche die radikalen Republikaner in Misskredit bei den Wählern brachten. Zwar konnten bei den Präsidentenwahlen von 1876 nochmals die Republikaner unter Rutherford B. Hayes gegen den erstmals geeint antretenden Süden (Solid South) siegen, nacheinander wurden aber die republikanischen Regierungen in den Südstaaten abgewählt und durch lokale Demokraten der Redeemers ersetzt.

1876 blieben nur mehr Florida, South Carolina und Louisiana in republikanischer Hand.

Bereits unter Grant waren 1870 die letzten ehemaligen Staaten der CSA in die Union zurückgekehrt und Grant hatte bis auf die 500 höchsten Repräsentanten der Konföderation alle ehemaligen Offiziere, Beamte und Politiker begnadigt.

Hayes verfolgte vom Anfang seiner Präsidentschaft an das Ziel, die Rekonstruktion abzuschließen. Er war der Meinung, dass es im Süden genügend ehrbare Gentlemen und Politiker gäbe, die auf die Rechte der Schwarzen sehen würden und übersah dabei, dass diese Leute durchaus ehrbar und ehrlich, aber dennoch Rassisten sein konnten. 1877 setzte Hayes alle Rechte der ehemaligen konföderierten Staaten als Bundesstaaten der Union wieder ein und zog die Bundestruppen aus den Südstaaten ab. Die politische Vorherrschaft der Weißen und der Demokraten wurde danach in kurzer Zeit wiederhergestellt, Schwarze wurden von den Wahlurnen oft mit Gewalt ferngehalten und ihrer zivilen und politischen Rechte beraubt; ihre wirtschaftliche Lage blieb für lange Zeit unter dem Niveau der Weißen. Endgültig abgeschlossen wurde die Rekonstruktion im Jahre 1885, als mit Grover Cleveland (1885–1889, 1893–1897) erstmals wieder ein Präsident aus der demokratischen Partei gewählt wurde.

Die Rekonstruktion hatte zwar dem Süden wirtschaftlich geholfen, es aber nicht verstanden, die sozialen und wirtschaftlichen Strukturen nachhaltig zu ändern. Die Sklaverei wurde durch ein System der Rassentrennung ersetzt, welches in einigen Staaten für 100 Jahre bestehen sollte und erst in der 2. Hälfte des 20. Jahrhunderts von Martin Luther King bekämpft und durch Präsident Lyndon B. Johnson (1963–1969) verboten werden sollte.

Die Rekonstruktion wurde lange Zeit als Fehlschlag angesehen. Heute unterscheidet man zwischen der wirtschaftlichen Rekonstruktion des Südens, die erfolgreich war, und der Rekonstruktion der Ex-Sklaven, die großteils erfolglos blieb. Das wahre Versagen der Rekonstruktion liegt darin, dass man am Ende die Rechte der Schwarzen zugunsten wirtschaftlicher Vorteile geopfert und damit amerikanisch-demokratische Grundwerte aufgegeben hatte. Die Rekonstruktion war ein Fehlschlag, nicht weil die Schwarzen unfähig gewesen wären,

ihren Platz als gleichberechtigte Bürger in der amerikanischen
Gesellschaft einzunehmen, sondern weil man im Süden nicht
bereit war, ihnen die für sie errungenen Rechte dauernd zuzugestehen und der Norden diese nicht langfristig verteidigen
wollte. Die Rechte der Schwarzen wurden von 1880 bis 1964
weitgehend und stillschweigend suspendiert und erst durch
die amerikanische Bürgerrechtsbewegung wieder erkämpft,
die auch als die zweite Rekonstruktion bezeichnet wird.

4. Europa und der Amerikanische Bürgerkrieg

Der amerikanische Bürgerkrieg hatte starken Einfluss auf
die außenpolitischen Verhältnisse der USA und auf die Beziehungen zu den europäischen Mächten, besonders England
und Frankreich. Beide Länder waren Monarchien und diese
halten im Allgemeinen nicht viel von Rebellionen, da sie eine
Ansteckung mit dem Geist der Freiheit befürchten.

Als der Krieg begann, wurde bald offensichtlich, dass die
Aristokratie der beiden Länder mit der Sache der Konföderation sympathisierte. Der Süden gewann den Eindruck, dass es
mit ein wenig Nachdruck möglich sein müsste, diese Staaten
zu einer Anerkennung der Unabhängigkeit des Südens zu bewegen. Der Süden erschien diesen politisch bestimmenden
Gesellschaftsschichten als verwandtes aristokratisches Land.
Dass er eine Demokratie wie der Norden war, wurde aus einer
Distanz von 6.000 Kilometern leicht übersehen. Die europäischen Aristokraten waren nie wirklich glücklich gewesen mit
dem Erfolg der amerikanischen Demokratie. Brach die Nation
nun auseinander, so wäre das ein Beweis, dass große Demokratien nicht regierungsfähig waren und solches würde den
Monarchen Europas gefallen.

Allerdings beruhte die Konföderation — und das war
auch in Europa klar — auf einem Anachronismus im 19. Jahrhundert, auf der Sklaverei. Weder Frankreich noch England
konnten einen Staat unterstützen, dessen Kriegsziel es war,
die Sklaverei zu behalten; allerdings wurde diese bis 1862 in

Europa nicht als Kriegsgrund angesehen. Die Regierung der Union hatte zunächst eindeutig klargestellt, dass der Krieg um die Einheit der Union ging. Wenn also ein Botschafter des Südens die Unterstützung Europas zu gewinnen suchte, dann brauchte er die Sklaverei nicht zu erwähnen, er musste nur die Worte Lincolns und des Kongresses der Union zitieren. Soweit es Europa betraf, galt es zunächst keine moralische Frage im Bürgerkrieg zu beachten und man konnte das Spiel der Mächte ohne schlechtes Gewissen spielen.

Für eine lange Zeit war die Gefahr eines Eingreifens Europas immanent, besonders, nachdem Charles Wilkes, Kapitän eines Kriegsschiffes der Union, den englischen Löwen am Schwanz zog und mehr an Reaktion bekam als der Union lieb war.

Davis hatte zwei angesehene Bürger der Konföderation, James M. Mason aus Virginia und John Slidell aus Louisiana, zu Emissären ernannt und nach England entsandt. Diese verließen 1861 mit einem Blockadebrecher Charleston in South Carolina und erreichten über Nassau Havanna auf Kuba, wo sie die »Trent«, ein britisches Schiff bestiegen, das sie nach England bringen sollte.

Zu dieser Zeit ankerte auch die »USS San Jacinto« vor Kuba und als Captain Wilkes von den konföderierten Politikern an Bord erfuhr, interpretierte er das internationale Seerecht auf eine für ihn zugeschnittenen Art und Weise. Eine Nation im Kriegszustand hatte das Recht, ein neutrales Schiff zu stoppen, wenn zu vermuten war, dass sich darauf Nachrichten des Feindes befanden. Wilkes sah Mason und Slidell als Nachrichten an und sich selbst mithin im Recht, sie gefangen zu nehmen.

Am 8. Oktober 1861 brachte Wilkes die »Trent« im Bahama-Kanal auf, nahm Mason und Slidell in Gewahrsam und brachte sie in die Union, wo sie in Boston inhaftiert wurden. In der Union feierte man Wilkes als Helden, in England war man wütend und schrie nach Vergeltung und Krieg. Für England war es nicht hinnehmbar. dass ein amerikanisches Schiff ein englisches aufbrachte. Man schiffte 11.000 reguläre Soldaten nach Kanada ein, die englische Flotte wurde zum Krieg gerüstet und in einer scharfen Note verlangte man die sofortige Freilassung von Mason und Slidell.

Wilkes hatte nur das getan, was die Engländer im Krieg von 1812 mit amerikanischen Schiffen getan hatten und viele Amerikaner waren durchaus bereit, sich mit den Engländern in Kanada anzulegen. Lincoln hielt sich aber an seine Devise, nur einen Krieg zu einer Zeit zu führen, er entschuldigte sich und ließ Mason und Slidell frei, die nach England ausreisten. Kurz nach deren Abreise erschienen die englischen Transportschiffe mit den 11.000 Mann vor der amerikanischen Küste und die Union bot an, diese in den USA auszuschiffen und über Land durch Maine nach Kanada zu transportieren, was die Briten aber kühl zurückwiesen.

Die »Trent-Affäre« war typisch für die Probleme, die der Krieg den internationalen Beziehungen der Union auferlegte. Allerdings hatten sowohl die Union wie auch England besonnene Diplomaten wie Charles Francis Adams, amerikanischer Botschafter in London, und Richard Lyons, britischer Botschafter in Washington, die alles unternahmen, um die »Trent-Affäre« nicht zu einen Krieg ausufern zu lassen.

Weit ernster wurde die Situation für die Union im späten Sommer 1862. Soweit die Europäer sehen konnten, lief der Krieg zugunsten der Konföderation. Die Union war daran gescheitert, Richmond zu erobern und im Westen und im Osten waren die konföderierten Armeen auf dem Vormarsch. Botschafter Adams warnte den amerikanischen Außenminister Seward in einem Brief, dass die Briten der Meinung waren, dass der Konflikt nun lange genug gedauert und ihre Wirtschaft genug gelitten hätte und unter dem Einfluss von Mason versucht waren, den Süden anzuerkennen. Man wollte einen Waffenstillstand vermitteln. Sollte die Union nicht nachgeben, wollte man die Konföderation anerkennen.

Allerdings plante der englische Premier Palmerston diesen Schritt erst umzusetzen, wenn klar war, welches Resultat die Invasion des Nordens durch Lee zeigen würde. Sollte Lee scheitern, würde man die Aktion auf einen späteren Zeitpunkt verschieben. In England sprachen Regierungsmitglieder wie Schatzkanzler Gladstone bereits offen von einer Anerkennung des Südens; allerdings war dies nicht als Feindseligkeit gegen den Norden zu interpretieren, sondern eine Anerkennung der Tatsachen. Wenn der Süden noch eine große Schlacht gewann, dann würde man die Fakten akzeptieren und ihn anerkennen.

England vermied bis dahin jede Parteinahme und bemühte sich auch, nicht zwischen die Fronten zu geraten. Gleichsam als Vorleistung einer eventuellen Anerkennung beschlagnahmte man die Kriegs- und Kaperschiffe der Konföderation, die in englischen Häfen ausgerüstet wurden. Auch Sozialreformer in England wie John Bright und Richard Cobden unterstützten den Norden und sorgten dafür, dass die englischen Arbeiter, obwohl stark durch das Baumwollembargo getroffen, mit der Union sympathisierten.

Der entscheidende Faktor sollte aber die Schlacht von Antietam werden, da sie nicht den abschließenden großen Sieg Lees brachte, wie viele angenommen hatten. Nach Antietam verebbte die Begeisterung für die Konföderation in England und Palmerston verschob seinen Vorschlag für eine Friedenskonferenz, der nie wieder auf den Tisch kommen sollte.

Antietam war aber auch noch in anderer Hinsicht entscheidend: es gab Lincoln den Sieg, den er brauchte, um seine Proklamation der Sklavenbefreiung durchzusetzen. Er hatte im Frühjahr und Sommer 1862 gesehen, dass der Erhalt der Union nicht der Slogan war, um den Krieg zu begründen. Wollte er breitere Unterstützung im Norden finden, so musste er sich gegen die Sklaverei wenden und sie zum Kriegsgrund machen, obwohl sie im Norden als solcher kaum empfunden wurde.

Mit dem 1. Januar 1863 sollten alle Sklaven im Norden und im Süden für immer frei sein; eine zunächst absurde Proklamation, da die Jurisdiktion der Union nicht über die Nordstaaten und das von ihren Armeen gehaltene Territorium hinausreichte, aber es war das Killer-Argument, das die Konföderation langfristig in die Knie zwingen würde. Nun kämpfte man in der Union nicht nur mehr um eine politische Frage, sondern auch um die Menschenrechte. Lincoln war es damit gelungen, seine politischen Argumente mit tief emotionalen zu verstärken. Wenn die Konföderation um ihre Annerkennung warb, musste sie zuerst ihr Beharren auf die Institution der Sklaverei erklären und das konnte sie nicht mit rationalen Argumenten, zumindest nicht in Europa.

England und Frankreich konnten ihren Bürgern nicht zumuten, aristokratische Sklavenhalter zu unterstützen und mit der Sklavenbefreiung durch Lincoln schwand die Unterstützung des Südens durch Europa schnell und nachhaltig.

Zwar hatte der Süden versucht, auch eine »King-Cotton-Diplomatie« einzusetzen. Eine Reihe schlechter Ernten in Europa hatte es aber notwendig gemacht, dass die europäischen Staaten mehr Weizen als Baumwolle aus Amerika importieren mussten. Doch der Weizen kam aus dem Norden. Während die Baumwolle durch die Unionsblockade in den Häfen des Südens verfaulte, exportierte der Norden das wichtige Getreide und keine europäische Nation war bereit, sich von dieser Nahrungsmittelquelle durch Anerkennung des Südens abzukoppeln.

Hatten die Engländer durch Palmerston und den Schiffsbau für die Konföderation Außenminister Seward genug Sorgen gemacht, so fügte im Herbst 1863 der französische Kaiser Napoleon III. noch weitere hinzu. Es ging ihm dabei um eine nachhaltige Schwächung der aufstrebenden Macht der USA. Aus Paris berichtete der preußische Botschaftssekretär Prinz Reuß nach Berlin, dass Napoleon III. eine Teilung der Vereinigten Staaten nicht unlieb sei, weil diese in jüngster Zeit angefangen hätten, sich in europäische Angelegenheiten einzumischen. Es könne den Europäern nur angenehm sein, eine heranwachsende transatlantische Macht geteilt und dadurch geschwächt zu sehen.

Napoleon versprach Slidell, sich bei England und Russland für einen sechsmonatigen Waffenstillstand einzusetzen. Sollte sich die Union dazu nicht bereit erklären, könnte Frankreich daran denken, in den Krieg auf Seiten der Konföderation einzutreten. England und Russland zogen hier allerdings nicht mit und der Kongress der Union beschloss, in Zukunft jede Nation die solche Vorschläge machte, als unfreundlich anzusehen.

Napoleon zog sich zurück. Ohne die Mithilfe Englands und Russlands erschien ihm ein Eingreifen als zu riskant. Seine eigentlichen Interessen lagen in Mexiko, wo er die Schwäche der USA durch den Krieg ausnutzte und 1864 ein Marionettenregime des habsburgischen Erzherzogs Maximilian einrichtete. Allerdings konnten sich seine französischen Truppen nicht gegen die mexikanischen Aufständischen unter Benito Juarez durchsetzen. Hätte Maximilian das Land in den Griff bekommen, wäre es durchaus denkbar gewesen, dass Napoleon III. von hier aus die Konföderation über Texas tatkräftig unterstützt hätte.

Unmittelbar nach der Niederlage der Konföderation bei Appomattox sandte die Regierung der wiedervereinigten USA Phil Sheridan mit 50.000 Veteranen nach Texas und ließ sie an der mexikanischen Grenze aufmarschieren. Napoleon III. verstand den Wink, zog die französischen Soldaten aus Mexiko zurück und überließ Maximilian seinem Schicksal. Dieser wurde abgesetzt und am 19. Juni 1867 in Queretaro erschossen.

Ein Land Europas, das offenbar auf Seiten der Union stand, war Russland. Im Herbst 1863 erschienen zwei russische Flotten in New York und in San Francisco und überwinterten hier, was viele Amerikaner als Hinweis dafür ansahen, dass sich das zaristische Russland auf Seiten der Union befand und hier gegen England und Frankreich Präsenz demonstrierte. Tatsächlich befand sich Russland am Rande des Krieges mit diesen beiden Mächten, wollte sein Flotte in eisfreien Häfen überwintern und hatte sich dafür die Union ausgesucht.

Ebenfalls auf Seiten der Union stand das aufstrebende Preußen, besonders aus patriotischen Gründen, weil man selbst an einer Vereinigung der deutschen Länder interessiert war und nicht an Sezession und Unabhängigkeit von Staaten gleicher Herkunft und Sprache. Man wies Friedrich von Gerolt, den preußischen Gesandten in Washington, deutlich an, der Union mitzuteilen, dass an eine Anerkennung der Konföderation nicht gedacht sei. Diese Haltung behielt Preußen bis zum Ende des Krieges bei, wenngleich man Kriegsbeobachter, zumeist Offiziere der preußischen Armee, auf beide Seiten entsandte.

Im Gegensatz zu den großen europäischen Mächten bemühte sich das österreichische Kaiserreich, eine mehr oder weniger strikte Neutralität zuwahren. Die politischen und wirtschaftlichen Beziehungen zwischen der Habsburger-Monarchie und den USA hatten sich im Vergleich zu anderen europäischen Staaten langsam entwickelt. Sie waren aber immerhin in den 1860er Jahren schon so stabil, dass sie auch den tödlichen Ausgang des Mexiko-Abenteuers von Erzherzog Maximilian überstanden. Der Stabilisierung der Beziehungen diente auch die strikte Neutralität der Monarchie während des US-Bürgerkriegs, die wohl weniger Sympathien gegenüber den Nordstaaten als Getreideimportinteressen widerspiegelte.

Allerdings wusste Österreich seine Neutralität mit einer Ausweitung des Handels in die amerikanischen Staaten zu verknüpfen und exportierte Waffen an beide Kriegsparteien. So erhielt die Konföderation 100.000 Gewehre des Typs Lorenz vom Kaliber 54, vom gleichen Modell wurden 225.000 Stück auch an die Union verkauft und erwiesen sich durch ihre hohe Qualität als eine der zuverlässigsten Waffen im Bürgerkrieg.

Betrachtet man die gesamte Zeit des Krieges, so war die Diplomatie des Nordens erfolgreicher. Der Süden hatte es in den ersten beiden Kriegsjahren, als es durch die Sympathien der europäischen Aristokratie vielleicht noch eine Chance darauf gegeben hätte, versäumt, die Anerkennung zu erlangen; nach der Sklavenproklamation durch Lincoln war eine Anerkennung nicht mehr möglich. Selbst wenn Lee in Gettysburg gewonnen hätte, wäre es zu spät gewesen. Die europäischen Mächte hatten bereits beschlossen, sich aus dem amerikanischen Bürgerkrieg herauszuhalten und überließen es den Amerikanern, ihn selbst auszufechten.

5. Warum der Süden den Krieg verlor

Wenn man nach dem verlorenen Krieg einen konföderierten Soldaten nach den Gründen der Niederlage fragte, bekam man oft zu hören: »*Die haben uns nie geschlagen, außer sie waren mindestens 4 zu 1 überlegen, wenn wir eine faire Chance gehabt hätten und weniger an der Zahl der Soldaten unterlegen gewesen wären, hätten wir unsere Sache und unsere Unabhängigkeit gewonnen.*«

Die Frage nach den Gründen für die Niederlage der Konföderation stellte sich den Historikern schon bald nach dem Krieg und dauert bis heute an. Warum konnte der Süden verlieren, obwohl er viele strategische Vorteile auf seiner Seite hatte? Er verfügte über ein gewaltiges geschlossenes Staatsgebiet vom Atlantik bis Texas und vom Ohio bis zum Golf von Mexiko, er verfügte über eine gut entwickelte Nahrungsmittelversorgung und ausreichend Rohstoffe, er hatte eine enorm lange Küstenlinie, die man bei einer Blockade kaum effektiv überwachen konnte und er hatte eine motivierte Bevölkerung, die bereit war, für die Unabhängigkeit Opfer zu bringen. Er brauchte den Norden nicht auf dem Schlachtfeld zu besiegen, sondern nur so lange auszuhalten, bis die Öffentlichkeit des Nordens zerstritten und kriegsmüde war. Dennoch verlor der Süden. Vier Gründe waren dafür ausschlaggebend.

DIE WIRTSCHAFTLICHE ÜBERLEGENHEIT DES NORDENS

Am Beginn des Krieges betrug die Einwohnerzahl des Nordens rund 23 Millionen Menschen, im Süden lebten 9.5 Millionen, davon waren 3.5 Millionen Sklaven. 92 % der Industrieproduktion waren im Norden beheimatet, darunter 92% der Textilindustrie und 92 % der Kohleförderung, von den 30.000 Meilen Eisenbahnlinien in Amerika lagen 22.000 Meilen im Norden. Diese Eisenbahnlinien verbanden die großen Städte des Nordens netzartig und hatten einheitliche Spurweiten, waren also ein Eisenbahnsystem. Im Süden verbanden nur einzelne Bahnlinien die Küstenstädte mit den Handelszentren im Landesinneren, hatten unterschiedliche Spurweiten und machten daher einen Austausch des rollenden Materials schwierig. Allein in der Bauwollproduktion war der Süden führend und produzierte 96 % der Baumwolle der USA.

Dennoch war man bereit, den Krieg zu riskieren, denn wie eine Zeitung aus Richmond schrieb: »*Zahlen sind nicht alles im Krieg, es zählen auch die psychologischen Werte, die Suche nach Unabhängigkeit und die Verteidigung von Heim und Herd*«. Zu den Vorteilen des Südens zählte man die oft schwierige Landesnatur mit ihren Sümpfen, Flüssen und Bergen, den Vorteil der inneren Linie und dass der Norden »*eine Menge Geographie*« zu erobern hätte.

Allerdings produzierte der Norden 90 % der Waffen und Munition und konnte es sich durch die Mechanisierung der Landwirtschaft leisten, immer mehr junge Männer von den Feldern abzuziehen und in die Armee zu stecken.

Tapferkeit zählte noch auf den Schlachtfeldern, weit mehr aber die Fähigkeit, schnell große Mengen an Soldaten und Ausrüstung über weite Strecken zu transportieren, Nachrichten zu übermitteln, die Soldaten zu kleiden und zu ernähren. Der Norden konnte dies durch seine Fabriken leisten, der Süden war auf die Arbeitskraft der »Home Front« angewiesen, die erstmals auch Zivilisten als wesentliches Mittel der Versorgung einsetzte. Gelang es der Union, die »Home Front« zu schwächen, verloren die Soldaten an der Front ihre Versorgung und mussten kapitulieren. Dies war einer der Gründe, der Grant dazu brachte, Sherman im Frühjahr 1864 gegen Georgia und die Carolinas auszusenden. Die Zerstörung ihrer wirtschaftlichen Basis brachte Lees Armee dann in Virginia 1865 zu Fall. Es war der Beginn des Konzeptes des »totalen Krieges« und der »Home Front«, beides Entwicklungen, die erstmals im amerikanischen Bürgerkrieg auftraten. Die CSA verloren nicht am Schlachtfeld, sie wurden durch die Masse der eingesetzten Menschen und des Materials des Nordens überwältigt.

Entscheidend wurde auch der Einsatz ehemaliger Sklaven in den Armeen der Union. Bis zum Ende des Krieges dienten 200.000 schwarze Soldaten in der kämpfenden Truppe, weitere 250.000 in der Logistik vom Koch und Wagenfahrer bis hin zu schwarzen Krankenschwestern. In der US-Marine war einer von vier Matrosen schwarz, als Soldaten galten sie als beherzt und mutig. Ihre Verlustrate von 60.000 Toten und Verwundeten zeigt ihren Wert für die Union, dem der Süden nichts entgegenzusetzen hatte.

FEHLENDE GENERALSTRATEGIE

Zu Beginn des Krieges hatte der Süden den Vorteil an gut ausgebildeten Offizieren, da die Mehrzahl der ehemaligen West-Point-Absolventen die Seite der Rebellion wählte, und altgediente Offiziere, fast alle Veteranen des Mexikanischen Krieges, die konföderierten Armeen kommandierten. Niemand hatte aber wirklich Kommandoerfahrung großer Truppen; die größte bis dahin von den USA kommandierte Armee in Mexiko hatte 14.000 Mann umfasst.

Der Süden hatte in der Anfangszeit die besseren Offiziere und konnte daher auch die ersten Erfolge verbuchen, blieb aber bis auf zwei Versuche in Antietam und Gettysburg stets in der Defensive. Statt mit konzentrierten Kräften zu versuchen, nacheinander die Armeen der Union zu vernichten, bemühte man sich, mit vielen kleinen Einheiten das Staatsgebiet der CSA zu schützen (Cordon-Verteidigung), und schwächte da-

mit die eigenen Streitkräfte, die mit der Zeit einzeln von überlegenen Unionstruppen überwältigt wurden.

Der Fehler in der Strategie lag darin, dass es einen Auftrag
der einzelnen Staaten gab, das gesamte Gebiet der CSA zu verteidigen, statt die Kräfte zu konzentrieren. Damit wurde der
Verteidigungsring ausgedünnt und wirklich entscheidende
Siege der Konföderation mit der völligen Vernichtung der gegnerischen Truppen kaum möglich.

Dazu kam, dass der einzige wirklich geniale taktische Ar-
meekommandant des Südens, Robert E. Lee, nur seinen Heimatstaat Virginia verteidigen wollte und nicht bereit war, an
anderen Kriegsschauplätzen zu kämpfen. Er wäre die Integrationsfigur gewesen, um die sich der Süden hätte sammeln
können. Er entwickelte stattdessen die beste Armeetaktik des
Südens, er kämpfte wo immer es ging in der Defensive und
nur dort, wo er sich das Schlachtfeld aussuchen konnte. Zweimal versuchte er die Offensive und scheiterte.

Lee hatte aber ein moralisches Problem. Jedes Mal, wenn er
seine Soldaten in die Schlacht schicken musste, bangte er um
sie. Er war ihr Vorbild und ihr Subjekt der Verehrung, aber
er musste sie in den Tod schicken um für die Konföderation
zu siegen und litt darunter. Diese Menschlichkeit mag manche
seiner Erfolge, aber auch seine Niederlagen erklären. Lee war
der General des 19. Jahrhunderts, der Vater seiner Soldaten.
Grant hingegen war bereit, die Soldaten als anonyme kämp-
fende Masse zu sehen und opferte sie wenn nötig, er war der
General der Zukunft.

Der Norden litt zunächst unter wenig fähigen Kommandanten wie McClellan, Pope, Burnside und Hooker. Erst mit
Meade und später mit Grant, der Sherman, Sheridan und Thomas als Generäle förderte, konnte der Norden seine materiel-
le Überlegenheit in Siege umsetzen. Lee als genialer Taktiker
hatte nicht verstanden, dass es seine Aufgabe gewesen wäre,
für die gesamte Konföderation eine Gesamtstrategie zu entwickeln; stattdessen kämpfte er für Virginia und das war ein zu
geringer Einsatz von seiner Seite. Die strategischen Vorschläge
von James Longstreet, die zukunftsweisend waren und vielleicht zum Erfolg geführt hätten, fanden in der Konföderation
keine Anerkennung.

Grant hingen war der erste Unionsgeneral, der erkannte,

dass dieser Krieg eine strategische Aufgabe darstellte und man das gesamte Staatsgebiet des Gegners angreifen und verwüsten musste. Damit schwächte man die »Home Front« und die konföderierte Armee, deren Soldaten in immer größerer Zahl aus Sorge um ihre Familien desertierten. Lee war der taktisch bessere General, die Strategie Grants brachte der Union den Sieg.

Staatenrechte

Die Konföderation war niemals eine Nation, sondern ein Gebilde aus souveränen Staaten, die auf ihren Rechten bestanden. Viele der konföderierten Staaten waren nur daran interessiert, Vorteile für ihre Bürger durchzusetzen und weigerten sich oft, ihre Soldaten außerhalb des eigenen Staates einzusetzen; das politische Gebilde der CSA war ihnen fremd. Selbst Soldaten weigerten sich oft, ihren Generälen zu folgen. So desertierten viele 1862 bei Lees Invasion von Maryland, weil sie die Konföderation nicht verlassen wollten, kehrten aber wieder in die Armee zurück, als diese wieder in Virginia war. Auch in der Disziplin setzte sich dieser Individualismus durch. Oft wurden Befehle nicht befolgt oder mit den Offizieren diskutiert, man bestimmte selbst die Länge der Dienstzeit und ging nach Hause, wenn man das Gefühl hatte, genug getan zu haben.

Typisch für das Problem der Staatenrechte war der Gouverneur von Georgia, Joseph E. Brown, der den gesamten Krieg über in Streit mit der Zentralregierung in Richmond lag. Er bekämpfte die Einberufung der Soldaten, die Steuergesetze der CSA und weigerte sich, die Soldaten der Staatsmiliz auch außerhalb von Georgia einzusetzen. All dies war rechtens, da die Verfassung der CSA dies erlaubte. Präsident Davis war machtlos dagegen, da ihm die Befugnisse, wie sie Lincoln hatte, fehlten.

Zudem war er selbst in seiner eigenen Regierung nicht angesehen. Sein Vizepräsident verweigerte ihm die Zusammenarbeit und die einzelnen Staaten pflegten die Beschlüsse seiner Regierung oftmals zu ignorieren. Durch das Fehlen eines starken Zwei-Parteiensystems in der Konföderation fehlte die politische Diskussion und Auseinandersetzung wie auch die Konkurrenz, sodass es keine Alternative zu Davis während des Krieges gab. Davis war Präsident einer »offenen Gesellschaft« und damit war diese zum Untergang verurteilt.

DIE PERSON ABRAHAM LINCOLN UND DIE AUSSENPOLITIK DER KONFÖDERATION

Als der Krieg begann, war Abraham Lincoln, der fast unbekannte Rechtsanwalt aus Springfield, Illinois, plötzlich Präsident einer kriegführenden Nation. Anders als sein Gegenpart Jefferson Davis, ehemaliger Offizier, Kriegsminister der USA und West-Point-Absolvent, verstand Lincoln zunächst nur wenig vom Militär, aber er verstand, dass man, um einen Krieg zu gewinnen, als Präsident brutal sein muss, sich über Freunde, Gesetze und Meinungen hinwegzusetzen hat und immer nur ein Ziel vor Augen haben darf. Er hob die Habeas-Corpus-Akte auf, verletzte die Bürgerrechte und überging den Kongress mit der Meinung, dass man all diese Dinge später wieder in Ordnung bringen könne, wenn der Krieg gewonnen sei.

Davis dagegen war abhängig von Kompromissen. Er hatte einen neuen Staat zu organisieren und zu regieren, die Staatenrechte zu beachten, einen Krieg zu führen, die Ambitionen von politischen und persönlichen Freunden zu befriedigen und sollte Führerfigur sein, wenngleich seine Frau bemerkte: »*Er kannte nicht die Kunst der Politik, hätte er sie gekannt, hätte er sich nicht darauf eingelassen*«.

Als Präsident einer bedrohten Nation war jede seiner Entscheidungen lebenswichtig, sie mussten auf Anhieb richtig getroffen werden und Davis konnte das nicht. Er konnte die Gouverneure der Staaten nicht im Zaum halten, er mischte sich in die Führung des Krieges ein und hielt zu lange an unfähigen Generälen wie Braxton Bragg fest, weil sie seine Freunde waren und er verstand es nicht, die Außenpolitik der CSA zu ihren Gunsten zu gestalten.

Er sah nicht ein, dass die CSA die Sklaverei abschaffen musste, um Unterstützung von außen zu erhalten, und er glaubte zu lange daran, dass seine »King-Cotton-Diplomatie« Erfolg bringen würde. Mehrmals bot ihm England unter der Hand Unterstützung an, wenn die Sklaverei abgeschafft würde, Davis sah sie aber so sehr zum Lebensstil des Südens gehörig, dass er ablehnte. Wäre der Süden in dieser Frage kompromissbereiter gewesen, wäre der Krieg vielleicht anders ausgegangen; allerdings hätte eine Abschaffung der Sklaverei durch den Süden während des Krieges vermutlich die Konföderation kollabieren lassen.

Zusammenfassend lässt sich sagen, dass die CSA trotz der hohen Opfer, die ihre Soldaten bereit waren zu erbringen und für die sie in einem höheren Prozentsatz starben als ihre Gegner aus dem Norden, von Beginn an keine Chance auf einen Sieg hatten. Das Konzept der napoleonischen Kriege als Kriegen zwischen zwei Armeen war obsolet geworden. Nun führten Staaten als ganzes Krieg gegeneinander und der Staat mit den größeren Ressourcen konnte länger aushalten und siegen.

In den Ressourcen, bei Menschen, Material oder auch bei der Qualität der Politiker, Diplomaten und Generäle war der Norden langfristig überlegen. Viele im Süden hatten es von der ersten Stunde des Krieges an kommen sehen, dennoch konnte sich die Konföderation durch die Fehler ihrer Gegner und durch die Opferbereitschaft der Soldaten und der Zivilbevölkerung vier Jahre behaupten, musste aber am Ende untergehen.

Der Süden scheiterte daran, ein Staatsgebilde aus dem Nichts aufzubauen und gleichzeitig einen Krieg ums Überleben zu führen. Begeisterung, Mut und Hingabe für die »Sache« verloren gegen die moralische Überlegenheit, die Industrie und die Maschinen des Nordens.

6. Die Bedeutung des amerikanischen Bürgerkrieges in der Geschichte

Bis in die Mitte des 19. Jahrhunderts war die Kriegsführung der Neuzeit davon geprägt, dass man sie mehr als eine Auseinandersetzung von Soldaten, Heeren und Generälen sah, als einen Kampf zwischen Staaten, der mit allen Mitteln geführt werden musste.

Zwar hatte man auch im Altertum und im Mittelalter bei

Kriegszügen die Taktik der wirtschaftlichen Schädigung des Gegners angewandt, der amerikanische Bürgerkrieg war aber der erste Krieg, der darauf basierte, dass der Staat mit den größeren wirtschaftlichen Ressourcen gewinnen musste.

Betrachtet man die beiden großen Kriege des 19. Jahrhunderts, welche dem amerikanischen Bürgerkrieg vorausgegangen waren, die napoleonischen Kriege und den Krimkrieg, so waren dies Auseinandersetzungen zwischen Heeren. Sie verschlangen zwar ebenfalls Ressourcen, im Vergleich zur Gesamteinwohnerzahl oder zur gesamten Wirtschaftsproduktion war aber der finanzielle Einsatz für den Krieg relativ gering. Keiner der kriegsführenden Staaten der napoleonischen Kriege musste aufgeben, weil er sich den Krieg nicht mehr leisten konnte. Man verlor, weil es eine oder mehrere entscheidende Schlachten gab, danach schloss man Frieden durch Verträge. Die wirtschaftlichen Auswirkungen waren zwar spürbar, fielen aber in der Gesamtbilanz kaum ins Gewicht.

Der amerikanische Bürgerkrieg begann in ähnlicher Art und Weise. Die Offiziere, die zu Beginn an der Spitze der Heere standen, hatten in West Point die Strategie und Taktik der napoleonischen Kriege studiert und waren nicht darauf vorbereitet, was sie in den nächsten vier Jahren erwarten würde. Man rechnete zunächst mit einer einzigen entscheidenden Schlacht, wie sie dann bei Bull Run oder Manassas von zwei relativ kleinen Heeren ausgefochten wurde. Der Romantizismus der Soldaten auf beiden Seiten hatte niemanden darauf vorbereitet, wie die Schrecken des Krieges, die besonders durch die erstmalige Verwendung neuer Waffen wie des Minié-Geschosses noch gesteigert wurde, wirklich aussehen würden. In den Tagebüchern vieler Soldaten, die an dieser Schlacht teilgenommen haben, finden sich Eintragungen, die zeigen, dass man noch immer die Vorstellungen von Glorie, Heldenmut und Heldentod hatte. Dass die Wahrheit wesentlich blutiger war, sollten die Soldaten beider Seiten in den folgenden vier Jahren rasch merken.

Die Lehren, die aus Bull Run gezogen wurden, waren stark unterschiedlich und katastrophal für den Süden. Er sah sich in seiner Meinung bestätigt, dass die körperliche und moralische Überlegenheit der konföderierten Soldaten ausreichen würde, den Krieg zu gewinnen, und änderte nur wenig an seiner

Kriegsphilosophie. Dem Norden hingegen wurde bewusst, dass es neuer, modernerer Maßnahmen bedurfte, um den Krieg zu gewinnen. Er entwickelte das Konzept des industriellen Krieges, der die gesamte Wirtschaftproduktion der Union auch unter den Aspekten des Krieges organisierte. Es entstand das, was man im 20. Jahrhundert als militärisch-industriellen Komplex bezeichnen würde.

Zugleich wurde im Anaconda-Plan eine Strategie entwickelt, die den Kriegserfolg nicht allein am Schlachtfeld, sondern auch in der Vernichtung der wirtschaftlichen Kapazität des Feindes sah. Zwar hatte mit der Kontinentalblockade Englands gegen Frankreich in napoleonischer Zeit ein ähnlicher Versuch existiert, der aber durch die geographische Lage Frankreichs leichter umgangen werden konnte, als es den CSA im amerikanischen Bürgerkrieg möglich war.

Während der Süden noch immer auf sein Konzept der Territorialverteidigung und der entscheidenden Schlacht setzte und darauf wartete, dass der Gegner ermüden würde, entwickelte der Norden eine umfassende Mehrfronten-Strategie, die den totalen Krieg späterer Zeiten vorwegnahm. Man wollte den Feind wirtschaftlich schädigen, Teile seines Staatsgebietes abspalten, dauerhaft besetzen und die Moral des Gegners treffen. Nicht mehr der Kampf Armee gegen Armee war entscheidend, sondern eine kontinentale Strategie mit dem Ziel der bedingungslosen Aufgabe des Südens.

Dazu kam ein diplomatischer Krieg, der erstmals global geführt wurde und in dem auch die Frage der Menschenrechte eine Rolle spielte. Besonders England und Frankreich hätten aus geopolitischen und wirtschaftlichen Gründen gerne auf Seiten der CSA eingegriffen, um die aufstrebende wirtschaftliche und politische Macht der USA als Konkurrenten zu schädigen. Die »Moralkeule« der Frage der Sklaverei konnte aber von der Union stets dahin genutzt werden, dass eine Anerkennung der CSA durch europäische Mächte nicht möglich war.

Der Süden hatte dieser Denkweise wenig entgegenzusetzen. Zwar versuchte er, mit Hilfe der Kavallerievorstöße Nathan B. Forrests, der Guerrillatruppen wie Mosbys Reitern und der zweimaligen Invasion des Nordens durch Robert E. Lee den Krieg auch in das Territorium des Feindes zu tragen, dies blieben aber punktuelle Versuche, die keine weitreichenden Konsequenzen für den Ausgang des Krieges hatten.

Der amerikanische Bürgerkrieg war die Auseinandersetzung zweier Ideologien und Systeme. Der Süden mit seinem demokratisch-aristokratischen System hing dem Romantizismus seiner Antebellum-Kultur auch auf dem Schlachtfeld an, der Norden sah den Krieg als industriell-logistische Aufgabe. Es ist daher nicht verwunderlich, dass die Mehrzahl der Erfindungen des Krieges — und in keinem Krieg zuvor hat es einen solchen Technologiesprung gegeben wie im amerikanischen Bürgerkrieg — aus dem Norden kamen, wenngleich es auch dem Süden durch die hervorragende Ausbildung seiner Ingenieure immer wieder gelang, technisch aufzuschließen. Der amerikanische Bürgerkrieg war ein Krieg der Techniker und Logistiker; die großen Generäle wie Lee und Grant konnten zwar Schlachten entscheiden, der Krieg wurde aber auf den Reißbrettern und in den Planungsbüros gewonnen und verloren.

Es würde hier den Rahmen sprengen, würde man alle technischen und organisatorischen Neuerungen dieser vier Jahre aufzählen: Man erfand das Maschinengewehr (Gatling Gun), baute das erste Kriegsschiff mit Stahlpanzerung (CSS Virginia), das erste Kriegschiff aus Stahl mit drehbarem Geschützturm (USS Monitor), erfand das erste U-Boot (CSS Hunley), das zwar beim ersten Einsatz sank, aber erst, nachdem es ein Unionsschiff versenkt hatte. Man beobachtete den Feind mit Ballons und erfand das Luftabwehrgeschütz, man entwickelte Wasserminen, Torpedos und die Landmine, die elektrisch gezündet werden konnte. Man montierte Geschütze auf Eisenbahnen, verwendete Repetiergewehre und Hinterlader, Zielfernrohre, Feldtelegraphen, Stacheldrahtverhaue und Flammenwerfer.

Auch in der Organisation des Krieges gab es zahlreiche Neuerungen. So wurden die Armeen beider Seiten von umfangreichen Pressekorps begleitet, die über jede Schlacht sofort in den Zeitungen berichteten. Man schuf ein einheitliches Gesundheitswesen für die Soldaten mit Feldlazaretten, Hospitalschiffen, Militärärzte- und Schwesternkorps, die erstmals in großem Umfang Anästhetika verwendeten, für die Gläubigen unter den Soldaten gab es eigene Feldkapläne. Schlachten und Kriegszüge wurden photographisch dokumentiert, Leichen direkt am Schlachtfeld einbalsamiert und nach Hause geschickt. Um den Krieg zu finanzieren, erfand man die Einkommens-, Tabak- und Zigarettensteuer.

Die größte Veränderung erlebten aber Taktik und Strategie des Krieges. Waren die ersten Feldzüge noch auf überschaubare Räume beschränkt, so plante man gegen Ende des Krieges simultane Feldzüge über große Entfernungen, die ein hohes Maß an Koordination weit entfernter Armeen und deren Kommandanten erforderte. War man zu Beginn der Auseinandersetzung noch galant zur Zivilbevölkerung, so änderte sich das mit Fortdauer des Krieges. Der Zivilist war nicht mehr unschuldiges Opfer des Krieges, sondern man erkannte seine Rolle als Versorger und ziviler Mitarbeiter des feindlichen Heeres und versuchte, seine Produktionskapazität auszuschalten.

Es wurde festgestellt, dass die amerikanische Gesellschaft vor dem Bürgerkrieg keineswegs in dem Maße gewalttätig war wie danach. Es wird angenommen, dass die Erfahrungen von fast drei Millionen Soldaten mit Waffen und der Erkenntnis, dass ein Mann mit einer Waffe in der Hand fast alles durchsetzen kann, zu einer vermehrten Gewaltbereitschaft in der amerikanischen Gesellschaft des 19. Jahrhunderts geführt hat.

Der aus Deutschland stammende Politiker und General Carl Schurz hat dies so ausgedrückt: »*Nehmen sie die besten, christlichsten, frommsten jungen Leute, bilden sie ein Heer daraus, gehen sie damit in Feindesland, lassen sie diese eine Zeitlang sich vom Lande nähren und fleißig akquirieren, so werden dieselben jungen Leute sehr bald jedes Gefühl für Recht und Unrecht und alle Selbstbeherrschung verlieren, trotz aller Disziplin.*«

Dies führte nach der Rückkehr der Soldaten aus dem Krieg zu einem raschen Ansteigen der Kriminalität in den Städten, aber auch zur Bereitschaft, mit Waffengewalt unter Ausschaltung der einheimischen amerikanischen Indianer den Westen zu erobern. Gemeinsam mit der nach dem Krieg freiwerdenden Industriekapazität, den technologischen Kenntnissen im Ingenieurswesen, erfahrenen Generälen und Truppen und einem Reservoir von Millionen militärisch ausgebildeter Männer als potentielle Siedler, konnte der amerikanische Westen in nur 15 Jahren nach dem Bürgerkrieg völlig unterworfen und die Indianer fast zur Gänze vernichtet werden.

Die Erfahrungen beim Aufbau eines militärisch-industriellen Komplexes sollte auch in den beiden Weltkriegen des 20. Jahrhunderts eine Rolle spielen, an denen die USA sich zunächst zwar nur zaghaft und widerwillig beteiligten, sich dann aber siegreich erwiesen. Ihre Soldaten hatten einen doppelten Vorteil in diesen Kriegen: sie wussten um ihre moralische Überlegenheit, da sie für Demokratie und Freiheit kämpften, und sie hatten ein Übermaß an Ressourcen, welche den Krieg unter anderem entscheiden sollten.

Die Geschichte des 20. Jahrhunderts in der bekannten Form ist ohne den amerikanischen Bürgerkrieg kaum vorstellbar. Entschieden wurde das Schicksal des 20. Jahrhunderts auf den Schlachtfeldern Virginias, Tennessees und Carolinas. Zahlreiche europäische Mächte hatten Kriegsbeobachter nach Amerika entsandt, darunter auch die preußische Armee, welche einen Großteil davon stellte. Wenige hingegen die österreichische und französische Armee, welche mehr Sympathien für den aristokratischen Süden und daher ihre Beobachter hauptsächlich auf Seiten der CSA hatten. Der preußische Generalfeldmarschall Helmut Karl Bernhard Graf von Moltke studierte persönlich die Geschichte, Schlachten und Strategien des amerikanischen Bürgerkrieges und die Taktik der Unionsgeneräle.

Als es 1866 zum preußisch-österreichischen Krieg kam, in dem es um die Vorherrschaft im Deutschen Bund ging, konnte Moltke mit den Methoden des amerikanischen Bürgerkrieges wie Einsatz von Feldtelegrafen, Eisenbahntransport von Truppen, weite Flankenmanöver der unabhängig agierenden Kavallerie, brutaler Einsatz der Infanterie im Stile Grants und der Verwendung von Hinterladergewehren die österreichischen Truppen bei Königgrätz vernichtend schlagen und die Führungsrolle der Habsburger in Deutschland beenden.

Mit den gleichen Strategien siegte Preußen im deutsch-französischen Krieg von 1870/71, was zur Proklamation eines geeinten deutschen Kaiserreiches unter Führung Preußens in Versailles führte. Daraus und aus dem Revanchismus in Frankreich resultierten der Erste, aus dessen Resultat der Zweite Weltkrieg, der Aufstieg des Kommunismus und der Kalte Krieg bis zum Unilateralismus der USA zum Beginn des 21. Jahrhunderts. So gesehen ist der amerikanische Bürgerkrieg eines der entscheidenden historischen Ereignisse des 19. Jahrhunderts gewesen, das bis heute weltweit nachwirkt.

LITERATURLISTE

Austin,Victor (Hrsg.); Der amerikanische Bürgerkrieg in Augenzeugenberichten, DTV, 1973.

Blaisdell, Bob; The Civil War – A Book of Quotations, Dover Publications, Mineola, 2004.

Brogan, Hugh; The Penguin History of the USA, 2001.

Carocci, Giampiero; Kurze Geschichte des amerikanischen Bürgerkrieges. Der Einbruch der Industrie in das Kriegshandwerk, Wagenbach 2006.

Catton, Bruce; This Hallowed Ground, Washington Square Press 1961.

Chamberlain, Joshua Lawrence; Through Blood and Fire at Gettysburg, Stan Clark Military Books, 1994.

Eicher, David J.; The Longest Night – A Military History of the Civil War, Simon & Schuster 2001.

Junkelmann, Markus; Der amerikanische Bürgerkrieg 1861–1865, Weltbild Verlag 1992.

Leckie, Robert; None Died in Vain – The Saga of the American Civil War, Harper-Collins 1991.

McPherson, James M.; The Atlas of the Civil War, Courage Books, 2005.

McPherson, James M.; Battle Cry of Freedom – The Civil War Era, Oxford History of the USA, 1988.

Schurz, Carl; Unter dem Sternenbanner – Lebenserinnerungen 1852 -1869, Berlin 1981.

Wiley, Bell Irwin; The Life of Johnny Reb – The Common Soldier of the Confederacy, Charter Books, 1962.

Wiley, Bell I. and Davies, William C.; Photographic History of the Civil War, 2.Vol, New York 1994.